2024

국가공인 SQLD 자격검정 핵심노트

출제 경향을 관통하는 핵심 문제와 정확한 해설

목차

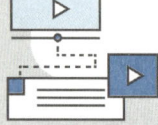

저자 소개

감수 조시형

現) 주식회사 디비안 대표이사
前) 이랜드, 인슈넷, 디엠에스랩, 엔코아, 비투엔
대용량 데이터 처리가 필수인 eCRM 솔루션 개발 업무를 담당하면서 DB 전문가의 길로 들어서게 되었다. 2010년에 한국데이터산업진흥원과 한국DB산업협의회가 공동 주관하는 제1회 우수DB人상을 수상하였고, 2016년 1월에 ㈜디비안을 설립하였다. 비용기반의 오라클 원리(공역), 오라클 성능 고도화 원리와 해법 I & II, 친절한 SQL 튜닝, SQL 전문가 가이드(3과목), SQLP 자격검정 핵심노트 I & II 등을 저술하였으며, 인터넷 카페 디비안 포럼(www.dbian.net)을 통한 지식공유 활동에도 열심이다. 대외적으로는 국가공인 SQLP, DAP 자격검정 전문위원으로 활동하고 있다.

저자 신동민

現) 주식회사 디비안 수석 컨설턴트
前) LG엔시스, 위즈컴, 에프앤가이드, 비투엔
광운대학교에서 컴퓨터소프트웨어 학과를 졸업하고 대용량 데이터 처리가 필요한 업무를 주로 담당하며 SQL튜닝과 데이터 모델링 분야에 관심을 갖게 되었다. 현재는 DB 컨설팅 전문회사 디비안에서 전문 DB 컨설턴트로 활약하고 있다. 대외적으로는 국가공인 SQLP, DAP 자격검정 전문위원으로 활동하고 있다.

저자 정희락

現) 주식회사 디비안 수석 컨설턴트
前) 에프앤자산평가, 에프앤가이드, 비투엔
광운대학교에서 컴퓨터 공학을 전공했다. 2007년부터 에프앤가이드에서 데이터베이스 개발자로 근무했고, 자회사인 에프앤자산평가에서 TA 업무를 담당했다. 비투엔으로 이직한 2011년부터 데이터 컨설턴트로 일하기 시작했고, 현재는 디비안에서 수석 컨설턴트로 재직하고 있다. 대외적으로는 국가공인 SQLP, DAP 자격검정 전문위원으로 활동하고 있다. 데이터베이스 기술, 시스템 최적화, 애플리케이션 개발에 관심이 많으며, 틈틈이 DB 기술 블로그(hrjeong.tistory.com)를 운영하고 있다. 저서로 불친절한 SQL 프로그래밍을 저술하였으며, SQL 전문가 가이드(2020 개정판, 2과목)을 공동 집필했다.

저자 김경수

現) 주식회사 디비안 책임 컨설턴트
前) 비투엔, CJ올리브네트웍스
숭실대학교에서 글로벌 미디어학부를 졸업하고 실무에서 여러 데이터 프로젝트를 수행해왔다. 데이터와 관련된 다양한 산업 및 지식 분야에 관심이 많고, 실무에서 바로 활용할 수 있는 실무형 지식을 습득하고 전파하는 것을 좋아한다. 현재는 DB 컨설팅 전문회사 디비안에서 고성능 데이터베이스 구축 및 운영을 위한 기술 컨설팅을 수행하고 있다. 대외적으로는 국가공인 SQLP, DAP 자격검정 전문위원으로 활동하고 있으며, SQL 전문가 가이드(2020 개정판, 2과목)을 공동 집필했다.

서문

SQL에 대한 관심이 그 어느 때보다 높다. 가장 급성장하는 IT 트렌드 중 하나인 빅데이터 분석에도 SQL을 활용하는 쪽으로 기술이 발전하고 있어서다. NoSQL을 필두로 한 빅데이터 기술에 떠밀려 소멸할 것만 같던 SQL에 대한 관심이 과거보다 오히려 더 증폭되고 있는 현실은 역설적이다. 한국데이터산업진흥원이 주관하는 국가공인 SQLD(SQL 개발자) 자격에 대한 관심도 점차 고조되는 추세다. 특히 취업을 앞둔 대학생들의 관심이 높다.

과거에도 중요했고 앞으로 더 중요해질 SQL을 초보자들이 효과적으로 공부할 수 있도록 돕는 방법이 무엇일지가 필자들의 오랜 고민이었다. 진짜 실력을 쌓는 연습은 등한시한 채 자격증만을 목표로 공부하는, 그러다 보니 SQL을 눈으로만 공부하는 이들이 점점 느는 현실이 늘 안타까웠기 때문이다. "이 문제집 한 권으로 합격을 보장한다"는 류의 책들이 인기를 얻고 있는데, 실전 경험 없이 문제 풀이 위주로 얻은 지식은 참지식이 될 수 없다.

그래서 국가공인 'SQL 전문가 가이드' 집필진이 의기투합했다. 자격증 응시자들이 선호하는 문제 풀이 형식을 취했지만, 정확히 학습할 수 있도록 돕는 데 더 큰 목표를 두고 성심껏 실습 스크립트를 개발했다. 순서대로 직접 실습해 가는 과정을 통해 자연스럽게 원리를 이해하도록 문제를 구성했고, 이해가 부족한 초보 독자를 위해 해설도 충실히 달았다. 집필진이 집필 의도에 맞는 예상 문제를 직접 출제하고 해설하였으므로 콘텐츠의 정확성은 그 어느 책보다 신뢰할만하다. SQLD 자격검정에 응시하지 않는 독자에게도 본 교재는 SQL을 공부하는 훌륭한 교재가 될 것이다.

㈜디비안은 국내 최고 컨설턴트들의 프로젝트 현장 경험과 지식을 엮은 DB 전문 도서만 출간하고 있다. SQLD 자격증을 준비하는 분들로부터 참고도서를 추천해 달라는 요청을 많이 받았고, 그때마다 마땅한 도서가 없어 늘 답답했는데 그 해답을 직접 제공하게 돼 기쁘다. 지금까지 출간한 아래 도서들의 면면을 보면 데이터베이스 중에서도 SQL 분야 최고 전문회사임을 쉽게 알 수 있으며, 본서는 그 연장선에 있다.

국가공인 SQLD 자격검정
핵심노트

- 오라클 성능 고도화 원리와 해법 1 (2009년)
- 오라클 성능 고도화 원리와 해법 2 (2010년)
- 친절한 SQL 튜닝 (2018년)
- 불친절한 SQL 프로그래밍 (2018년)
- SQL BOOSTER (2019년)
- 핵심 데이터 모델링 (2020년)

집필에 집중한 건 최근 6개월이지만, 집필진이 처음 모여 구상을 시작한 시점은 2019년 겨울이니까 꽤 긴 시간이 걸렸다. 대한민국을 포함한 전 세계인에게 2020년은 코로나 19로 기억될 한 해이지만, 디비안(DBian)에게는 본서를 출간한 특별한 해로도 기억될 거 같다. 아무쪼록 SQL 기초 활용능력을 충실히 다지고, 실력 검증을 위해 SQLD 자격까지 도전하는 수험자들에게 큰 도움이 되기를 바란다.

2020년 12월 1일

집필진 일동

구성

이 책은 총 300개의 문제를 수록하고 있다. 실제 자격 검증의 출제 비중에 따라 과목과 장 별로 문항 수를 배정했다.

과목	장	단원	정리	모의	합계
1과목 데이터 모델링의 이해	1장 데이터 모델링의 이해	10	5	15	30
	2장 데이터 모델과 SQL	10	5	15	30
2과목 SQL 기본과 활용	1장 SQL 기본	32	15	49	96
	2장 SQL 활용	32	15	49	96
	3장 관리 구문	16	10	22	48

이 책은 단원 기본 문제, 핵심 정리 문제, 실전 모의 고사로 구성되어 있다. 단원 기본 문제는 문제와 해설을 함께 구성했고, 핵심 정리 문제와 실전 모의 고사는 문제와 해설을 별도로 분리했다.

유형	설명
단원 기본 문제	단원 별로 반드시 알아야 할 기본 개념과 기초 문법을 다룬 문제를 수록하고 있다. 자신에게 부족한 부분을 파악할 수 있으며 풍부한 해설을 통해 스스로 부족한 부분을 보완할 수 있도록 구성했다.
핵심 정리 문제	단원 기본 문제에서 익힌 주요 개념과 문법을 반복하여 학습할 수 있도록 각 장의 끝에 정리 문제를 배치했다. 정리 문제를 통해 각 장의 주요 개념을 이해하고 응용할 수 있는지 스스로 점검할 수 있다.
실전 모의 고사	실제 자격 검정과 동일한 구성의 모의고사를 3회분 수록하고 있다. 각 회차의 모의고사마다 실제 시험과 동일한 비중으로 문항 수를 배정하여 완벽한 실전 대비가 가능하다.

문제 외에도 아래의 부록을 수록하고 있다.

부록	내용
A. 오라클 설치	실습 환경 구축을 위한 오라클 데이터베이스의 설치 방법을 설명한다.
B. SCOTT 스키마	실습을 위한 SCOTT 스키마 생성 방법을 설명한다.
C. ERD 표기법	데이터 모델을 표기하는 IE 표기법과 Barker 표기법을 설명한다.

이 책의 모든 문제는 실습이 가능하다. 실습 스크립트는 디비안 포럼 카페(www.dbian.net, www.sqlp.co.kr)에서 다운로드할 수 있다.

SQL의 정의

SQL(Structured Query Language)은 데이터베이스를 직접 액세스할 수 있는 언어로, 데이터를 정의하고(Data Definition), 조작하며(Data Manipulation), 조작한 결과를 적용하거나 취소할 수 있고(Transaction Control), 접근권한을 제어하는(Data Control) 처리들로 구성된다.

SQL 개발자의 정의

SQL 개발자(SQLD, SQL Developer)란 데이터베이스와 데이터 모델링에 대한 지식을 바탕으로 응용 소프트웨어를 개발하면서 데이터를 조작하고 추출하는 데 있어서 정확하고 최적의 성능을 발휘하는 SQL을 작성할 수 있는 개발자를 말한다.

SQL 개발자의 직무

SQL 개발자는 데이터모델링 기본 지식을 바탕으로 SQL 작성, 성능 최적화 등 데이터베이스 개체 설계 및 구현 등에 대한 전문지식 및 실무적 수행 능력을 그 필수로 한다.

출제문항수

SQL 개발자 자격시험의 과목은 총 2과목으로 구성되며 필기 50문항(50문항 중 단답형 10문항 이내 출제)으로 구성되어 있다. 출제 문항 및 배점은 아래와 같다.

과목명	문항수	배점	정리
데이터 모델링의 이해	10	20 (문항당 2점)	90분 (1시간 30분)
SQL 기본 및 활용	40	80 (문항당 2점)	
계	50	100	

응시자격 및 합격기준

응시자격은 제한 없음

합격기준	과락기준
총점 60점 이상	과목별 40% 미만 취득

실습 환경

문제집에 수록된 대부분의 문제는 오라클 데이터베이스를 기준으로 작성되었다. 오라클 데이터베이스 설치는 부록 A를 참조하자. 오라클 데이터베이스는 테스트를 위한 샘플 스키마를 제공하고 있다. 문제집의 일부 문제는 SCOTT 스키마를 사용한다. SCOTT 스키마의 생성 스크립트는 부록 B를 참조하자.

SCOTT 스키마는 dept 테이블, emp 테이블, salgrade 테이블, bonus 테이블을 가지고 있다. dept 테이블과 emp 테이블은 비식별 관계, emp 테이블은 순환 관계를 가진다.

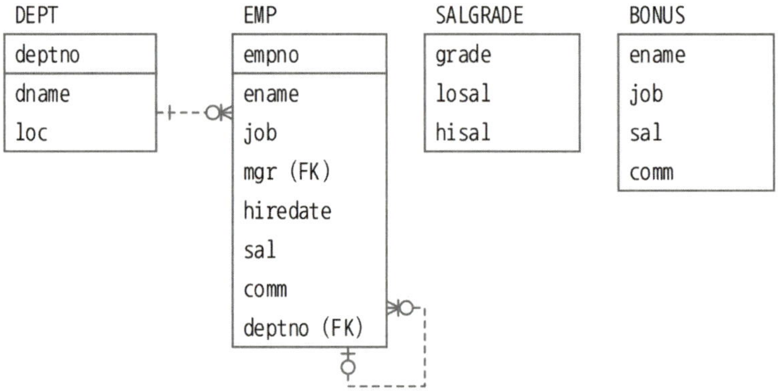

[그림] SCOTT 스키마

오라클 데이터베이스는 SQL*Plus와 SQL Developer 등의 개발 환경을 제공한다. SQL*Plus는 기본적인 CLI(Command-Line Interface) 유틸리티다. SQL Developer는 통합 개발 환경(Integrated development environment, IDE)을 지원한다. SQL 문을 수행할 수 있다면 어떤 툴을 사용해도 무방하다.

아래는 SQL*Plus를 통해 SCOTT 사용자로 오라클 데이터베이스에 접속하여 DEPT 테이블을 조회한 예시다.

```
C:\>sqlplus scott/tiger

SQL*Plus: Release 19.0.0.0.0 - Production on …
Version 19.3.0.0.0

Copyright (c) 1982, 2019, Oracle.  All rights reserved.

다음에 접속됨:
Oracle Database 19c Enterprise Edition Release 19.0.0.0.0 - Production
Version 19.3.0.0.0

SQL>SELECT * FROM DEPT;

```

```
DEPTNO DNAME      LOC
------ ---------- --------
    10 ACCOUNTING NEW YORK
    20 RESEARCH   DALLAS
    30 SALES      CHICAGO
    40 OPERATIONS BOSTON

4 행이 선택되었습니다.
```

I

데이터 모델링의 이해

CHAPTER

01

데이터 모델링의 이해

CHAPTER 01

데이터 모델링의 이해

1 데이터 모델의 이해

01

다음 중 모델링의 3대 특징으로 부적절한 것을 고르시오.

① 추상화

② 구체화

③ 단순화

④ 명확화

모델과 모델링

모델은 일정한 표기법에 따라 표현한 모형, 축소형을 의미하고, **모델링**은 모델을 만들어가는 일 자체를 나타낸다. 모델링은 현실 세계의 복잡하고 구체적인 것을 단순 명확하게 추상화한다.

풀이

모델링의 3대 특징은 단순화, 명확화, 추상화다. 현실 세계의 구체적이고 복잡한 것을 생략하고 중요한 부분을 간결하게 표현하는 것으로 보기의 구체화는 모델링의 특징이 아니다.

정답 : ②

02

다음 중 아래의 빈칸 ㉠, ㉡에 적절한 것을 고르시오.

아래

데이터 모델은 추상화 수준에 따라 개념 데이터 모델, 논리 데이터 모델, 물리 데이터 모델로 구분한다. [㉠]은 추상화 수준이 가장 높고 주로 핵심 엔터티와 그들간의 관계를 나타낸 데이터 모델이다. [㉡]은 모든 엔터티, 속성, 관계를 도출하고 중복 제거를 위해 정규화를 적용한 데이터 모델이다.

① ㉠ 개념 데이터 모델, ㉡ 논리 데이터 모델

② ㉠ 논리 데이터 모델, ㉡ 물리 데이터 모델

③ ㉠ 개념 데이터 모델, ㉡ 물리 데이터 모델

④ ㉠ 논리 데이터 모델, ㉡ 개념 데이터 모델

개념 논리 물리 데이터 모델

데이터 모델은 추상화 수준에 따라 아래의 세 가지 데이터 모델로 구분된다.

유형	설명
개념	추상화 수준이 높고 업무 중심적이고 포괄적인 수준의 모델링
논리	업무에 대한 키, 속성, 관계 등을 정확하게 표현
물리	데이터베이스 이식을 위해 성능, 저장 등 물리 요소를 고려하여 설계

풀이

데이터 모델을 추상화 수준에 따라 구분했을 때 개념 데이터 모델이 가장 추상적인 데이터 모델이다. 개념 데이터 모델링 단계에서는 주로 핵심 엔터티와 그들간의 관계를 정의하고, 논리 데이터 모델링 단계에서 업무에 필요한 모든 엔터티와 속성, 관계를 도출한다.

정답 : ①

2 엔터티

03 다음 중 아래 설명의 빈칸 ㉠에 들어갈 용어를 고르시오.

아 래

엔터티는 [㉠]의 집합이라고 할 수 있다. 예를 들어, 부서는 인사, 총무, 영업 등이 존재할 수 있는데 인사, 총무, 영업 각각은 부서 엔터티의 [㉠]들이라고 할 수 있다.

① 속성

② 식별자

③ 인스턴스

④ 관계

풀이

엔터티는 인스턴스의 집합이다. 각 인스턴스들의 성격을 구체적으로 설명하는 항목이 속성이고, 식별자는 엔터티의 여러 속성 중 각 인스턴스를 유일하게 식별할 수 있는 하나 이상의 속성을 의미한다.

정답 : ③

04 다음 중 아래 설명에 해당하는 개념으로 적절한 것을 고르시오.

아 래

- 변별할 수 있는 사물
- 데이터베이스 내에서 변별 가능한 객체
- 정보를 저장할 수 있는 어떤 것

① 주제영역

② 엔터티

③ 속성

④ 인스턴스

풀이

아래는 엔터티에 대한 다양한 정의다.

- 변별할 수 있는 사물 - Peter Chen (1976)
- 데이터베이스 내에서 변별 가능한 객체 - C.J Date (1986)
- 정보를 저장할 수 있는 어떤 것 - James Martin (1989)

정답 : ②

3 속성

05 다음 중 아래 데이터 모델에 대한 설명으로 가장 적절한 것을 고르시오.

아 래

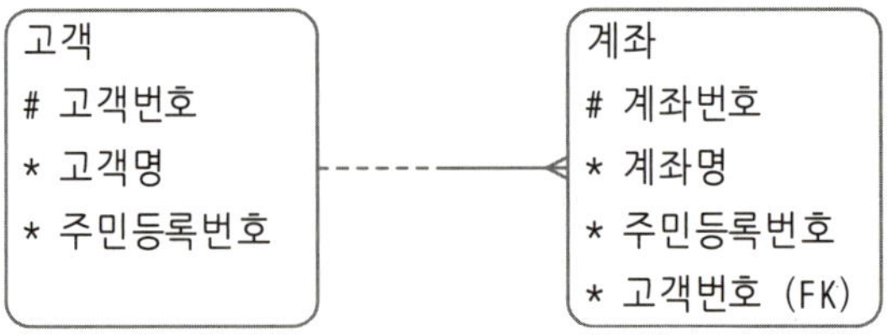

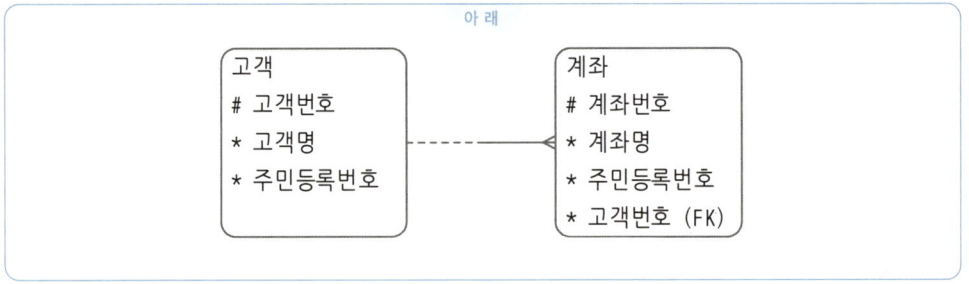

① 고객과 계좌는 식별 관계다.

② 계좌의 주민등록번호는 관계 정의로 인해 생성된 관계 속성이다.

③ 계좌는 개설한 고객이 반드시 존재해야 한다.

④ 계좌의 주민등록번호와 고객의 주민등록번호는 항상 값이 동일하다.

관계(Relationship)

부모 엔터티의 식별자를 자식 엔터티의 식별자로 상속하면 '식별관계', 일반속성으로 상속하면 '비식별관계'라고 한다.

부모 엔터티의 식별자가 아닌 일반속성을 자식 엔터티의 속성으로 정의한다면, 정상적인 관계속성이 아니다. 전혀 관련 없이 이름만 같은(=이름은 같지만 엔터티별로 의미가 다른) 속성이거나 부모 속성을 반정규화한 중복 속성일 수 있다. 정상적인 모델 표기법으로 두 속성의 관계를 정의하지 않았으므로 (별도 주석으로 데이터 발생 규칙을 정의하지 않는 한) 항상 값이 동일하다고 해석하지 않는다.

부모 엔터티 기준으로 자식 엔터티를 필수 관계(바커 표기법 기준으로 부모 쪽 관계선이 실선)로 정의한다면, 부모 인스턴스별로 자식 인스턴스를 반드시 등록해야 한다. 자식 엔터티를 선택 관계(부모 쪽 관계선이 점선)로 정의한다면, 부모 인스턴스만 등록하고 자식 인스턴스는 등록하지 않아도 된다.

자식 엔터티 기준으로 부모 엔터티를 필수 관계(자식 쪽 관계선이 실선)로 정의한다면, 부모 인스턴스를 먼저 등록한 후에 자식 인스턴스를 등록해야 한다. 부모 엔터티를 선택 관계(자식 쪽 관계선이 점선)로 정의한다면, 부모 없이 자식 인스턴스만 등록(FK 칼럼에 NULL 입력)할 수 있다.

풀이

고객과 계좌의 관계에서 고객의 식별자인 고객번호가 계좌의 일반 속성으로 사용되므로 비식별자 관계이다. 계좌의 주민등록번호는 관계에 의해 생성된 관계속성이 아니며 중복 속성으로 볼 수 있다.

자식 엔터티인 계좌 기준으로 부모인 고객 엔터티를 필수 관계로 정의했으므로 고객으로 등록한 고객만 계좌를 개설할 수 있다. 부모 엔터티인 고객 기준으로 자식인 계좌 엔터티를 선택 관계로 정의(고객 쪽 관계선이 점선)했으므로 모든 고객이 계좌를 개설해야 하는 것은 아니다.

정답 : ③

06

다음 속성 중 다른 엔터티와의 관계에 의해 생성된 속성으로 적절한 것을 고르시오.

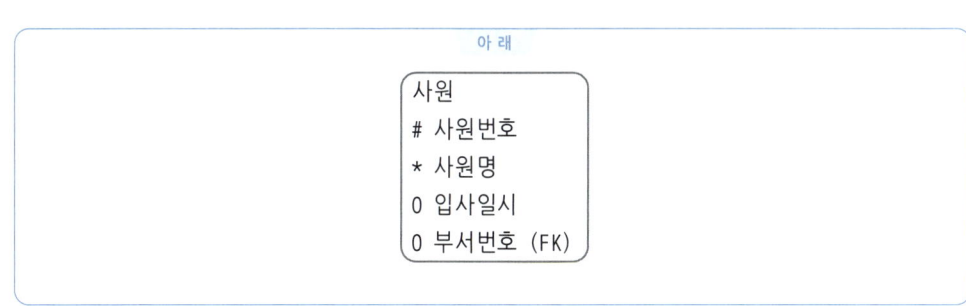

아 래

```
사원
# 사원번호
* 사원명
0 입사일시
0 부서번호 (FK)
```

① 사원번호

② 사원명

③ 입사일시

④ 부서번호

풀이

E-R 표기법 중 관계에 의해 생성된 관계 속성, 즉 외래 식별자에는 FK(Foreign Key) 표현을 추가하기도 한다. 사원 엔티티의 속성 중 부서번호에 FK 표현이 있으므로 부서번호는 다른 엔티티와의 관계에 의해 생성된 속성임을 알 수 있다.

정답 : ④

4 관계

07

아래 데이터 모델에 대한 설명으로 가장 부적절한 것을 고르시오.

아 래

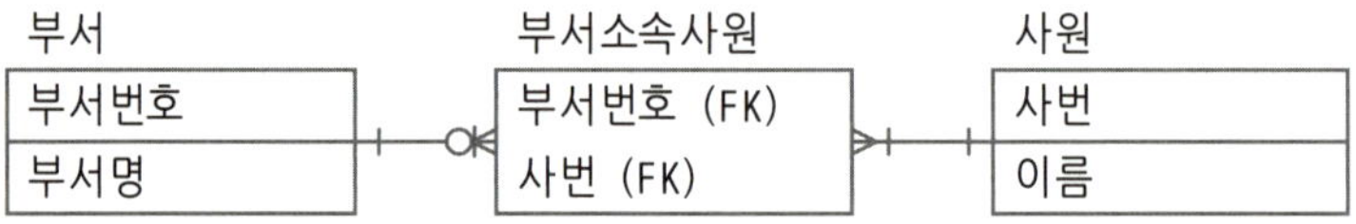

① 부서와 사원은 M:M 관계이다.

② 부서는 반드시 1명 이상의 소속사원이 있어야 한다.

③ 사원은 반드시 하나 이상의 부서에 속해야 한다.

④ 부서에는 동일 사원이 중복하여 소속될 수 없다.

관계(Relationship)

개념 모델 단계에서 정의한 M:M 관계는 논리 모델 단계에서 관계(Relationship, Association) 엔티티로 재정의해야 한다. 즉, 양쪽 엔티티로부터 식별자를 상속받은 제3의 교차(Intersection) 엔티티를 정의해야 한다.

부모 엔티티 기준으로 자식 엔티티를 필수 관계(IE 표기법 기준으로 자식 쪽 관계선에 ○ 표시가 없는 경우)로 정의한다면, 부모 인스턴스별로 자식 인스턴스를 반드시 등록해야 한다. 자식 엔티티를 선택 관계(자식 쪽 관계선에 ○ 표시가 있는 경우)로 정의한다면, 부모 인스턴스만 등록하고 자식 인스턴스는 등록하지 않아도 된다.

자식 엔티티 기준으로 부모 엔티티를 필수 관계(IE 표기법 기준으로 부모 쪽 관계선에 ○ 표시가 없는 경우)로 정의한다면, 부모 인스턴스를 먼저 등록한 후에 자식 인스턴스를 등록해야 한다. 부모 엔티티를 선택 관계(부모 쪽 관계선에 ○ 표시가 있는 경우)로 정의한다면, 부모 없이 자식 인스턴스만 등록(FK 칼럼에 NULL 입력)할 수 있다.

풀이

부서소속사원은 부서와 사원 간 M:M 관계를 엔터티로 풀어서 재정의한 관계 엔터티다. 부서 기준으로 부서소속사원을 1:M 선택 관계로 정의했다. 따라서 부서가 여러 소속사원을 가질 수 있지만, 소속사원이 없는 부서도 존재할 수 있다. 사원 기준으로 부서소속사원을 1:M 필수 관계로 정의했으므로 사원은 여러 부서에 속할 수 있으며, 반드시 하나 이상의 부서에 속해야 한다.

부서소속사원의 식별자는 양쪽 부모로부터 상속한 부서번호와 사번이다. 두 값을 조합했을 때 중복 인스턴스를 허용하지 않는다는 뜻이다. 따라서 한 부서에 소속사원이 여럿일 수 있지만, 같은 사원을 여러 번 등록할 수는 없다.

정답 : ②

5 식별자

08 아래 데이터 모델에 대한 설명으로 가장 부적절한 것을 고르시오.

아 래

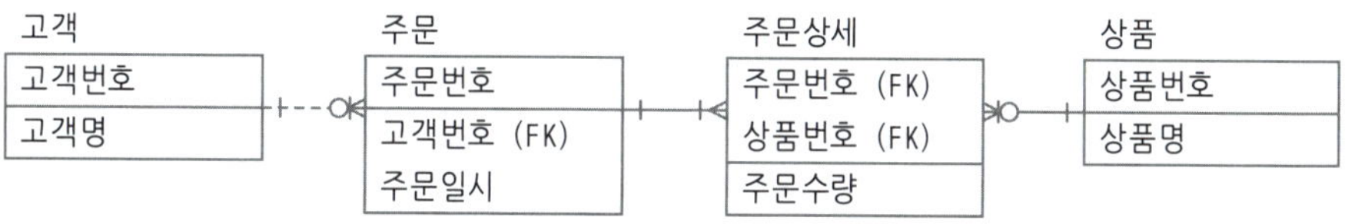

① 고객은 한번 이상 주문을 할 수 있다.

② 한 주문에 여러 상품을 구매할 수 있다.

③ 한 주문에 동일 상품을 다른 수량으로 구매할 수 있다.

④ 고객은 동일 상품을 여러 번 주문할 수 있다.

관계(Relationship)

부모 엔터티 기준으로 자식 엔터티를 필수 관계(IE 표기법 기준으로 자식 쪽 관계선에 ○ 표시가 없는 경우)로 정의한다면, 부모 인스턴스별로 자식 인스턴스를 반드시 등록해야 한다. 자식 엔터티를 선택 관계(자식 쪽 관계선에 ○ 표시가 있는 경우)로 정의한다면, 부모 인스턴스만 등록하고 자식 인스턴스는 등록하지 않아도 된다.

자식 엔터티 기준으로 부모 엔터티를 필수 관계(IE 표기법 기준으로 부모 쪽 관계선에 ○ 표시가 없는 경우)로 정의한다면, 부모 인스턴스를 먼저 등록한 후에 자식 인스턴스를 등록해야 한다. 부모 엔터티를 선택 관계(부모 쪽 관계선에 ○ 표시가 있는 경우)로 정의한다면, 부모 없이 자식 인스턴스만 등록(FK 칼럼에 NULL 입력)할 수 있다.

풀이

주문상세의 식별자는 양쪽 부모로부터 상속한 주문번호와 상품번호다. 두 값을 조합했을 때 중복 인스턴스를 허용하지 않는다는 뜻이다. 따라서 한 주문(= 같은 주문번호)에서 여러 상품을 주문할 수는 있지만, 같은 상품을 여러 번 주문할 수는 없다.

아래 데이터 모델에선 상품번호가 식별자가 아니므로 한 주문에서 같은 상품을 여러 번 주문할 수 있고, 그때마다 주문순번 값이 달라진다. 고객은 주문을 여러 번 할 수 있고, 한 주문에서 여러 상품을 주문할 수 있으므로 동일 상품을 여러 번 주문할 수 있다.

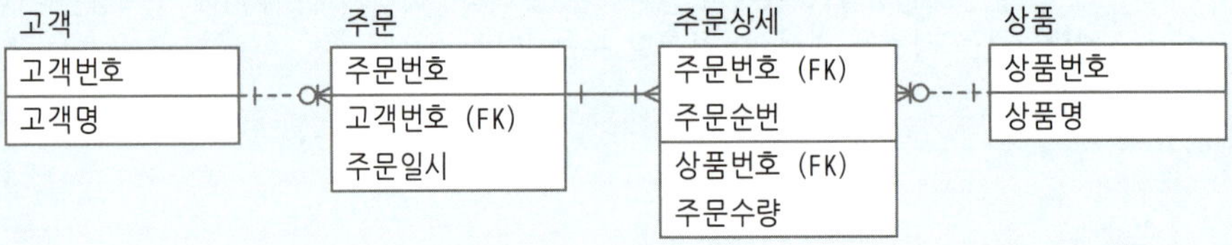

정답 : ③

09 다음 중 아래 주문상세 엔티티의 주식별자에 대한 설명으로 가장 부적절한 것을 고르시오.

아 래

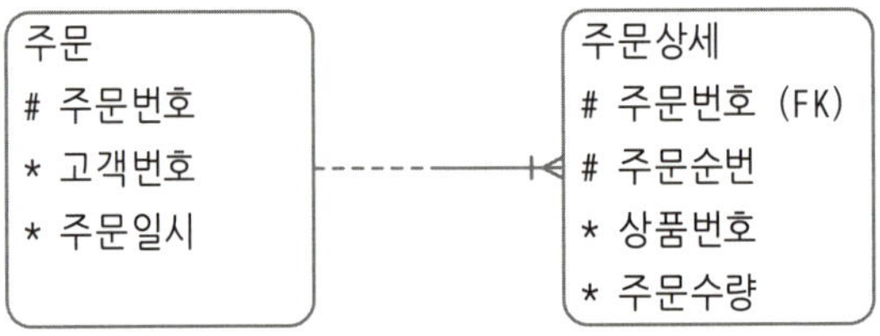

① 주문상세 엔티티의 모든 인스턴스를 유일하게 식별할 수 있다.
② 주식별자 중 주문순번은 주문번호마다 순차적으로 부여된다.
③ 주식별자 중 주문번호는 주문 엔티티로부터 상속받은 외래 식별자다.
④ 주문순번 속성은 NULL 값을 입력할 수 없다.

주식별자의 특징

주식별자는 아래의 특징을 가진다.

특징	설명
유일성	엔티티의 모든 인스턴스를 고유하게 식별할 수 있어야 함
최소성	고유성을 만족하는 최소의 속성으로 구성되어야 함
불변성	주식별자의 속성이 변경되지 않아야 함
존재성	주식별자의 속성에 널을 입력할 수 없음

풀이

주문상세 엔터티의 식별자로 정의한 주문번호와 주문순번, 두 값을 조합했을 때 중복 값을 허용하지 않으므로 모든 인스턴트를 유일하게 식별할 수 있다.

주문번호별로 여러 주문순번을 가질 수 있고, 한 주문번호 내에서 주문순번은 중복 값이 없어야 한다. 주문순번을 순차적으로(입력 순서대로) 부여할 수는 있지만, 그렇게 해야 할 의무는 없다. 즉, 식별자 번호를 순차적으로 입력하는 것은 식별자의 특징에 해당하지 않는다.

정답 : ②

10

다음 중 부모 엔터티와 자식 엔터티가 식별 관계를 가지는 데이터 모델을 고르시오. (단, ㉠, ㉡은 IE 표기법, ㉢, ㉣은 바커 표기법을 사용했다.)

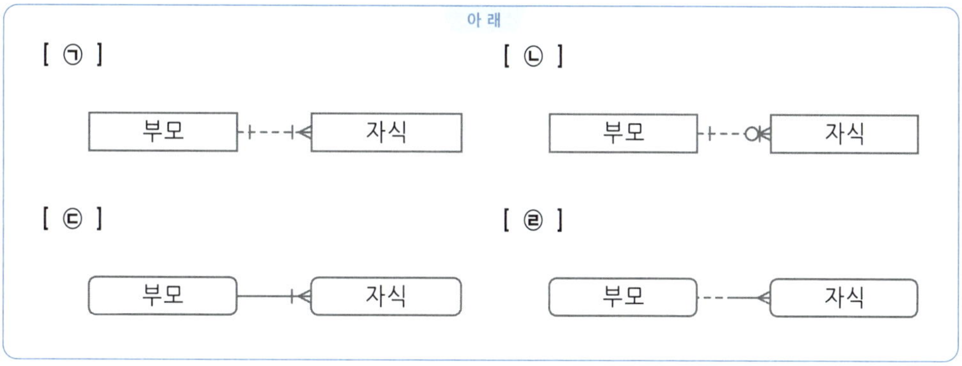

① ㉠

② ㉡

③ ㉢

④ ㉣

식별 관계 정의

부모 엔터티의 식별자를 자식 엔터티의 식별자로 상속하는 '식별관계'를 표현하는 방식은 모델 표기법에 따라 다르다. 바커(Barker) 표기법에서는 자식 쪽 관계선에 UID Bar(수직 실선)를 표시한다. IE 표기법에서는 관계선 전체를 실선으로 표시한다.

풀이

㉠, ㉡은 IE 표기법, ㉢, ㉣은 바커 표기법을 사용한 데이터 모델이다.

IE 표기법을 사용한 ㉠, ㉡은 관계선이 둘 다 점선이므로 비식별관계를 표현하고 있다. 바커 표기법을 사용한 ㉢, ㉣ 중 ㉢은 자식 쪽 관계선에 UID Bar(수직 실선)를 표시했으므로 식별관계를 표현하고 있다.

정답 : ③

CHAPTER 01 핵심 정리 문제

01 다음 중 아래와 같이 핵심 엔터티와 주요 관계만을 표기한 데이터 모델로 적절한 것을 고르시오.

아래

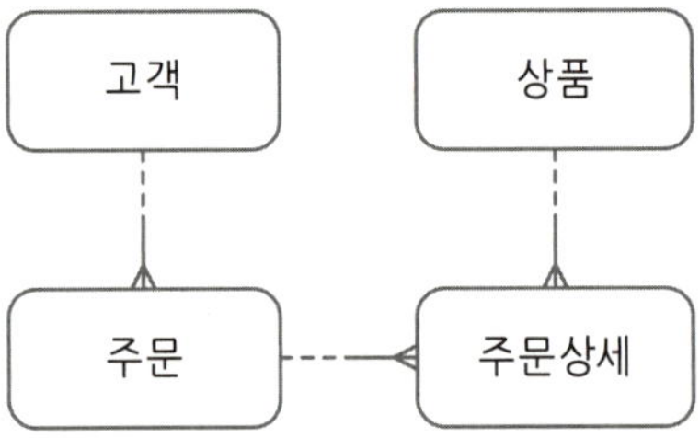

① 핵심 데이터 모델
② 개념 데이터 모델
③ 논리 데이터 모델
④ 개체-관계 데이터 모델

02 다음 중 아래 엔터티에 대한 설명으로 가장 적절한 것을 고르시오.

아래

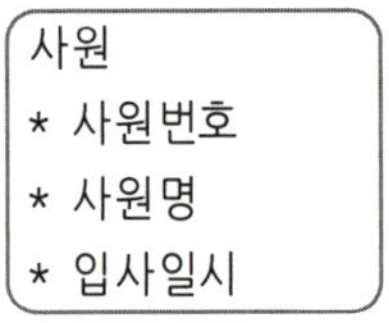

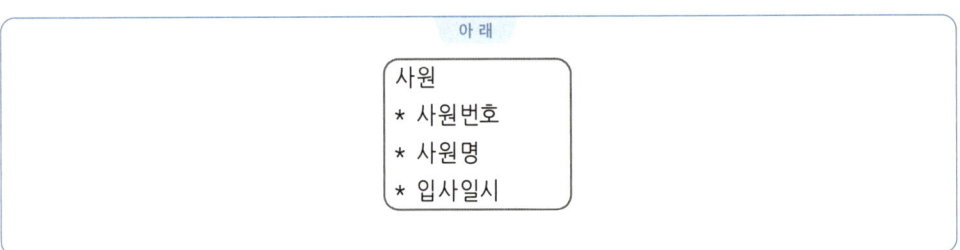

① 사원번호는 사원 엔터티의 인스턴스다.
② 엔터티의 주식별자를 정의하지 않았다.
③ 모든 속성이 NULL을 허용한다.
④ 엔터티를 IE 표기법으로 나타냈다.

03

다음 중 다른 엔터티와의 관계를 통해 생성된 속성이 적절하게 표현된 데이터 모델을 고르시오.

①
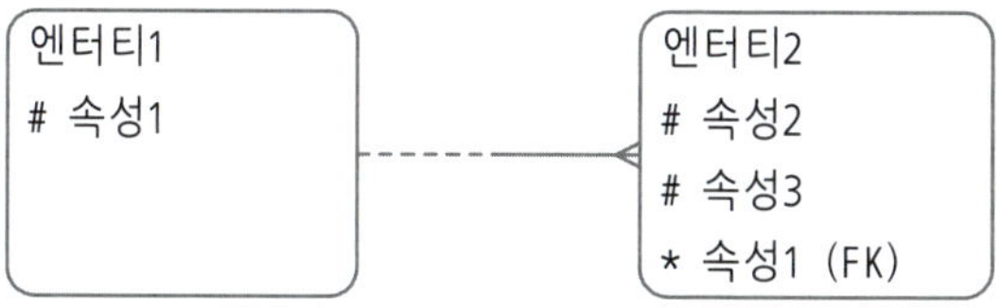

②
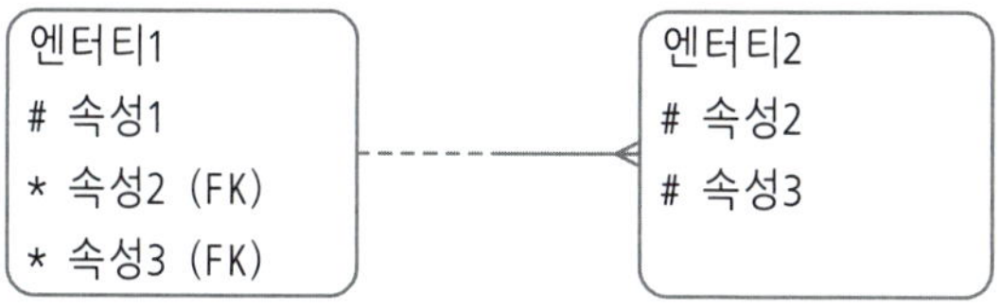

③
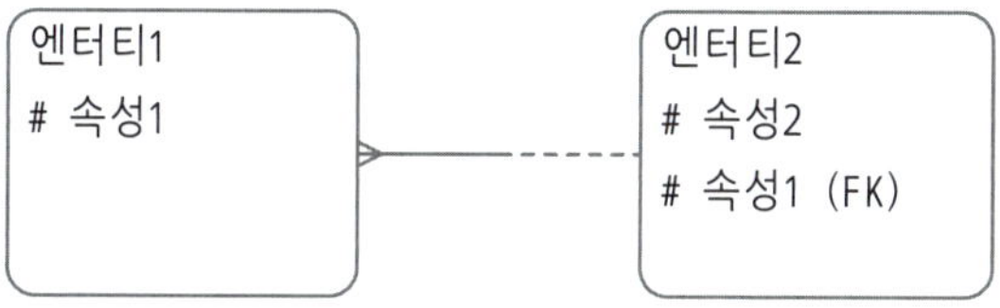

④
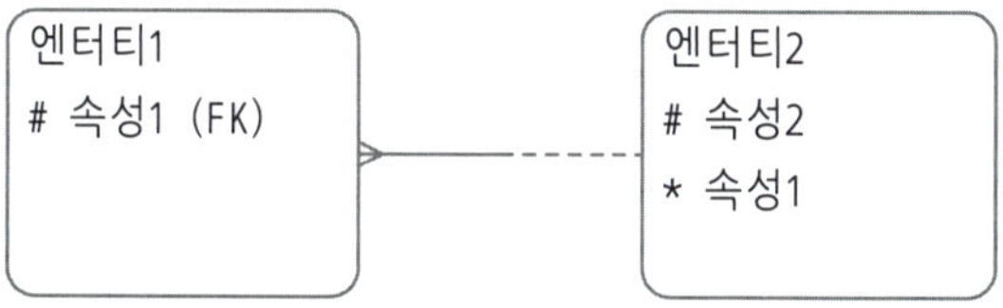

04

아래 데이터 모델에 대한 설명으로 가장 부적절한 것을 고르시오.

아 래

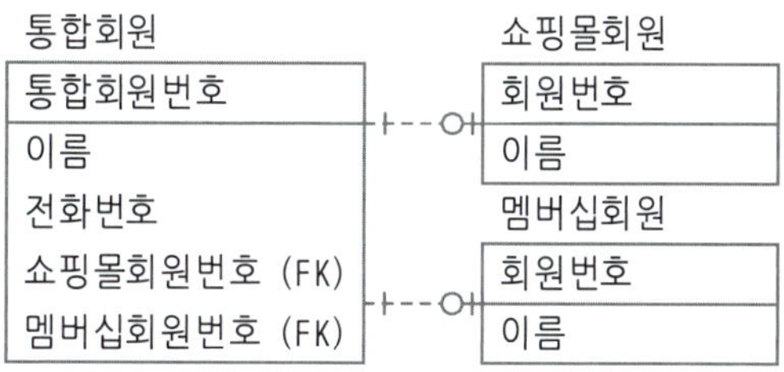

① 1명의 쇼핑몰회원은 1명의 통합회원과 연결된다.

② 1명의 멤버십회원은 1명의 통합회원과 연결된다.

③ 1명의 통합회원은 쇼핑몰회원 또는 멤버십회원에 배타적으로 연결되어야 한다.

④ 쇼핑몰회원과 멤버십회원은 반드시 통합회원과 연결되어야 한다.

05

다음 중 부모 엔터티와 자식 엔터티가 비식별 관계를 가지는 데이터 모델을 고르시오. (단, ㉠, ㉡은 IE 표기법, ㉢, ㉣은 바커 표기법을 사용했다.)

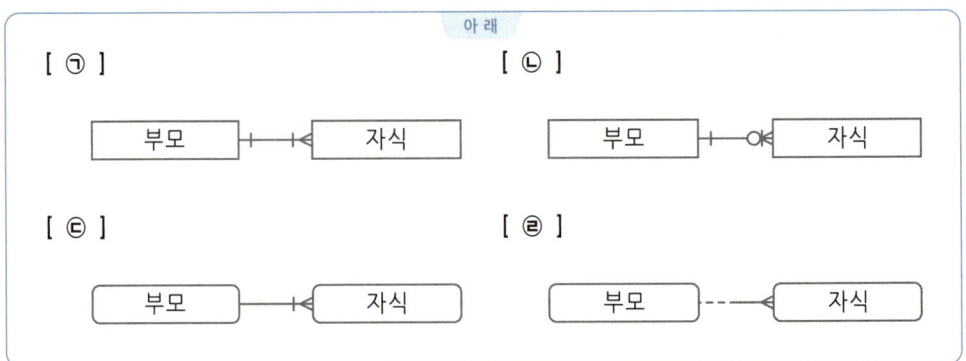

아 래

[㉠]

[㉡]

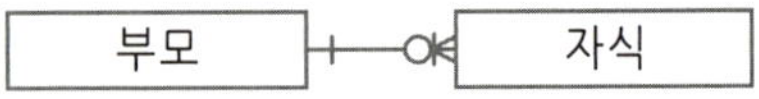

[㉢]

[㉣]

① ㉠

② ㉡

③ ㉢

④ ㉣

CHAPTER 01

핵심 정리 문제 해답

01

개념 논리 물리 데이터 모델

데이터 모델은 추상화 수준에 따라 아래의 세 가지 데이터 모델로 구분된다.

유형	설명
개념	추상화 수준이 높고 업무 중심적이고 포괄적인 수준의 모델링
논리	업무에 대한 키, 속성, 관계 등을 정확하게 표현
물리	데이터베이스 이식을 위해 성능, 저장 등 물리 요소를 고려하여 설계

풀이

데이터 모델은 추상화 수준에 따라 개념, 논리, 물리 데이터 모델로 구분할 수 있다. 개념 데이터 모델은 가장 추상화 수준이 높은 단계로 핵심 엔터티와 그들간의 관계를 정의하고 표현한 것이다.

정답 : ②

02

풀이

Barker 표기법으로 사원 엔터티를 나타낸 예시이다. 사원번호, 사원명, 입사일시는 사원 엔터티의 속성을 의미한다. 속성 앞의 * 표기는 반드시 값을 입력해야 하는 NOT NULL 속성임을 나타내는 것이다. 속성 앞에 # 표기는 주식별자 속성임을 나타내는데 문제의 사원 엔터티에는 # 표기가 없으므로 주식별자를 정의하지 않았음을 알 수 있다.

정답 : ②

03

관계(Relationship)

1:M 관계를 정의할 때는 1에 해당하는 엔터티(부모)의 주식별자를 M에 해당하는 엔터티(자식)에 관계속성으로 생성해야 한다.

풀이

② M쪽 엔터티의 주식별자를 1쪽 엔터티의 관계속성으로 정의했으므로 올바르지 않다.

③ 관계선을 반대로 그렸다. 관계선을 역으로 그린 후에 엔터티2의 속성1을 일반속성으로 정의(#을 *로 변경)하거나 식별자관계(속성1이 식별속성)임을 표현하기 위해 관계선에 UID Bar를 그려줘야 한다.

④ 관계선을 반대로 그렸다. 관계선을 역으로 그린 후 엔터티2의 속성1에 FK를 표시해야 한다. 물론, 엔터티1의 속성1에서 FK 표시는 제거해야 한다.

정답 : ①

04 풀이

문제의 데이터 모델은 애초에 쇼핑몰회원과 멤버십회원을 따로 설계한 상태에서 이 둘을 통합한 통합회원 엔터티를 추가로 설계했다. 통합회원이 쇼핑몰회원과 멤버십회원 중 어느 한 쪽에 배타적으로 연결되어야 한다고 정의하지 않았으므로 양쪽 회원에 모두 연결될 수 있다. 물론, 어느 한쪽에만 연결될 수도 있다.

쇼핑몰회원과 멤버십회원 기준으로 볼 때 통합회원과 필수 관계(통합회원 쪽 관계선에 ○ 표시가 없는 경우)이므로 쇼핑몰회원과 멤버십회원은 반드시 통합회원과 연결되어야 한다.
참고로, 아래는 애초에 회원을 통합한 데이터 모델이다. 개념 모델 단계에서 회원을 통합 설계하고 서브타입을 쇼핑몰회원과 멤버십회원으로 정의했다가 논리 모델 단계에서 필요(서브타입별 속성 정의, 관계 정의 등)에 의해 서브타입별 엔터티를 따로 설계한 것이다. 문제의 데이터 모델과 관계의 방향이 정반대인 점에 주목하자. 즉, FK를 회원이 아닌 쇼핑몰회원과 멤버십회원 쪽에 정의하였다.

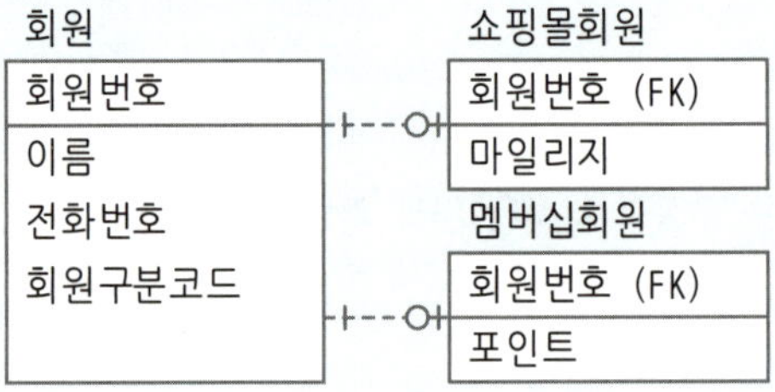

정답 : ③

05

비식별 관계 정의

부모 엔터티의 식별자를 자식 엔터티의 식별자로 상속하면 '식별관계', 일반속성으로 상속하면 '비식별관계'라고 한다. 식별, 비식별 관계를 표현하는 방식은 모델 표기법에 따라 다른데, 우선 바커(Barker) 표기법에서 두 엔터티를 식별관계로 정의하고자 할 때는 자식 쪽 관계선에 UID Bar(수직 실선)를 표시한다. UID Bar가 없으면 비식별 관계다. IE 표기법에서는 관계선 전체를 실선으로 표시하면 식별 관계, 점선으로 표시하면 비식별 관계다.

풀이

㉠, ㉡은 IE 표기법, ㉢, ㉣은 바커 표기법을 사용한 데이터 모델이다. IE 표기법을 사용한 ㉠, ㉡은 관계선이 둘 다 실선이므로 식별 관계다. 바커 표기법을 사용한 ㉢, ㉣ 중 ㉢은 자식 쪽 관계선에 UID Bar가 있으므로 식별 관계, ㉣은 UID Bar가 없으므로 비식별 관계다.

정답 : ④

CHAPTER

02

데이터 모델과 SQL

CHAPTER 02

데이터 모델과 SQL

1 정규화

01 다음 중 아래 데이터 모델에 대한 설명으로 가장 적절한 것을 고르시오.

아래

[데이터 모델]

사원
사번
이름 전화번호목록

[데이터]

사번	이름	전화번호목록
1	가나다	010-1234-5678
2	마바사	010-2345-6789, 010-3456-7890

① 사원 엔터티는 1정규화 대상이다.
② 사원 엔터티는 2정규화 대상이다.
③ 사원 엔터티는 3정규화 대상이다.
④ 사원 엔터티는 4정규화 대상이다.

정규형

1, 2, 3 정규형은 아래의 특징을 가진다.

정규형	설명
1정규형(1NF)	속성의 원자성(atomicity)과 관련이 있다. '010-2345-6789, 010-3456-7890' 등의 다중 값(multiple value), 전화번호1, 전화번호2와 같은 반복 그룹(repeating group)이 이에 해당한다.
2정규형(2NF)	부분 종속과 관련이 있다. 부분 종속(partial dependency)은 일반 속성이 식별자의 일부 속성에만 종속되는 것이다.
3정규형(3NF)	이행 종속과 관련이 있다. 이행 종속(transitive dependency)은 일반 속성이 다른 일반 속성에 종속되는 것이다.

풀이

사원 엔터티의 전화번호목록 속성은 여러 개의 값을 포함한 다가속성(Multivalued Attribute)이다. 다가속성을 포함한 엔터티는 비정규형이며, 1정규화를 수행해야 하는 대상이다.

정답 : ①

02 다음 중 아래 데이터 모델에 대한 설명으로 가장 적절한 것을 고르시오.

아래

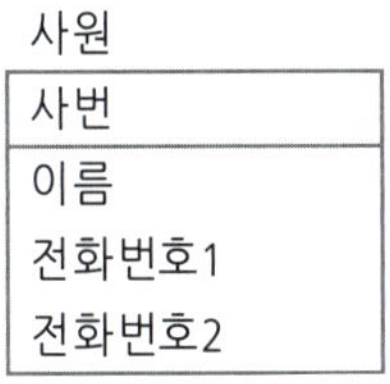

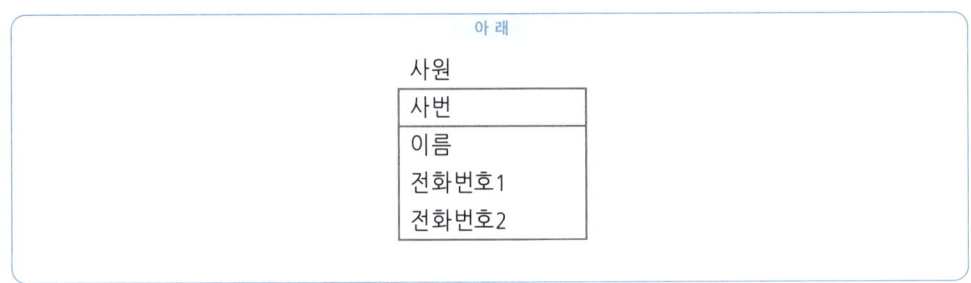

① 사원 엔터티는 1정규화 대상이다.
② 사원 엔터티는 2정규화 대상이다.
③ 사원 엔터티는 3정규화 대상이다.
④ 사원 엔터티는 4정규화 대상이다.

풀이

사원 엔터티는 유사한 속성을 나열한 반복 속성을 포함하고 있다. 전화번호1, 전화번호2 속성은 단일 값을 갖는 속성이지만 유사 속성을 반복하여 사용하는 것은 넓은 의미의 다가속성(Multivalued Attribute)으로 볼 수 있다. 반복 속성을 포함한 사원 엔터티는 아래와 같이 전화번호1, 전화번호2 속성을 별도 엔터티로 분리하여 1정규화를 수행할 수 있다.

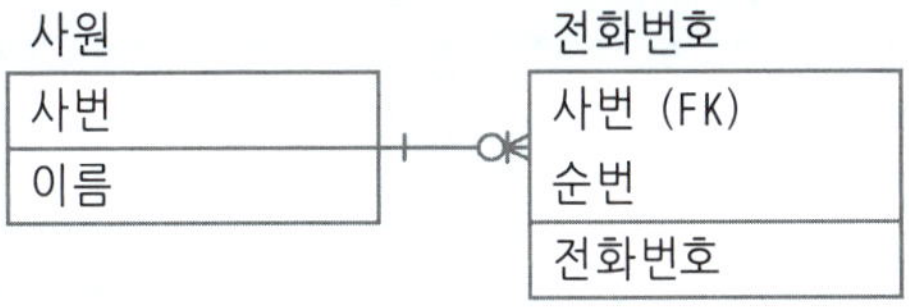

정답 : ①

2 관계와 조인의 이해

03 아래 데이터 모델에서 사원에 저장된 "모든" 사원의 사번, 이름, 부서명을 조회하는 SQL로 가장 적절한 것을 고르시오.

아래

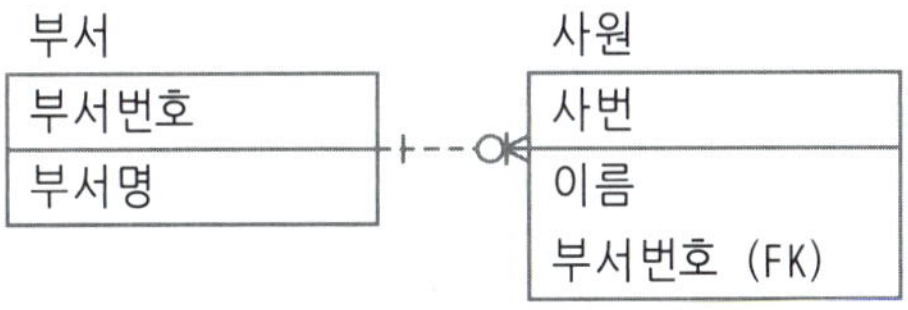

```
① SELECT A.사번, A.이름, B.부서명
    FROM 사원 A, 부서 B
   WHERE B.부서번호 = A.부서번호;
```

```
② SELECT A.사번, A.이름, B.부서명
    FROM 사원 A, 부서 B
   WHERE B.부서번호(+) = A.부서번호;
```

```
③ SELECT A.사번, A.이름, B.부서명
    FROM 사원 A, 부서 B
   WHERE B.부서번호 = A.부서번호(+);
```

```
④ SELECT A.사번, A.이름, B.부서명
    FROM 사원 A, 부서 B
   WHERE B.부서번호 = A.부서번호
     AND A.부서번호 IS NOT NULL;
```

관계와 조인의 이해

관계형 DB는 이름에서 알 수 있듯 '관계(Relationship)'가 무엇보다 중요하다. 관계형 DB에서 데이터를 추출하고 가공할 때 SQL을 사용하며, 엔터티 간 관계는 조인(Join)으로 표현한다. 조인에 대한 이해가 관계형 DB를 사용하는 데 있어 가장 핵심적인 요소일 수밖에 없는 이유다.

조인에는 Inner 조인, Outer 조인, Cross 조인 등이 있다. Outer 조인은 Left Outer 조인, Right Outer 조인, Full Outer 조인으로 세분화된다. 두 테이블을 조인할 때 어떤 방식을 사용할지는 데이터 모델에 의해 결정된다. 따라서 SQL 개발자는 데이터 모델을 정확히 읽고 해석할 줄 알아야 한다. 특히, 식별/비식별 관계, 관계차수(Cardinality), 관계의 선택사양, 속성의 선택사양 등의 개념을 정확히 이해하자.

풀이

부서를 기준으로 사원은 선택 관계(사원 쪽 관계선에 ○ 표시)이므로 사원 없는 부서가 존재할 수 있다. 사원을 기준으로 부서는 필수 관계(부서 쪽 관계선에 ○ 표시가 없음)이므로 부서 없는 사원은 존재할 수 없다. 즉, 사원의 부서번호 속성은 NOT NULL이다.

부서 없는 사원은 존재하지 않으므로 ②번은 불필요한 아우터 조인이다. 아우터 조인하지 않은 ①번과 결과 집합이 같다. 사원의 부서번호는 NOT NULL이므로 ④번의 IS NOT NULL 조건도 불필요하다. ③은 사원 없는 부서 정보까지 출력하므로 문제에서 요구하는 결과 집합과 다르다.

정답 : ①

04 아래 데이터 모델에서 사원에 저장된 "모든" 사원의 사번, 이름, 부서명을 조회하는 SQL로 가장 부적절한 것을 고르시오.

아 래

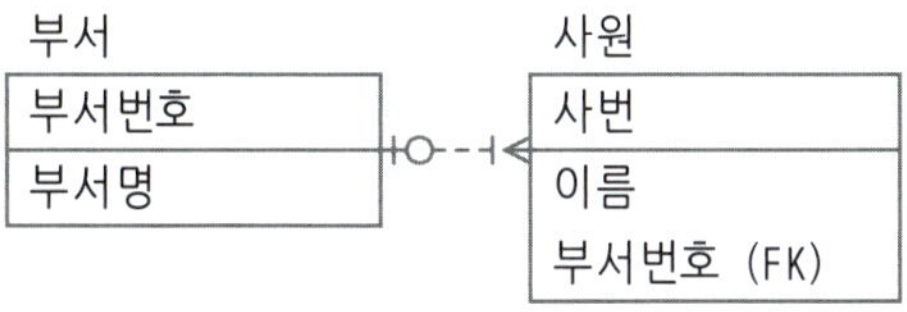

①
```
SELECT A.사번, A.이름, B.부서명
  FROM 사원 A, 부서 B
 WHERE B.부서번호 = A.부서번호;
```

②
```
SELECT A.사번, A.이름, B.부서명
  FROM 사원 A, 부서 B
 WHERE B.부서번호(+) = A.부서번호;
```

③
```
SELECT A.사번, A.이름, B.부서명
  FROM 사원 A LEFT OUTER JOIN 부서 B
    ON B.부서번호 = A.부서번호;
```

④
```
SELECT A.사번, A.이름
     , (SELECT X.부서명 FROM 부서 X WHERE X.부서번호 = A.부서번호) AS 부서명
  FROM 사원 A;
```

풀이

부서를 기준으로 사원은 필수 관계(사원 쪽 관계선에 ○ 표시가 없음)이므로 사원 없는 부서는 존재할 수 없다. 사원을 기준으로 부서는 선택 관계(부서 쪽 관계선에 ○ 표시)이므로 부서 없는 사원이 존재할 수 있다. 즉, 사원의 부서번호는 NULL 허용 속성이다.

사원과 부서를 ①과 같이 단순히 조인하면 부서 없는 사원이 결과 집합에서 누락된다. 문제에서 요구하는 대로 모든 사원을 결과 집합에 포함하려면 ②, ③과 같이 사원을 기준으로 아우터 조인(Outer Join)하거나 ④와 같이 부서명을 스칼라 서브쿼리(Scalar Subquery)로 조회해야 한다.

정답 : ①

05 다음 중 사원 인스턴스 발생시 반드시 부서번호 속성을 입력해야 하는 데이터 모델을 고르시오.

아래

[데이터 모델 ㉠]

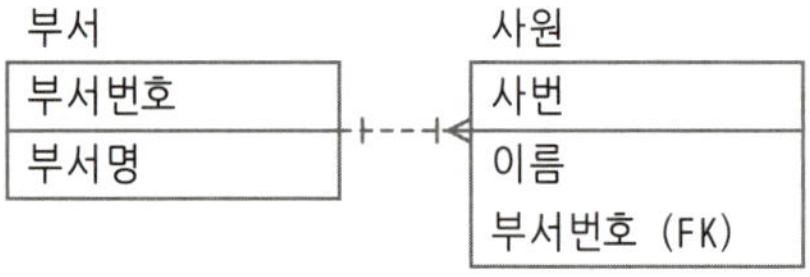

[데이터 모델 ㉡]

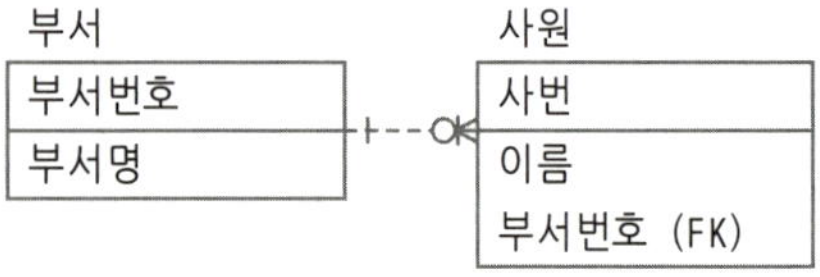

[데이터 모델 ㉢]

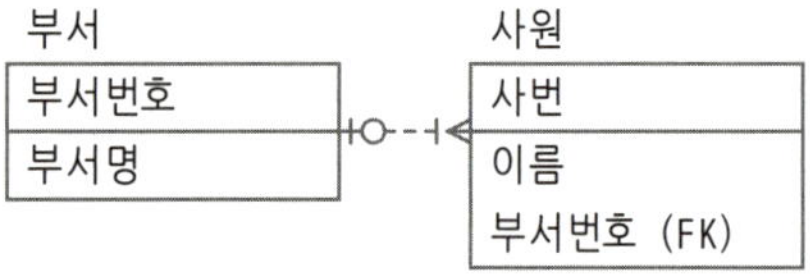

[데이터 모델 ㉣]

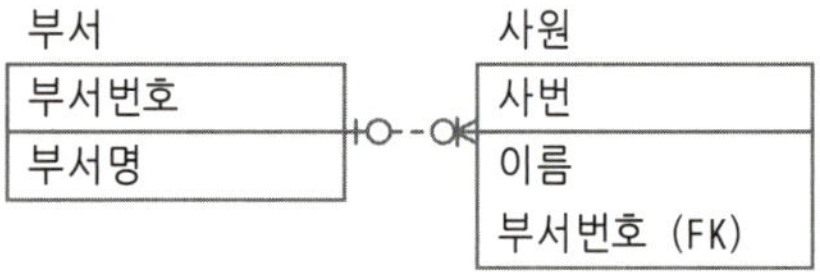

① ㉠, ㉡
② ㉠, ㉢
③ ㉠, ㉣
④ ㉠, ㉡, ㉢, ㉣

관계(Relationship)를 고려한 트랜잭션 구현

자식 테이블 기준으로 부모 테이블이 필수 관계라면, 부모 레코드를 먼저 입력해야 한다. 자식 레코드 입력 시, 외래 키에 부모의 식별자 값을 반드시 입력해야 하기 때문이다.

부모 엔터티 기준으로 자식 엔터티도 필수 관계라면, 부모와 자식 레코드 입력을 한 트랜잭션으로 묶어서 처리해야 한다. 부모 레코드 입력은 성공했는데 자식 레코드 입력은 실패하는 일이 생기면 안 되기 때문이다. 반드시 두 연산을 모두 성공하거나 모두 실패하도록 구현해야 한다. 부모 레코드와 함께 첫 번째 자식 레코드를 입력한 이후, 두 번째 자식 레코드부터는 개별적으로 입력할 수도 있는데, 이는 업무적인 트랜잭션 정의에 의해 결정된다.

풀이

㉠, ㉡은 사원 기준으로 부서 엔터티가 필수 관계, ㉢, ㉣은 사원 기준으로 부서 엔터티가 선택 관계다. ㉠, ㉡은 사원 인스턴스 발생시 반드시 부서번호를 입력해야 하므로 관련 부서 정보가 먼저 생성돼 있어야 한다.

정답 : ①

06

다음 중 주문과 주문상세의 인스턴스 생성을 하나의 트랜잭션에서 처리해야 함을 표현한 데이터 모델을 고르시오.

아래

[데이터 모델 ㉠]

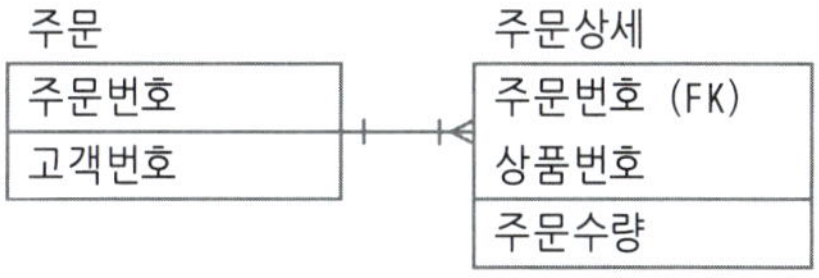

[데이터 모델 ㉡]

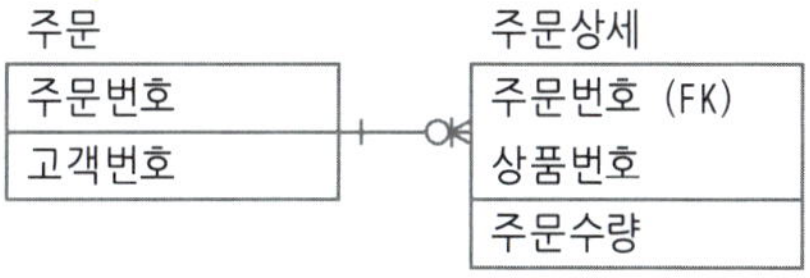

[데이터 모델 ㉢]

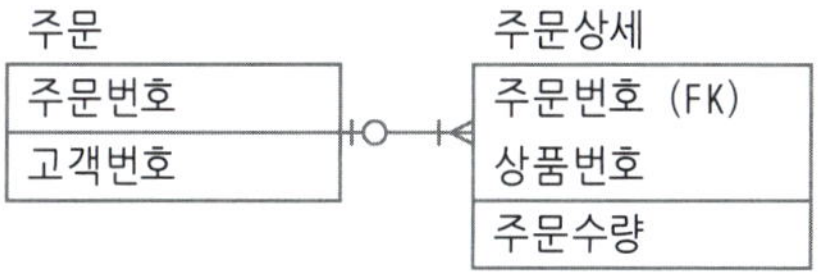

[데이터 모델 ㉣]

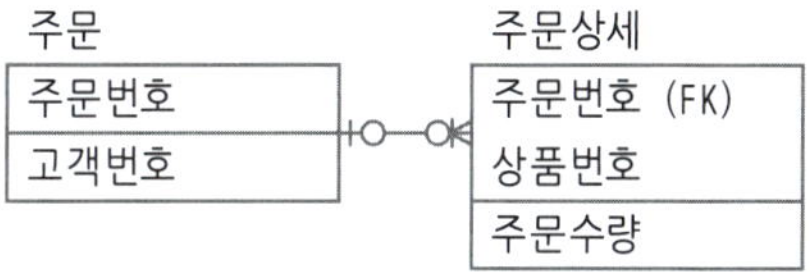

① ㉠

② ㉡

③ ㉢

④ ㉣

관계(Relationship)를 고려한 트랜잭션 구현

트랜잭션은 일의 최소 단위이므로 하나의 트랜잭션으로 묶인 두 개 이상의 연산은 "동시에" 처리해야 한다. 현재의 저장 기술로는 동시 처리가 불가능하므로 DBMS는 트랜잭션의 원자성을 지원하기 위해 'All or Nothing' 방식을 사용한다. 즉, 두 개 이상의 연산을 모두 성공하거나 모두 실패하도록 처리하는 방식을 사용한다.

DB 개발자는 원자적으로 처리해야 하는 일련의 작업을 하나의 트랜잭션으로 묶어주어야 하는데, 특히 관계가 설정된 두 개 이상 테이블에 데이터를 입력할 때 모델에 표현된 관계의 선택사양(Optionality)을 정확히 해석함으로써 정합성에 문제가 생기지 않도록 구현해야 한다.

자식 테이블 기준으로 부모 테이블이 필수 관계라면, 부모 레코드를 먼저 입력한 후에 자식 레코드를 입력해야 한다. 자식 레코드 입력 시, 외래 키에 부모의 식별자 값을 반드시 입력해야 하기 때문이다. 부모 레코드 입력과 자식 레코드 입력을 하나의 트랜잭션으로 묶어서 처리할 때는 순서만 잘 맞춰주면 된다. 두 연산을 개별 트랜잭션으로 처리했고 처리 순서도 보장할 수 없는 상황이라면, 자식 레코드를 입력할 때 부모 레코드가 존재하는지 반드시 확인해야 한다.

부모 엔터티 기준으로 자식 엔터티도 필수 관계라면, 부모와 자식 레코드 입력을 한 트랜잭션으로 묶어서 처리해야 한다. 부모 레코드 입력은 성공했는데 자식 레코드 입력은 실패하는 일이 생기면 안 되기 때문이다. 반드시 두 연산을 모두 성공하거나 모두 실패하도록 구현해야 한다. 부모 레코드와 함께 첫 번째 자식 레코드를 입력한 이후, 두 번째 자식 레코드부터는 개별적으로 입력할 수도 있는데, 이는 업무적인 트랜잭션 정의에 의해 결정된다.

풀이

㉠은 주문은 반드시 주문상세가 있어야 하고, 주문상세는 반드시 주문이 있어야 함을 나타낸다. 만약 주문처리와 주문상세처리를 각각 다른 트랜잭션으로 처리한다면, 특정 시점에는 주문이 없는 주문상세나 주문상세 없는 주문이 존재할 수도 있다. 따라서 ㉠과 같은 데이터 발생 규칙을 만족하기 위해서는 하나의 트랜잭션에서 주문과 주문상세를 모두 처리해야 한다.

㉡은 주문상세 없는 주문이 있을 수 있으므로 주문처리와 주문상세처리를 다른 트랜잭션으로 처리해도 무방하다. ㉢과 ㉣은 주문과 주문상세가 식별자 관계인데 주문이 없는 주문상세가 존재할 수 있음을 나타내므로 모순이 존재하는 부적절한 표현이다.

정답 : ①

4 Null 속성의 이해

07 **아래 사원 테이블에서 사번, 이름, 연봉을 출력하고자 한다. 연봉은 급여에 12를 곱한 값에 수당을 더해서 구하며, 수당이 아직 정해지지 않은 사원은 급여만으로 연봉을 구한다. 다음 중 ㉠에 들어갈 가장 효율적인 표현식을 고르시오.**

아 래

[데이터 모델]

```
사원
# 사번
* 이름
* 급여
0 수당
* 부서번호
```

[SQL]

SELECT 사번, 이름, [㉠] AS 연봉 FROM 사원;

① (급여 * 12) + 수당

② (급여 * 12) + NVL (수당, 0)

③ NVL ((급여 * 12) + 수당, 0)

④ NVL (급여, 0) * 12 + NVL (수당, 0)

NULL 속성의 이해

NULL은 '알 수 없는 값 또는 아직 정해지지 않은 값'을 의미한다. 아래 연산 결과는 얼마일까? 알 수 없다.

123 + {알 수 없는 값} = ?

NULL 값을 포함한 연산 결과도 언제나 NULL이다.

123 + NULL = NULL

SQL 문에서 연산을 수행할 때 인자로 사용하는 속성들의 NULL 허용여부를 반드시 확인해야 하는 이유다. 연산 과정에 NULL 값이 나타날 수 있다면 NULL을 특정 값으로 변환해 주는 NVL 함수를 같이 사용해야 한다.값이 NULL인지 여부를 확인하고 싶을 때는 항상 IS NULL 조건식을 사용해야 한다. 값이 NULL이 아닌지를 확인하고 싶을 때는 항상 IS NOT NULL 조건식을 사용해야 한다. '=', '<>', IN, NOT IN 등의 연산자로는 원하는 결과를 얻을 수 없다.

칼럼 간 연산할 때 NULL이 포함되면 항상 NULL을 반환하지만, 여러 행 간에 SUM, AVG, MIN, MAX, COUNT 함수로 값을 집계할 때는 함수 인자 값이 NULL인 행이 포함돼도 결과를 정상적으로 반환한다. 여러 행을 읽어 값을 집계할 때는 NULL 값을 연산 대상에서 제외하기 때문이다.

풀이

제시한 모델에서 급여는 NOT NULL 칼럼인 반면, 수당은 NULL 허용 칼럼인 점에 주목하자.

①은 수당이 NULL인 사원 레코드에서 NULL을 반환한다. ③은 수당이 NULL인 사원 레코드에서 0을 반환한다. 따라서 ①과 ③은 '수당이 아직 정해지지 않은 사원은 급여만으로 연봉을 구한다'는 요건을 만족하지 못한다. ②와 ④는 수당이 NULL인 사원에 대해서도 정상적으로 값을 반환하지만, 급여에 대한 불필요한 NVL 함수를 사용하지 않은 ②가 더 효율적이다.

정답 : ②

08

아래 사원 테이블에서 부서별 연봉합계를 출력하고자 한다. 각 사원의 연봉은 급여에 12를 곱한 값에 수당을 더해서 구하며, 수당이 아직 정해지지 않은 사원은 급여만으로 연봉을 구한다. 다음 중 ㉠에 들어갈 가장 효율적인 표현식을 고르시오.

아 래

[데이터 모델]

```
사원
# 사번
* 이름
* 급여
0 수당
* 부서번호
```

[SQL]

```
SELECT 부서번호, [    ㉠    ] AS 연봉 FROM 사원 GROUP BY 부서번호;
```

① SUM ((급여 * 12) + 수당)

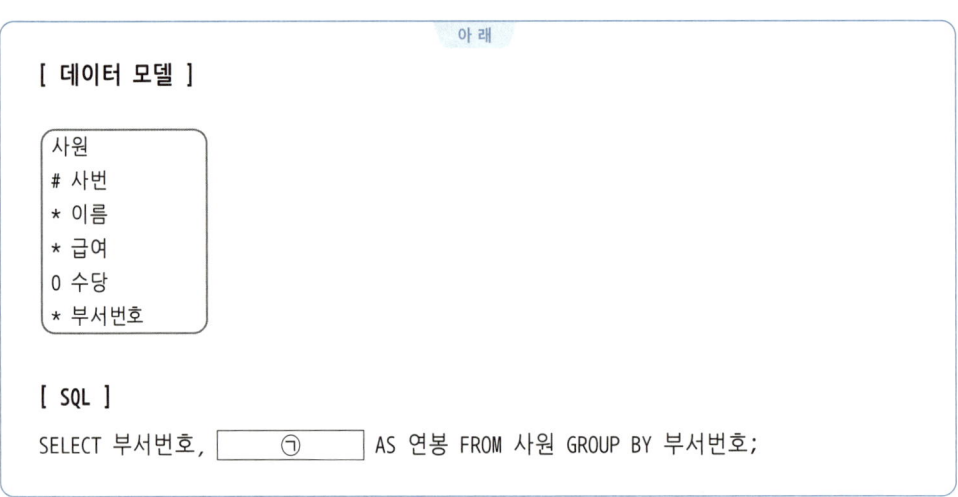

② SUM ((급여 * 12) + NVL (수당, 0))

③ (SUM (급여) * 12) + SUM (NVL (수당, 0))

④ (SUM (급여) * 12) + NVL (SUM (수당), 0)

풀이

제시한 모델에서 급여는 NOT NULL 칼럼인 반면, 수당은 NULL 허용 칼럼인 점에 주목하자.②, ③, ④는 정확한 결과를 출력하지만, 급여 계산 및 NVL 함수 수행 횟수에 차이가 있다.

① 수당이 NULL인 사원의 연봉이 NULL로 처리되므로 SUM 함수 집계 대상에서 제외된다. 소속 사원의 수당이 모두 NULL인 부서의 연봉은 NULL을 반환한다. ①은 결과가 부정확하므로 효율성을 판단할 필요가 없다.

② 급여에 대한 곱하기 연산과 수당에 대한 NVL 함수를 사원별로 한 번씩 수행한다.

③ 급여에 대한 곱하기 연산은 부서별로, 수당에 대한 NVL 함수는 사원별로 한 번씩 수행한다.

④ 급여에 대한 곱하기 연산과 수당에 대한 NVL 함수를 부서별로 한 번씩만 수행한다.

따라서 ④가 가장 효율적이다.

정답 : ④

5 본질식별자 vs. 인조식별자

09 아래 데이터 모델 중 한 주문에서 특정 상품을 여러 번 주문할 수 있는 데이터 모델을 고르시오.

아래

[데이터 모델 ㉠]

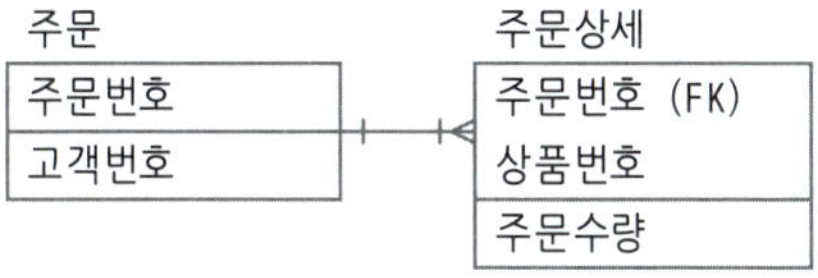

[데이터 모델 ㉡]

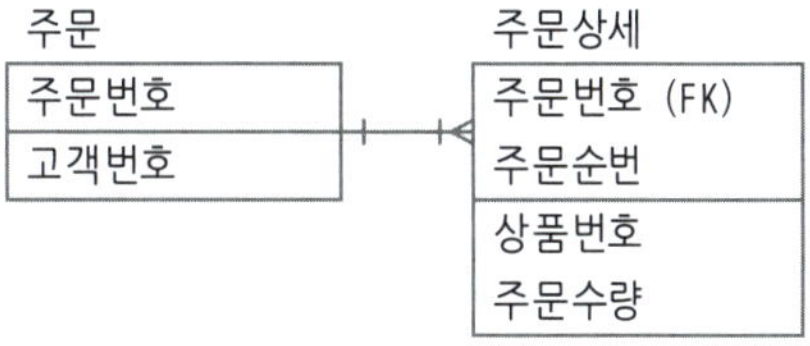

[데이터 모델 ㉢]

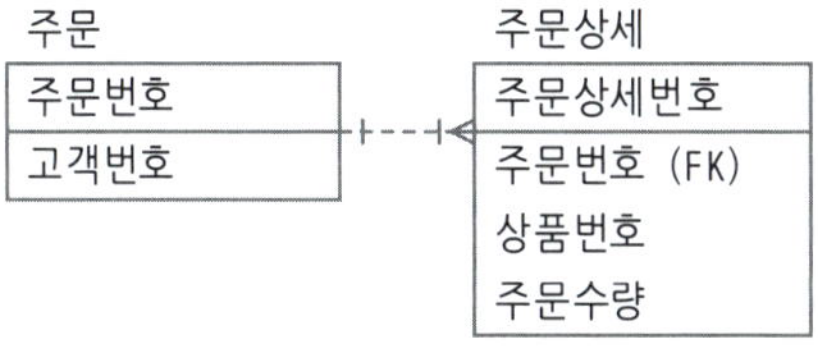

① ㉠, ㉡
② ㉠, ㉢
③ ㉡, ㉢
④ ㉠, ㉡, ㉢

본질 식별자

엔터티에는 데이터를 유일하게 식별할 수 있는 속성이 반드시 존재해야 하며, 이를 식별자라고 한다. 식별자를 통해 그 엔터티의 본질을 규정하게 되므로 식별자 정의가 무엇보다 중요하다.

예를 들어, 주문상세 엔터티의 식별자를 주문번호 + 상품번호로 정의하면, 한 주문 내에서 여러 상품을 선택할 수 있지만, 같은 상품은 한 번만 선택할 수 있다고 규정하는 것이다.

INSERT : 주문번호 Q001, 상품번호 P001
INSERT : 주문번호 Q001, 상품번호 P002
INSERT : 주문번호 Q001, 상품번호 P002 → 입력 불가

여기에 배송지코드를 추가해 주문번호 + 상품번호 + 배송지코드로 식별자를 정의하면, 한 주문 내에서 같은 상품을 두 번 이상 선택할 수 있지만, 배송지별로는 한 번만 선택할 수 있다고 규정하는 것이다.

```
INSERT : 주문번호 Q001, 상품번호 P001, 배송지 D123
INSERT : 주문번호 Q001, 상품번호 P002, 배송지 D123
INSERT : 주문번호 Q001, 상품번호 P002, 배송지 D987
INSERT : 주문번호 Q001, 상품번호 P002, 배송지 D987 → 입력 불가
```

상품번호를 일반 속성으로 내리고 주문번호 + 주문순번으로 식별자를 정의하면, 한 주문 내에서 같은 상품을 10번이고 100번이고 자유롭게 선택할 수 있다.

```
INSERT : 주문번호 Q001, 주문순번 1, 상품번호 P001
INSERT : 주문번호 Q001, 주문순번 2, 상품번호 P001
INSERT : 주문번호 Q001, 주문순번 3, 상품번호 P001
INSERT : 주문번호 Q001, 주문순번 4, 상품번호 P001
```

풀이

㉠은 식별자가 주문번호, 상품번호이므로 한 주문에서 특정 상품을 한번만 주문할 수 있다.
㉡, ㉢은 한 주문에서 특정 상품을 여러 번 주문할 수 있다.

정답 : ③

10

아래 SQL은 데이터 모델의 주문상세 테이블에 행을 삽입한다. 빈칸 ㉠에 들어갈 표현식으로 가장 적절한 것을 고르시오.

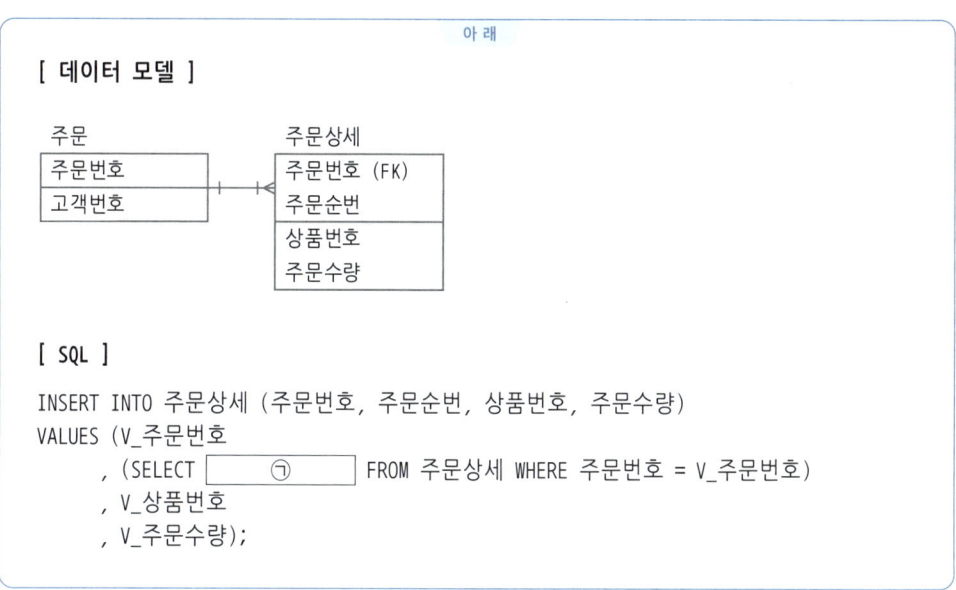

아 래

[데이터 모델]

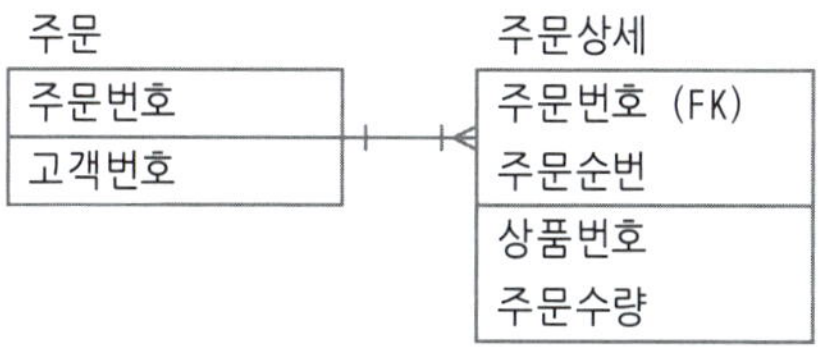

[SQL]

```
INSERT INTO 주문상세 (주문번호, 주문순번, 상품번호, 주문수량)
VALUES (V_주문번호
      , (SELECT [      ㉠      ] FROM 주문상세 WHERE 주문번호 = V_주문번호)
      , V_상품번호
      , V_주문수량);
```

① 주문순번 + 1

② MAX (주문순번) + 1

③ MAX (NVL (주문순번, 0)) + 1

④ NVL (MAX (주문순번), 0) + 1

식별자 순번 속성의 채번

주문상세 엔터티의 식별자를 주문번호 + 주문순번으로 정의했다면, 두 식별자 속성을 조합했을 때 중복 값이 없어야 한다. 주문순번이 NUMBER 형이면 같은 주문번호 내에서 기존 주문순번과 중복되지 않는 어떤 숫자 값이든 입력할 수 있다.

값의 순서는 상관없지만, 일반적으로 기존에 입력된 가장 큰 값에 1을 더한 값을 입력하는 방식을 사용하므로 자연스럽게 입력 순서대로 값을 할당하게 된다. 기존에 입력된 가장 큰 값을 가장 빠르게 찾을 수 있도록 인덱스 칼럼을 효과적으로 구성해야 하고, 인덱스 스캔 과정에 비효율이 발생하지 않도록 SQL을 작성해야 한다.

풀이

주문상세의 식별자는 주문번호, 주문순번이다. 주문순번 속성에 주문번호별 순번을 삽입해야 한다. 주문번호별 최초 주문인 경우 행이 존재하지 않으므로 ③ 또는 ④를 사용해야 한다. ③은 인덱스를 사용할 때 효율성이 떨어진다. 인덱스를 주문번호 + 주문순번 순으로 구성했다면 특정 주문번호에 대한 가장 큰 주문순번을 아주 빠르게 찾을 수 있는데, 주문순번을 NVL 함수로 가공한 상태에서 가장 큰 값을 찾으려고 하면 인덱스 스캔 효율성이 나빠진다. ④번 방식을 사용해야 가장 효과적이다.

정답 : ④

CHAPTER 02

핵심 정리 문제

01 다음 중 아래 데이터 모델이 위반하고 있는 정규형으로 적절한 것을 고르시오.

아 래

주문상세
주문번호 상품번호
주문수량 상품명

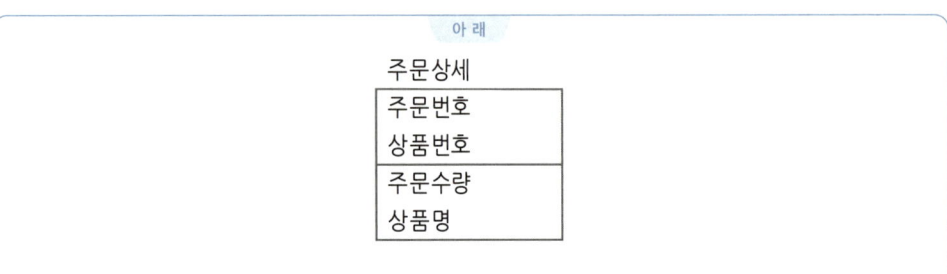

① 1정규형
② 2정규형
③ 3정규형
④ 4정규형

02 다음 중 아래 사원 데이터를 표현한 데이터 모델로 가장 적절한 것을 고르시오.

아 래

[사원]

사번	이름	관리자
7839	KING	
7782	CLARK	7839
7934	MILLER	7782

- 사원은 고유한 사번이 부여된다.
- 사원은 담당 관리자가 1명 있을 수 있다.
- 사원은 다른 사원들의 관리자가 될 수 있다.

[데이터 모델 ㉠]

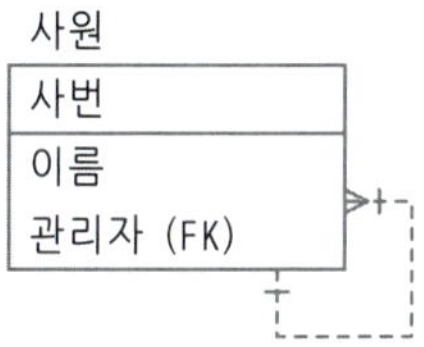

[데이터 모델 ㉡]

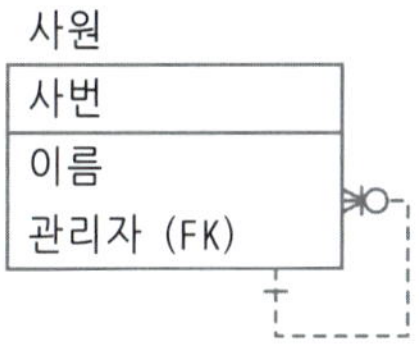

[데이터 모델 ㉢]

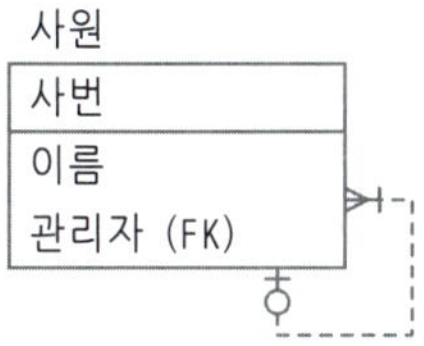

[데이터 모델 ㉣]

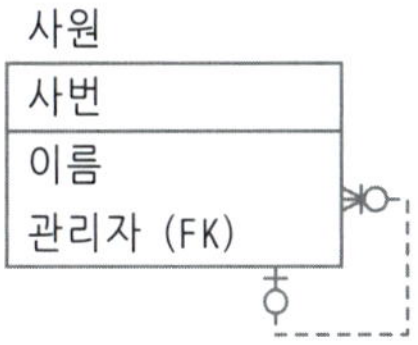

① ㉠

② ㉡

③ ㉢

④ ㉣

03 트랜잭션의 4가지 특징 중 아래 설명과 가장 관련성이 높은 것을 고르시오.

아래

다음 데이터 모델에서 주문상세 엔터티의 상품명 속성은 조회 성능을 위해 반정규화한 속성이다. 상품명 조회를 위해 상품과 조인하는 과정을 제거하려고 상품명을 주문상세 엔터티에 추가한 것이다. 그러나, 얼마간 시스템을 운영한 후 데이터 품질을 확인하니 주문상세의 상품명과 상품의 상품명이 일치하지 않는 오류 데이터가 다수 발견되었다.

① 원자성(Atomicity)

② 일관성(Consistency)

③ 고립성(Isolation)

④ 지속성(Durability)

04 다음 중 아래 SQL 실행 결과와 동일한 결과를 나타내는 SQL을 고르시오.

아래

[데이터 모델]

```
사원
# 사번
* 이름
* 급여
0 수당
* 부서번호
```

[SQL]

```
SELECT 부서번호, AVG (수당) AS 평균수당 FROM 사원 GROUP BY 부서번호
```

```
① SELECT 부서번호, SUM (수당) / COUNT (*) AS 평균수당
    FROM 사원
   GROUP BY 부서번호;
```

```
② SELECT 부서번호, SUM (수당) / COUNT (수당) AS 평균수당
    FROM 사원
   GROUP BY 부서번호;
```

```
③ SELECT 부서번호, SUM (수당) / COUNT (NVL (수당, 0)) AS 평균수당
    FROM 사원
   GROUP BY 부서번호;
```

```
④ SELECT 부서번호, SUM (NVL (수당, 0)) / COUNT (수당) AS 평균수당
    FROM 사원
   GROUP BY 부서번호;
```

05

아래 SQL은 데이터 모델의 주문상세 테이블에 행을 삽입한다. 빈칸 ㉠에 들어갈 서브 쿼리로 가장 부적절한 것을 고르시오.

아래

[데이터 모델]

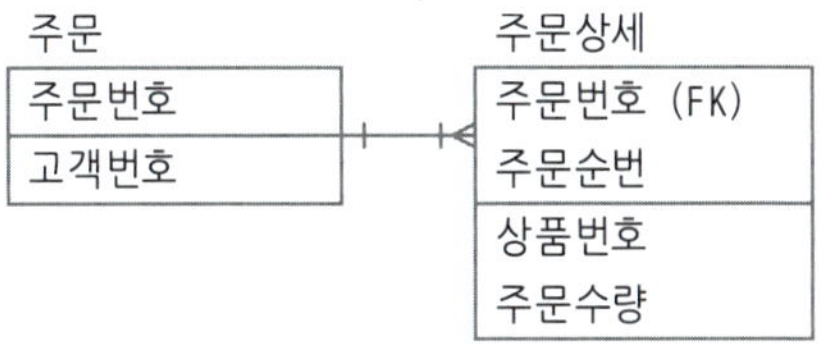

[SQL]

```
INSERT INTO 주문상세 (주문번호, 주문순번, 상품번호, 주문수량)
VALUES (V_주문번호
      , [            ㉠            ]
      , V_상품번호
      , V_주문수량);
```

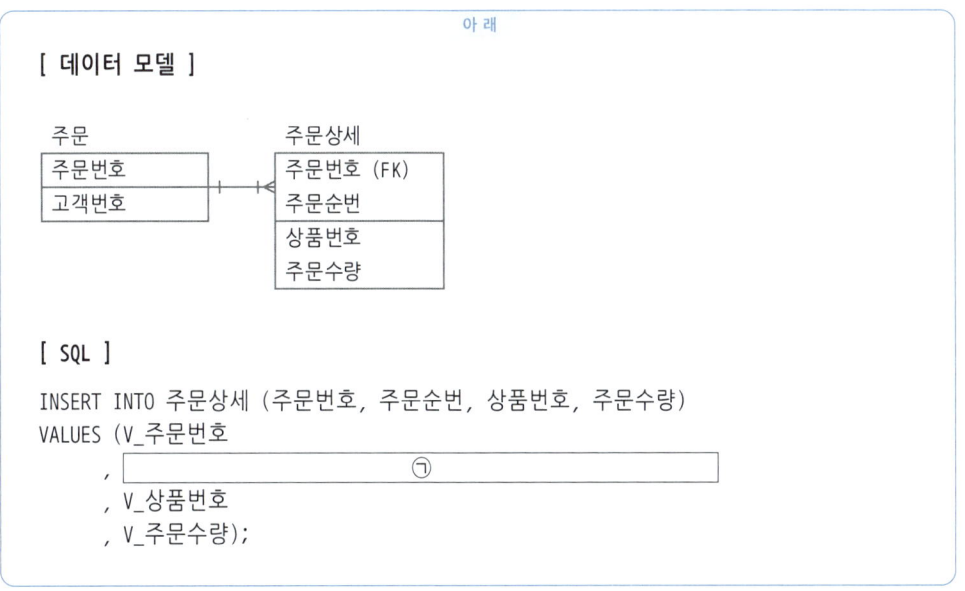

① (SELECT COUNT (*) FROM 주문상세 WHERE 주문번호 = :V_주문번호) + 1

② (SELECT NVL (MAX (주문순번), 0) + 1 FROM 주문상세 WHERE 주문번호 = :V_주문번호)

③ NVL ((SELECT MAX (주문순번) + 1 FROM 주문상세 WHERE 주문번호 = :V_주문번호), 1)

④ NVL ((SELECT MAX (주문순번) FROM 주문상세 WHERE 주문번호 = :V_주문번호), 0) + 1

CHAPTER 02

핵심 정리 문제 해답

01

정규화

1, 2, 3 정규형은 아래의 특징을 가진다.

정규형	설명
1정규형(1NF)	모든 속성은 반드시 하나의 값을 가져야 한다.
2정규형(2NF)	일반속성은 주식별자 전체에 종속적이어야 한다.
3정규형(3NF)	일반속성 간에는 종속성이 없어야 한다.

제2정규형과 3정규형에서 "종속적"이라는 표현을 쓰고 있는데, 함수 종속성(Function Dependency)이란 속성 간 대응 관계를 나타내는 개념이다. 함수 종속을 이해하려면, 결정자(Determinant)의 개념부터 이해해야 한다. "A를 알면 B를 알 수 있다"는 표현을 분석해 보면, A에 의해 B가 결정된다는 뜻이므로 A가 B의 결정자가 된다. B는 종속자(Dependent)다.

상품번호가 식별자인 상품 엔터티를 예로 들어 'ZOOM의 이해'라는 상품명이 두 개 있고, 상품번호는 각각 'A001', 'B001'이라고 하자. 상품명 하나가 여러 상품번호와 대응되는 구조다. 상품명을 안다고 상품번호를 바로 알 수는 없지만, 상품번호를 알면 상품명을 바로 알 수 있다. 상품번호가 상품명의 결정자이므로 상품명은 상품번호에 함수 종속적이다.

상품번호와 상품명 간의 함수 종속성을 도식화하고자 할 때 아래와 같이 표기한다.

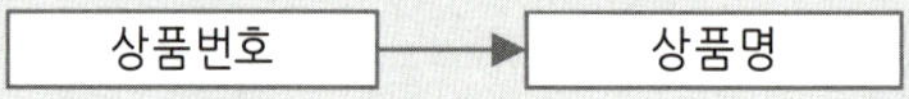

풀이

주문상세 엔터티의 상품명 속성은 상품번호 속성에 종속적이다. 상품명이 주식별자 전체(주문번호+상품번호)가 아닌 일부에만 종속적이므로 2정규형을 위반한 엔터티이다. 주문상세 엔터티는 아래와 같이 2정규화할 수 있다.

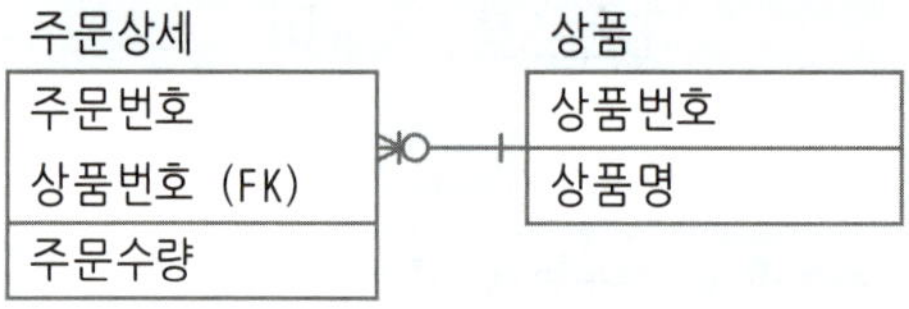

정답 : ②

02

계층형 데이터 모델

일반적인 관계는 두 엔터티 간에 존재한다. 하지만, 한 엔터티에 속한 인스턴스끼리 관계가 존재하는 경우도 있는데, 이를 계층관계라고 한다. 순환관계, 자기참조관계, 재귀관계라고도 하며, 상품분류, 화면 메뉴, 조직도 등을 설계할 때 주로 사용한다.

상품분류를 예로 들어보자. 모든 상품을 대, 중, 소 3단계로 분류한다면, 상품대분류, 상품중분류, 상품소분류 엔터티를 따로 도출해서 이들 간의 관계를 설정해도 된다. 하지만, 상품마다 분류 단계가 다르고 단계의 깊이도 고정적이지 않다면(4단계 이상으로 늘어날 수 있다면), 상품분류 엔터티 하나만 도출해서 계층관계로 설계해야 모델이 단순해지고 확장성 측면에서 유리하다.

계층관계는 일반적으로 양쪽 선택관계(Fully Optional)이다.

풀이

사원 인스턴스 간에 관계가 존재하므로 계층 관계다. "담당 관리자가 1명 있을 수 있다"는 표현에서 담당 관리자가 없을 수도 있고, 있다면 1명이라는 사실을 알 수 있다. 즉, 사원 입장에서 상위 관리자는 선택(Optional) 관계다. "사원이 다른 사원들의 관리자가 될 수 있다"고 했으므로 상위 관리자와 사원 간의 관계차수(Cardinality)는 1:M 선택 관계다. 문제에서 제시한 업무를 데이터 모델로 표현하려면, 순환(=자기참조) 방식으로 1:M 관계선을 그리고, 관계선 양쪽에 ○ 기호를 붙이면 된다.

정답 : ④

03

트랜잭션의 특성

트랜잭션은 ACID(Atomicity, Consistency, Isolation, Durability)라는 네 가지 특징을 가지고 있다.

특징	설명
원자성	트랜잭션의 작업은 모두 수행되거나 모두 수행되지 않아야 함
일관성	트랜잭션이 완료되면 데이터 무결성이 일관되게 보장되어야 함
고립성	트랜잭션이 다른 트랜잭션으로부터 고립된 상태로 수행되어야 함
지속성	트랜잭션이 완료되면 장애가 발생하더라도 변경 내용이 지속되어야 함

풀이

트랜잭션의 4가지 특징 중 일관성은 트랜잭션 종료 후에도 데이터가 일관성을 유지해야 함을 나타낸다. 트랜잭션을 실행하기 전에 데이터가 모순 없고 일관된 상태였다면 트랜잭션이 수행된 이후에도 모순 없고 일관된 상태를 유지해야 한다.

정규화하지 않고 같은 데이터를 중복해서 입력하도록 설계하면 트랜잭션 내에서 데이터를 일관성 있게 처리하더라도 이후에 언제든 정합성이 훼손될 수 있다. 온라인 트랜잭션 처리 시스템을 위한 설계 방법론인 ER(개체관계형) 모델링에서 정규화를 중요하게 다루는 이유다.

정답 : ②

04

NULL 속성의 이해

NULL은 '알 수 없는 값 또는 아직 정해지지 않은 값'을 의미한다. NULL 값을 포함한 연산 결과는 언제나 NULL이므로 연산의 인자로 사용하는 속성들의 NULL 허용여부를 반드시 확인해야 한다. 연산 과정에 NULL 값이 나타날 수 있다면, NVL 함수로 NULL을 특정 값으로 변환해 줘야 한다.

칼럼 간 연산할 때 NULL이 포함되면 항상 NULL을 반환하지만, 여러 행 간에 SUM, AVG, MIN, MAX, COUNT 함수로 값을 집계할 때는 함수 인자 값이 NULL인 행이 포함돼도 결과를 정상적으로 반환한다. 여러 행을 읽어 값을 집계할 때는 NULL 값을 연산 대상에서 제외하기 때문이다.

풀이

AVG 함수는 값이 NULL인 레코드는 제외하고 평균을 계산한다. 예를 들어, 5개의 레코드가 { 3, 5, 7, NULL, NULL } 이라면 NULL이 아닌 3개 레코드만을 대상으로 평균을 계산하여 5가 된다. 제시한 모델에서 급여는 NOT NULL 칼럼인 반면, 수당은 NULL 허용 칼럼인 점에 주목하면서 항목별 수행 결과를 살펴보자.

① SUM(수당)은 부서별로 "수당이 NULL인 레코드를 제외한" 수당 합을 구하지만, COUNT(*)는 부서별 "총" 사원 수를 구하므로 문제에서 제시한 SQL과 결과가 다르다.

② SUM(수당)과 COUNT(수당) 둘 다 수당이 NULL인 레코드를 제외하고 값을 구하므로 문제에서 제시한 SQL과 결과가 같다.

③ SUM(수당)은 부서별로 "수당이 NULL인 레코드를 제외한" 수당 합을 구하지만, COUNT(NVL(수당, 0))는 수당이 NULL인 레코드를 0으로 변환함으로써 부서별 "총" 사원 수를 구하게 되므로 문제에서 제시한 SQL과 결과가 다르다.

④ COUNT(수당)은 부서별로 "수당이 NULL인 레코드를 제외한" 사원 수를 구한다. SUM(수당)과 SUM(NVL(수당, 0))은 결과가 같다. 수당이 NULL인 레코드를 제외하고 합을 구하든, 0으로 변환해서 합을 구하든 값이 같기 때문이다.

다만, 부서원의 수당이 모두 NULL인 부서는 결과가 달라지므로 주의해야 한다. 부서원의 수당이 모두 NULL인 경우 SUM(수당)은 NULL을 반환하고, SUM(NVL(수당, 0))은 0을 반환한다. 부서원의 수당이 모두 NULL이더라도 COUNT는 NULL을 반환하지 않고 0을 반환한다. NULL을 0으로 나누면 NULL을 반환하지만, NULL이 아닌 값을 0으로 나누며 에러가 발생한다. 결국, SUM(NVL(수당, 0)) 결과가 0일 때는 COUNT(수당)도 0이므로 에러가 발생한다.

아래 결과를 참조하기 바란다.

```
SELECT 0 / NULL AS C1 FROM DUAL;

C1
--

1개의 행이 선택되었습니다.
```

```
SELECT NULL / 0 AS C1 FROM DUAL;

C1
--

1개의 행이 선택되었습니다.

SELECT 0 / 0 AS C1 FROM DUAL;

ORA-01476: 제수가 0 입니다
```

참고로, ①, ②, ③에서 부서원의 수당이 모두 NULL인 부서의 SUM(수당)은 NULL을 반환하므로 평균수당도 NULL을 반환한다.

정답 : ②

05

식별자 순번 속성의 채번

주문상세 엔터티의 식별자를 주문번호 + 주문순번으로 정의했다면, 두 식별자 속성을 조합했을 때 중복 값이 없어야 한다. 주문순번이 NUMBER 형이면 같은 주문번호 내에서 기존 주문순번과 중복되지 않는 어떤 숫자 값이든 입력할 수 있다.

값의 순서는 상관없지만, 일반적으로 기존에 입력된 가장 큰 값에 1을 더한 값을 입력하는 방식을 사용하므로 자연스럽게 입력 순서대로 값을 할당하게 된다. 기존에 입력된 가장 큰 값을 가장 빠르게 찾을 수 있도록 인덱스 칼럼을 효과적으로 구성해야 하고, 인덱스 스캔 과정에 비효율이 발생하지 않도록 SQL을 작성해야 한다.

풀이

주문상세의 식별자는 주문번호, 주문순번이다. 주문순번 속성에 주문번호별 순번을 삽입해야 한다.

①은 일부 데이터가 지워진 후에 실행하면 주문순번에 중복이 발생한다. 그 외에도 여러 가지 이유로 "ORA-00001(무결성 제약 조건()에 위배됩니다)" 에러를 만나게 될 가능성이 있으므로 사용하지 않는 것이 좋다. ②, ③, ④번은 결과와 성능이 모두 같아 어떤 것을 사용해도 무방하다. 정답과 무관하게 가독성 측면에서 보면, ③, ④는 NVL 함수의 인자 범위를 해석하기가 약간 난해하므로 ②번이 가장 좋다.

정답 : ①

Ⅱ
SQL 기본과 활용

국가공인 SQLD 자격검정
핵심노트

CHAPTER

01

SQL 기본

CHAPTER 01

SQL 기본

1 관계형 데이터베이스 개요

01 다음 중 SQL 문장의 종류와 SQL 명령어의 연결이 부적절한 것을 고르시오.

① DDL (Data Definition Language) - UPDATE

② TCL (Transaction Control Language) - COMMIT

③ DML (Data Manipulation Language) - MERGE

④ DCL (Data Control Language) - GRANT

SQL 문의 종류

SQL 문은 DML 문 (Data Manipulation Language, 데이터 조작어), TCL 문 (Transaction Control Language, 트랜잭션 제어어), DDL 문 (Data Definition Language, 데이터 정의어), DCL 문 (Data Control Language, 데이터 제어어)으로 구분된다.

종류	구문	설명
DML 문	SELECT INSERT UPDATE DELETE MERGE	테이블에 저장된 데이터를 조작(조회, 입력, 수정, 삭제)하기 위한 구문
TCL 문	COMMIT ROLLBACK SAVEPOINT	DML 문에 의한 데이터의 변경 사항을 데이터베이스에 영구히 반영하거나 취소하기 위해 트랜잭션(Transaction)을 제어하는 구문
DDL 문	CREATE ALTER DROP RENAME TRUNCATE	테이블, 인덱스와 같은 데이터베이스 오브젝트의 구조를 정의(생성, 변경, 삭제)하기 위한 구문
DCL 문	GRANT REVOKE	데이터에 대한 권한을 부여하거나 취소하기 위한 구문

풀이

UPDATE 문은 테이블에 저장된 데이터를 조작(수정)하기 위한 구문이므로, DML 문에 해당한다.

정답 : ①

02

SQL 문은 기능과 사용 목적에 따라 몇 가지 종류로 구분된다. 아래 내용에 해당하는 SQL 문의 종류(명)를 고르시오.

아 래

대부분의 데이터베이스는 데이터 보호와 보안을 위해 유저와 권한을 관리한다. 유저를 생성하고 권한을 제어할 수 있는 명령어로, GRANT, REVOKE 등의 명령어가 여기에 해당한다. 사용자에게 시스템 권한 및 객체 권한을 부여하거나 회수할 수 있으며, Role을 이용해 권한을 관리할 수도 있다.

① DML (Data Manipulation Language) ② DDL (Data Definition Language)

③ DCL (Data Control Language) ④ TCL (Transaction Control Language)

풀이

데이터베이스에서 유저 및 유저에 대한 권한을 관리하는 SQL 문장들의 종류를 DCL 문(Data Control Language, 데이터 제어어)이라고 한다. CREATE USER 문을 통해 새로운 유저를 생성하고, DROP USER 문을 통해 기존 유저를 삭제할 수 있다. GRANT 문을 통해 유저에게 시스템 권한 및 객체 권한을 부여할 수 있으며, 반대로 REVOKE 문을 통해 부여했던 권한을 회수할 수도 있다.

정답 : ③

03

다음 중 관계형 대수의 일반 집합 연산자와 SQL 문법의 연결이 부적절한 것을 고르시오.

① UNION 연산 - UNION

② DIFFERENCE 연산 - OUTER JOIN

③ PRODUCT 연산 - CROSS JOIN

④ INTERSECTION 연산 - INTERSECT

일반 집합 연산자

E.F.Codd 박사의 논문에 언급된 8가지 관계형 대수 중 일반 집합 연산자는 관계형 데이터베이스에서 아래의 SQL 문법으로 구현되었다.

- UNION 연산(합집합 연산)은 집합 연산자 중 UNION/UNION ALL 연산자로 구현
- INTERSECTION 연산(교집합 연산)은 집합 연산자 중 INTERSECT 연산자로 구현
- DIFFERENCE 연산(차집합 연산)은 집합 연산자 중 EXCEPT/MINUS 연산자로 구현
- PRODUCT 연산(곱집합 연산)은 조인 문법 중 CROSS JOIN으로 구현

풀이

DIFFERENCE 연산(차집합 연산)은 첫 번째 집합에서 두 번째 집합과의 공통집합을 제외하는 연산으로, SQL 문법 상에서는 EXCEPT/MINUS 집합 연산자로 구현되었다.

정답 : ②

04 다음 중 관계형 데이터베이스의 테이블(TABLE) 구조에 대한 설명으로 가장 부적절한 것을 고르시오.

① 테이블(Table)은 칼럼과 행의 2차원 구조를 가진다.

② 테이블(Table)은 데이터를 저장하는 객체로서, 데이터 모델 상의 엔터티(Entity)를 관계형 데이터베이스에서 물리적으로 구현한 것이다.

③ 칼럼(Column)은 테이블의 세로 구조에 해당하며, 데이터 모델 상의 속성(Attribute)과 매칭된다.

④ 행(Row)은 테이블의 가로 구조에 해당하며, 데이터 모델 상의 식별자(Identifier)를 관계형 데이터베이스에서 물리적으로 구현한 것이다.

관계형 데이터베이스 테이블 구조

테이블은 칼럼과 행의 2차원 구조를 가진 데이터베이스 객체다. 데이터 모델링 단계에서의 엔터티(Entity)는 관계형 데이터베이스에서 테이블(Table)로 구현되며, 속성(Attribute)은 칼럼(Column)으로 구현된다. 또한, 엔터티 간의 관계(Relationship)는 외부키(Foreign Key)로, 식별자(Identifier)는 기본키(Primary Key)로 구현할 수 있다.

풀이

행(Row)은 테이블의 2차원 구조 중 가로 구조이자 테이블에 저장된 개별 데이터를 의미한다. 데이터 모델 상에 개별 행들을 표시하진 않지만, 개념적으로는 인스턴스(Instance)와 매칭된다.

정답 : ④

2 SELECT 문

05 아래와 같이 T1 테이블을 생성한 후, 5개의 행을 입력하였다. 아래 SQL의 수행 결과를 고르시오.

아 래

[T1 테이블]

```
CREATE TABLE T1 (C1 NUMBER PRIMARY KEY, C2 VARCHAR2(2));
```

[SQL]

```
SELECT COUNT (C1) + COUNT (DISTINCT C1) AS R1 FROM T1;
```

① 2　　② 5　　③ 6　　④ 10

집계 함수의 특징

집계 함수를 수행할 때 NULL은 대상에서 제외하므로 NULL의 개수에 따라 함수 결과가 달라진다. 대상 행의 모든 값이 NULL일 때, COUNT 함수는 0을, SUM, MIN, MAX, AVG 함수는 NULL을 반환한다.

COUNT 함수 내에 DISTINCT 키워드를 기술하면 중복 값을 제거한 행의 개수를 반환한다. 단, 이미 UNIQUE 한(=중복 값이 없는) 컬럼에 DISTINCT 키워드를 사용하는 것은 불필요하다.

풀이

COUNT (C1)은 NULL을 제외한 행의 개수를 반환한다. 따라서, COUNT (C1) 값은 C1 칼럼에 저장된 NULL의 개수에 따라 달라지며, COUNT (DISTINCT C1) 값은 C1 칼럼의 중복 값의 개수 및 NULL의 개수에 따라 달라진다. 하지만, C1 칼럼은 단일 PK(Primary Key) 칼럼이기 때문에 중복 값 및 NULL이 존재하지 않는다. 그러므로 COUNT (C1) 값과 COUNT (DISTINCT C1) 값은 테이블에 저장된 행의 개수와 동일한 5가 되고, 최종 결과는 두 값의 합인 10이다.

정답 : ④

06 다음 중 에러가 발생하는 SQL을 고르시오.

① SELECT T1.* FROM T1;

② SELECT A.* FROM T1 A;

③ SELECT T1.C1 FROM T1 A;

④ SELECT C1 FROM T1 A;

테이블 별칭

테이블에 별칭(table alias)을 지정할 수 있다. [schema.]table이 t_alias로 대체된다.

```
[schema.]table [t_alias]
```

테이블에 별칭을 지정하고 나면, SELECT 절이나 WHERE 절 등에서 칼럼을 한정할 때 테이블명 대신 별칭을 사용해야 한다.

풀이

① 테이블에 별칭을 지정하지 않았기 때문에, SELECT 절에서 애스터리스크(*)를 한정할 때 테이블명(T1)을 사용했다.

② 테이블에 별칭 A를 지정했기 때문에, SELECT 절에서 애스터리스크(*)를 한정할 때 테이블 별칭(A)을 사용했다.

③ 테이블에 별칭 A를 지정했기 때문에, SELECT 절에서 C1 칼럼을 한정할 때 테이블 별칭(A)을 사용해야 하지만 테이블명(T1)을 사용했다. 따라서 "ORA-00904: "T1"."C1": 부적합한 식별자" 에러가 발생한다.

④ 테이블에 별칭 A를 지정했지만, SELECT 절에는 칼럼명(C1)만 기술했다. 단일 테이블 조회의 경우 테이블명 또는 별칭으로 칼럼을 한정하지 않더라도 에러가 발생하지 않는다.

정답 : ③

07 다음 중 아래 SQL의 실행 결과로 가장 적절한 것을 고르시오.

아래

[T1 테이블]

C1	C2
100	NULL
NULL	200
300	400

[SQL]

```
SELECT (C1 / 100) * (C2 / 100) AS R1 FROM T1;
```

①

R1
NULL
NULL
12

②

R1
NULL

③

R1
1
2
12

④

R1
12

NULL 산술 연산

NULL과의 산술 연산 결과는 항상 NULL이다. 따라서, NULL을 포함한 칼럼에 대해 산술 연산 시에는 NVL 함수나 CASE 표현식, DECODE 함수 등을 통해 NULL을 특정 값(ex. NVL(C1, 0))으로 치환한 후 연산하는 것이 일반적이다.

풀이

첫 번째 행은 (100 / 100) * (NULL / 100) 이므로 연산 결과는 NULL이다.
두 번째 행은 (NULL / 100) * (200 / 100) 이므로 연산 결과는 NULL이다.
세 번째 행은 (300 / 100) * (400 / 100) 이므로 연산 결과는 12다.

따라서, 정답은 ①이다.

정답 : ①

08 다음 중 SQL의 수행 결과 열(칼럼) 수가 다른 것을 고르시오.

아 래

[T1 테이블]

C1	C2	C3
1	ABCD	AB
2	EFGH	EF

① SELECT * FROM T1;

② SELECT C1, C2 FROM T1;

③ SELECT C1 || C2, C3 AS R1 FROM T1;

④ SELECT * FROM (SELECT C1, C2 FROM T1);

애스터리스크

SELECT 절에 애스터리스크(asterisk, *)를 기술하면 테이블의 전체 열이 조회된다. 결과의 열 순서는 테이블의 열 순서와 동일하다.

풀이

① SELECT 절에 애스터리스크(*)를 사용하여 테이블을 조회하였으므로, T1 테이블의 전체 칼럼이 조회된다. 따라서, SQL의 실행 결과는 3열이다.

② SELECT 절에 C1, C2 칼럼만 기술하였으므로, SQL의 실행 결과는 2열이다.

③ SELECT 절에 C1 || C2 와 C3 칼럼을 기술하였으므로, SQL의 실행 결과는 2열이다.

④ SELECT 절에 애스터리스크(*)를 기술하였는데, 인라인뷰 내에서 C1, C2 칼럼만 조회하였으므로 SQL의 실행 결과는 2열이다.

정답 : ①

3 함수

09 아래 SQL의 수행 결과의 빈칸 ㉠, ㉡ 에 들어갈 값을 고르시오.

아래

[T1 테이블]

C1	C2
ABCDEF	000120300
GHI	0760500

[SQL]

```
SELECT LENGTH (SUBSTR (C1, 2, 4)) + LENGTH (LTRIM (C2, '0')) AS R1 FROM T1;
```

[결과]

R1
㉠
㉡

① ㉠ 8, ㉡ 6

② ㉠ 8, ㉡ 7

③ ㉠ 8, ㉡ 8

④ ㉠ 10, ㉡ 8

풀이

문제 SQL은 C1, C2 칼럼에 대해 각각 SUBSTR, LTRIM 함수를 적용한 후, 문자열의 길이를 반환하는 LENGTH 함수를 적용했다. SUBSTR (C1, 2, 4)는 C1 칼럼 값의 2번째 문자부터 4개의 문자를 잘라내어 반환한다. 따라서 첫 번째 행에 대해서는 'BCDE'를 반환하고, 두 번째 행에 대해서는 'HI'를 반환한다.

LTRIM (C2, '0')은 C2 칼럼 값의 맨 왼쪽부터 '0'문자를 제거해 나가다가 '0'이 아닌 다른 문자를 만나면 나머지 문자열을 반환한다. 따라서 첫 번째 행에 대해서는 '120300'을 반환하고, 두 번째 행에 대해서는 '760500'을 반환한다. (중간이나 오른쪽에 있는 '0'문자는 제거되지 않는다.)

마지막으로, 각 함수에서 반환한 문자열의 길이(문자의 개수)를 구한 후 더하면, 4 + 6의 결과인 10과 2 + 6의 결과인 8이 반환된다.

정답 : ④

10 다음 중 수행 결과가 다른 SQL을 고르시오.

① SELECT FLOOR (14.5) AS R1 FROM DUAL;

② SELECT CEIL (14.5) AS R1 FROM DUAL;

③ SELECT TRUNC (15.4, 0) AS R1 FROM DUAL;

④ SELECT ROUND (15.4) AS R1 FROM DUAL;

풀이

① FLOOR 함수는 입력된 인자 값보다 작거나 같은 정수 값을 반환한다. SQL의 수행 결과는 14다.

② CEIL 함수는 입력된 인자 값보다 크거나 같은 정수 값을 반환한다. SQL의 수행 결과는 15다.

③ TRUNC 함수는 첫 번째 인자 값을 소수점 N번째 자리(두번째 인자 값)로 버림하여 반환한다. 두 번째 인자 값이 0이면 소수점 이하는 모두 버리고 정수 값을 반환한다. SQL의 수행 결과는 15다.

④ ROUND 함수는 첫 번째 인자 값을 소수점 N번째 자리(두번째 인자 값)로 반올림하여 반환한다. 두 번째 인자 값을 생략하면 기본 값인 0이 적용되며, 소수점 첫 번째 자리에서 반올림한 정수 값을 반환한다. SQL의 수행 결과는 15다.

정답 : ①

11 다음 중 아래 SQL의 수행 결과를 고르시오.

아 래

[T1 테이블]

```
CREATE TABLE T1 (C1 DATE);
```

C1
2020-06-16 14:30:30

[SQL]

```
SELECT ADD_MONTHS (TRUNC (C1, 'MM'), -1 * 12) AS R1 FROM T1;
```

① 2020-06-01 14:30:30

② 2019-06-01 00:00:00

③ 2019-07-01 00:00:00

④ 2019-07-16 14:30:30

풀이

TRUNC 함수의 첫 번째 인자에 날짜 값을 입력하면, 두 번째 인자로 지정한 포맷 요소에 따라 '버림'한 날짜 값을 반환한다. TRUNC(C1, 'MM')는 버림하여 월까지 나타내라는 의미이므로, '2020-06-16 14:30:30'에서 일자, 시, 분, 초를 모두 버리고 '2020-06-01 00:00:00'를 반환한다.

ADD_MONTHS 함수는 첫 번째 인자인 날짜 값에 두 번째 인자 값만큼의 개월 수를 더하여 반환한다. 두 번째 인자 값으로 -1 * 12를 기술하였으므로, 첫 번째 인자인 날짜 값에서 -12 개월을 더한 날짜(1년을 뺀 날짜)를 반환한다.
SQL의 최종 결과는 '2019-06-01 00:00:00'이다.
정답 : ②

12 다음 중 아래 SQL의 수행 결과를 고르시오.

아 래

[T1 테이블]

C1	C2
1	ABC
2	NULL
3	CBA

[SQL]

```
SELECT CASE
           WHEN C1 = 3 THEN 'A'
           WHEN SUBSTR (C2, 2, 1) = 'B' THEN 'B'
           ELSE 'C'
       END AS R1
  FROM T1;
```

①

R1
A
B
C

②

R1
A
NULL
C

③

R1
B
C
A

④

R1
B
A

CASE 표현식

CASE 표현식을 사용하면 IF THEN ELSE 논리를 평가할 수 있다. 단순 CASE 표현식과 검색 CASE 표현식을 사용할 수 있다.

단순(simple) CASE 표현식은 expr과 comparison_expr이 일치하는 첫 번째 return_expr, 일치하는 comparison_expr이 없으면 else_expr을 반환한다.

```
CASE expr
   {WHEN comparison_expr THEN return_expr}…
   [ELSE else_expr]
END
```

검색(searched) CASE 표현식은 condition이 TRUE인 첫 번째 return_expr를 반환한다. TRUE인 condition이 없으면 else_expr이 반환된다.

```
CASE
   {WHEN condition THEN return_expr}…
   [ELSE else_expr]
END
```

풀이

검색 CASE 표현식은 WHEN 절의 조건이 TRUE일 때, 이와 매칭되는 THEN 절의 표현식(값)을 반환한다. 여러 개의 WHEN 절 조건이 TRUE일 경우, 먼저 기술한 WHEN 절과 매칭되는 THEN 절의 표현식(값)을 반환한다. 조건의 결과가 TRUE인 WHEN 절이 없는 경우, ELSE 절의 표현식(값)을 반환한다.

첫 번째 행은 두 번째 WHEN 절 조건만 만족하므로, 이와 매칭되는 THEN 절의 'B' 값이 반환된다. 두 번째 행은 만족하는 WHEN 절이 없으므로, ELSE 절의 'C' 값이 반환된다. 세 번째 행은 첫 번째 WHEN 절 조건과 두 번째 WHEN 절 조건을 모두 만족하지만, 우선순위에 따라 첫 번째 WHEN 절과 매칭되는 THEN 절의 'A' 값이 반환된다.

정답 : ③

13 아래 SQL과 항상 동일한 수행 결과를 반환하는 SQL을 고르시오.

아 래

```
SELECT EMPNO, ENAME
  FROM EMP
 WHERE SAL < 1000
    OR SAL > 3000;
```

①
```
SELECT EMPNO, ENAME
  FROM EMP
 WHERE SAL IN (1000, 3000);
```

②
```
SELECT EMPNO, ENAME
  FROM EMP
 WHERE SAL NOT IN (1000, 3000);
```

③
```
SELECT EMPNO, ENAME
  FROM EMP
 WHERE SAL > ANY (1000, 3000);
```

④
```
SELECT EMPNO, ENAME
  FROM EMP
 WHERE SAL NOT BETWEEN 1000 AND 3000;
```

풀이

문제에서 주어진 SQL의 WHERE 절은 SAL 칼럼 값이 1000 보다 작거나, 3000보다 큰 행에 대해서 TRUE를 반환한다.

① SAL 칼럼 값이 1000 또는 3000 인 행을 추출한다.

② SAL 칼럼 값이 1000, 3000이 아닌 행을 추출한다.

③ SQL 칼럼 값이 1000 보다 크거나, 3000 보다 큰 행을 추출한다.

④ SAL 칼럼 값이 1000 보다 작거나, 3000보다 큰 행을 추출한다.

정답 : ④

14 아래 SQL과 항상 동일한 수행 결과를 반환하는 SQL을 고르시오.

아 래

```
SELECT *
  FROM EMP
 WHERE NVL (COMM, 0) > 0;
```

①
```
SELECT *
  FROM EMP
 WHERE COMM > 0;
```

②
```
SELECT *
  FROM EMP
 WHERE COMM IS NULL;
```

③
```
SELECT *
  FROM EMP
 WHERE COMM IS NOT NULL;
```

④
```
SELECT *
  FROM EMP
 WHERE COMM > 0
    OR COMM IS NOT NULL;
```

풀이

주어진 SQL의 WHERE 절은 NVL (COMM, 0) 값이 0보다 큰 행에 대해서 TRUE를 반환한다. COMM 칼럼 값이 NULL이어서 0으로 치환되더라도 0보다 크지 않으므로(FALSE) 결과에서 제외된다. NULL 값과 0을 비교한 결과는 UNKNOWN이므로 NVL 함수를 사용하지 않은 보기 ①번 조건절에서도 NULL 값은 결과에서 제외된다.

NVL (COMM, 0) > 0 조건과 COMM > 0 조건의 결과는 항상 동일하므로 0보다 큰 값을 찾고자 할 때는 NVL 함수를 사용할 필요가 없다.

정답 : ①

15 아래 1, 2번 SQL이 동일한 결과를 반환하도록 빈칸 ㉠, ㉡, ㉢에 들어갈 표현식을 고르시오.

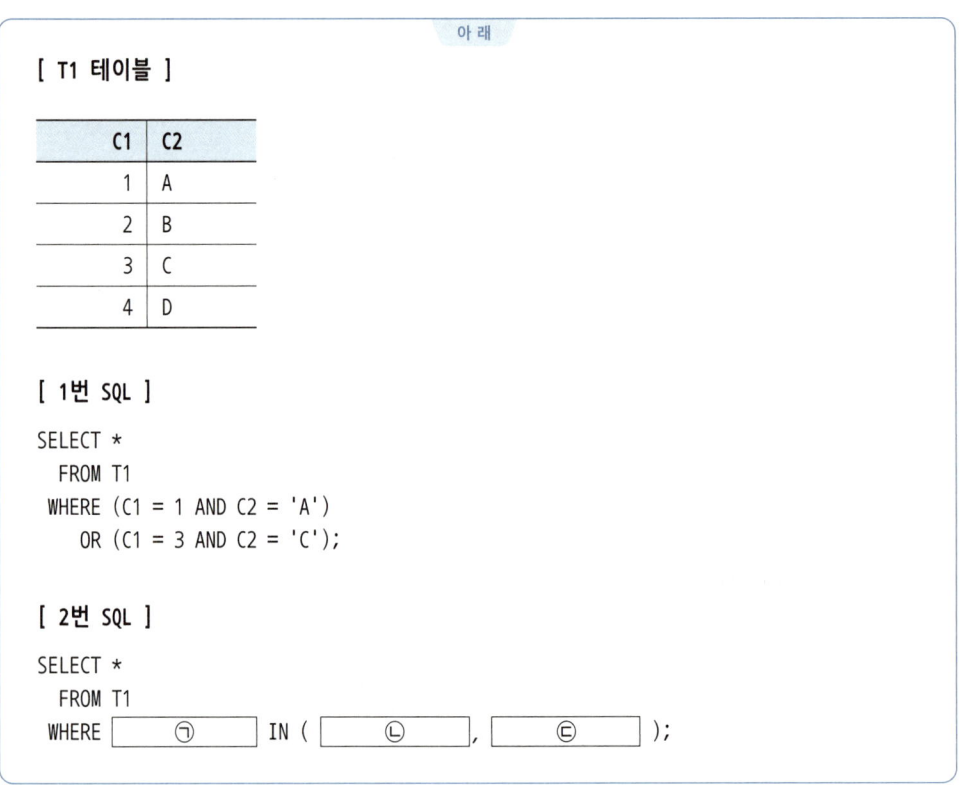

아래

[T1 테이블]

C1	C2
1	A
2	B
3	C
4	D

[1번 SQL]

```
SELECT *
  FROM T1
 WHERE (C1 = 1 AND C2 = 'A')
    OR (C1 = 3 AND C2 = 'C');
```

[2번 SQL]

```
SELECT *
  FROM T1
 WHERE [   ㉠   ] IN ( [   ㉡   ], [   ㉢   ] );
```

① ㉠ C1, ㉡ 1, ㉢ 3

② ㉠ C2, ㉡ 'A' ㉢ 'C'

③ ㉠ (C1, C2), ㉡ (1, 3) ㉢ ('A', 'C')

④ ㉠ (C1, C2), ㉡ (1, 'A') ㉢ (3, 'C')

풀이

IN 조건은 다중 열을 사용할 수 있다. IN 리스트의 각 항목이 다중 열일 경우, 비교 대상 표현식도 다중 열이어야 한다. 아래 SQL은 C1이 1이고 C2가 'A'인 행이나 C1이 3이고 C2가 'C'인 행을 조회한다.

```
SELECT *
  FROM T1
 WHERE (C1, C2) IN ((1, 'A'), (3, 'C'));
```

정답 : ④

16 아래 SQL의 수행 결과를 고르시오.

아 래

[T1 테이블]

C1
1000
2000
NULL
1500

[SQL]

```
SELECT *
  FROM T1
 WHERE NOT (C1 <= 1000);
```

①

C1
1000

②

1000
NULL

③

C1
2000
NULL
1500

④

C1
2000
1500

NOT 조건

NOT 조건은 아래와 같이 평가된다. NOT 조건은 조건을 부정한다.

	TRUE	FALSE	UNKNOWN
NOT	FALSE	TRUE	UNKNOWN

NOT 조건은 비교 조건과 논리 조건을 아래와 같이 변경한다.

	=	<>	>	>=	<	<=	AND	OR
NOT	<>	=	<=	<	>=	>	OR	AND

풀이

NOT 조건은 뒤에 오는 조건을 부정하므로 NOT (C1 <= 1000) 조건은 C1 > 1000 조건과 동일하다. T1 테이블에서 C1 > 1000 조건을 만족하는 값은 2000, 1500 뿐이다.

정답 : ④

5 GROUP BY, HAVING 절

17 다음 중 SQL의 수행 결과가 다를 수 있는 SQL을 고르시오.

아 래

```
CREATE TABLE T1 (C1 NUMBER PRIMARY KEY, C2 VARCHAR2(2), C3 VARCHAR2(4) NOT NULL);

INSERT INTO T1 (C1, C2, C3) VALUES (1, 'AB', 'AAAA');
INSERT INTO T1 (C1, C2, C3) VALUES (2, NULL, 'ABCD');
INSERT INTO T1 (C1, C2, C3) VALUES (3, 'CD', 'BBBB');
INSERT INTO T1 (C1, C2, C3) VALUES (4, NULL, 'BBBB');
```

① SELECT COUNT (*) AS R1 FROM T1;

② SELECT COUNT (C1) AS R1 FROM T1;

③ SELECT COUNT (C2) AS R1 FROM T1;

④ SELECT COUNT (C3) AS R1 FROM T1;

COUNT 함수

COUNT 함수는 전체 행의 개수나 expr의 개수를 반환한다. 행이 없거나 expr이 모두 널이면 0을 반환한다. 아래의 세 가지 유형으로 사용할 수 있다.

```
COUNT ({* | [DISTINCT | ALL] expr})
```

유형	설명
COUNT (*)	전체 행의 개수를 반환
COUNT (expr)	널이 아닌 expr의 개수를 반환
COUNT (DISTINCT expr)	널이 아닌 expr의 고유한 개수를 반환

풀이

① COUNT (*)는 전체 행의 개수를 반환하므로 결과 값은 항상 4다.

② COUNT (C1)는 NULL이 아닌 C1 칼럼 값의 개수를 반환한다. C1 칼럼에는 PK 제약 조건이 정의되어 있으므로 C1 칼럼에는 NULL이 존재할 수 없다. 따라서 결과 값은 항상 4다.

③ COUNT (C2)는 NULL이 아닌 C2 칼럼 값의 개수를 반환한다. C2 칼럼에 존재하는 NULL의 개수에 따라 COUNT (C2) 값이 달라질 수 있다. 만약 C2 칼럼에 NULL이 2건 존재한다면, COUNT (C2) 값은 2다.

④ COUNT (C3)는 NULL이 아닌 C3 칼럼 값의 개수를 반환한다. C3 칼럼에는 NOT NULL 제약 조건이 정의되어 있으므로 C3 칼럼에는 NULL이 존재할 수 없다. 따라서 결과 값은 항상 4다.

정답 : ③

18 아래 SQL의 수행 결과를 고르시오.

아 래

[T1 테이블]

C1	C2
1	A
2	A
3	B
4	C

[SQL]

```
SELECT SUM (DECODE (C2, 'A', C1, 'B', 1)) AS R1 FROM T1;
```

① 3　② 4　③ 5　④ 7

SUM 함수

SUM 함수는 expr의 합계 값을 반환한다. expr에는 숫자만 입력할 수 있다.

```
SUM ([DISTINCT | ALL] expr)
```

풀이

집계함수 안의 연산이나 함수는 집계 전에 개별 행 단위로 먼저 수행된다.

DECODE 함수에 의해 C2 칼럼 값이 'A'이면 C1 칼럼 값이, 'B'이면 1이, 모두 아니면 NULL이 반환된다.

DECODE (C2, 'A', C1, 'B', 1)
1
2
1
NULL

SUM 함수는 NULL이 아닌 인자 값들의 합계 값을 반환한다.

SUM (DECODE (C2, 'A', C1, 'B', 1))
4

정답 : ②

19 다음 중 아래 SQL의 수행 결과를 고르시오.

아 래

[T1 테이블]

C1	C2	C3
1	100	NULL
1	150	NULL
2	NULL	100
2	50	200
3	NULL	300

[SQL]

```
SELECT C1, MIN (C2) + NVL (MAX (C3), 0) AS R1
  FROM T1
 GROUP BY C1;
```

①

C1	R1
1	250
2	350
3	300

②

C1	R1
1	100
2	250
3	NULL

③

C1	R1
1	250
2	350
3	NULL

④

C1	R1
1	NULL
2	250
3	NULL

MIN 함수

MIN 함수는 expr의 최저 값을 반환한다.

```
MIN (expr)
```

이때 NULL은 값의 크기를 알 수 없으므로 비교 대상에서 제외된다. 예를 들어 NULL, NULL, 100, 200, 300 이 저장된 C3 칼럼에 대해 MIN (C3) 값을 구하면 NULL을 제외한 3개 값(100, 200, 300) 중 가장 작은 값인 100이 반환된다.

MAX 함수

MAX 함수는 expr의 최고 값을 반환한다.

```
MAX (expr)
```

이때 NULL은 값의 크기를 알 수 없으므로 비교 대상에서 제외된다. 예를 들어 NULL, NULL, 100, 200, 300 이 저장된 C3 칼럼에 대해 MAX (C3) 값을 구하면 NULL을 제외한 3개 값(100, 200, 300) 중 가장 큰 값인 300이 반환된다.

풀이

우선 GROUP BY 절에 의해 C1 칼럼 값이 같은 행들끼리 하나의 그룹으로 그룹핑된다. MIN 함수는 NULL을 제외한 최저 값을 반환하고, MAX 함수는 NULL을 제외한 최대 값을 반환한다.

각 그룹 별로 MIN (C2) 값과 MAX (C3) 값을 구한 결과는 아래와 같다.

```
SELECT C1, MIN (C2) AS C2, MAX (C3) AS C3
  FROM T1
 GROUP BY C1;
```

C1	C2	C3
1	100	NULL
2	50	200
3	NULL	300

MAX (C3) 함수에 NVL 함수까지 적용한 결과는 아래와 같다.

```
SELECT C1, MIN (C2) AS C2, NVL (MAX (C3), 0) AS C3
  FROM T1
 GROUP BY C1;
```

C1	C2	C3
1	100	0
2	50	200
3	NULL	300

각 그룹 별로 MIN (C2) 값과 NVL (MAX (C3), 0) 값을 더하면, R1 열의 최종 값은 100, 250, NULL이다. C1 칼럼 값이 3인 그룹의 경우, NULL과의 사칙 연산에 의해 최종 값은 NULL이다.
정답 : ②

20 다음 중 구문 오류가 발생하는 SQL을 고르시오.

①
```
SELECT DEPTNO, COUNT (*) AS R1
  FROM EMP
 GROUP BY DEPTNO;
```

②
```
SELECT MGR, MIN (SAL) AS R1
  FROM EMP
 GROUP BY MGR;
```

③
```
SELECT JOB, HIREDATE
  FROM EMP
 GROUP BY JOB;
```

④
```
SELECT DEPTNO, JOB
  FROM EMP
 GROUP BY DEPTNO, JOB;
```

GROUP BY 절

GROUP BY 절은 expr로 행 그룹을 생성하고, 생성된 행 그룹을 하나의 행으로 그룹핑(grouping)한다. GROUP BY 절을 사용한 쿼리는 SELECT 절과 ORDER BY 절에 GROUP BY 절의 표현식이나 집계 함수를 사용한 표현식만 기술할 수 있다. 그렇지 않으면 결과 값을 결정할 수 없기 때문에 에러가 발생한다.

```
GROUP BY expr [, expr}]…
```

풀이

① GROUP BY 절에 DEPTNO 칼럼을 기술하고, SELECT 절에도 DEPTNO 칼럼 및 COUNT 함수(집계 함수)만 기술했으므로 오류가 발생하지 않는다.

② GROUP BY 절에 MGR 칼럼을 기술하고, SELECT 절에도 MGR 칼럼 및 MIN 함수(집계 함수)만 기술했으므로 오류가 발생하지 않는다.

③ GROUP BY 절에는 JOB 칼럼만 기술하였는데, SELECT 절에는 JOB 칼럼 및 HIREDATE 칼럼을 기술하였다. GROUP BY 절에 기술하지 않은 칼럼/표현식을 SELECT 절에 기술했으므로 "ORA-00979: GROUP BY 표현식이 아닙니다." 에러가 발생한다.

④ GROUP BY 절에 DEPTNO 칼럼과 JOB 칼럼을 기술하고, SELECT 절에도 DEPTNO 칼럼 및 JOB 칼럼만 기술했으므로 오류가 발생하지 않는다.

정답 : ③

6 ORDER BY 절

21 다음 중 아래 SQL의 수행 결과(C1 값 출력 순서)를 바르게 표시한 것을 고르시오.

아 래

[T1 테이블]

C1	C2	C3	C4
1	A	2020-06-30 00:00:00	1000
2	A	2020-05-31 00:00:00	2000
3	A	2020-04-30 00:00:00	2000
4	B	2020-03-31 00:00:00	3000

[SQL]

```
SELECT C1
  FROM T1
 ORDER BY C2, C4 ASC, C3;
```

① 1 - 2 - 3 - 4

② 1 - 3 - 2 - 4

③ 3 - 2 - 1 - 4

④ 3 - 1 - 2 - 4

ORDER BY 절

ORDER BY 절을 사용하면 SELECT 문의 결과를 정렬할 수 있다. ORDER BY 절을 기술하지 않으면 임의의 순서로 결과가 반환된다. ORDER BY 절의 구문은 아래와 같다.

```
ORDER BY {expr ¦ position ¦ c_alias} [ASC ¦ DESC] [NULLS FIRST ¦ NULLS LAST]
       [, {expr ¦ position ¦ c_alias} [ASC ¦ DESC] [NULLS FIRST ¦ NULLS LAST]
```

항목	설명
ASC	오름차순으로 정렬 (기본값)
DESC	내림차순으로 정렬

풀이

ORDER BY 절에는 정렬 기준이 되는 표현식을 기술한다. 또한, ASC 또는 DESC 키워드를 생략하면, 기본값인 ASC가 적용되어 오름차순으로 정렬된다. 따라서 T1 테이블의 모든 행을 ORDER BY 절에 기술한 C2, C4, C3의 오름차순으로 정렬한 결과는 아래와 같다.

```
SELECT C1, C2, C4, C3
  FROM T1
 ORDER BY C2 ASC, C4 ASC, C3 ASC;
```

C1	C2	C4	C3
1	A	1000	2020-06-30 00:00:00
3	A	2000	2020-04-30 00:00:00
2	A	2000	2020-05-31 00:00:00
4	B	3000	2020-03-31 00:00:00

정답 : ②

22 SQL의 수행 결과가 아래와 같아지도록 빈칸 ㉠, ㉡, ㉢에 알맞은 내용을 고르시오.

아 래

[T1 테이블]

C1	C2
1	30.24
2	30.75
3	30.33
4	29.62
5	29.47

[SQL]

```
SELECT C1, C2
  FROM T1
 ORDER BY TRUNC (C2) [ ㉠ ], ROUND (C2) [ ㉡ ], C2 [ ㉢ ];
```

[결과]

C1	C2
4	29.62
5	29.47
2	30.75
1	30.24
3	30.33

① ㉠ ASC, ㉡ ASC, ㉢ DESC

② ㉠ DESC, ㉡ ASC, ㉢ DESC

③ ㉠ ASC ㉡ DESC ㉢ ASC

④ ㉠ ASC ㉡ ASC ㉢ ASC

풀이

TRUNC 함수는 첫 번째 인자 값을 소수점 N번째 자리(두번째 인자 값)로 버림하여 반환한다. 두 번째 인자 값을 생략했으므로 소수점 이하를 모두 버린 정수 값을 반환한다.

ROUND 함수는 첫 번째 인자 값을 소수점 N번째 자리(두번째 인자 값)로 반올림하여 반환한다. 두 번째 인자 값을 생략했으므로, 소수점 첫 번째 자리에서 반올림한 정수 값을 반환한다. 즉, ORDER BY 절에 기술한 표현식의 값은 아래와 같다.

```
SELECT C1, TRUNC (C2), ROUND (C2), C2
  FROM T1;
```

C1	TRUNC(C2)	ROUND(C2)	C2
1	30	30	30.24
2	30	31	30.75
3	30	30	30.33
4	29	30	29.62
5	29	29	29.47

주어진 결과와 동일한 순서로 정렬하기 위해서는 ORDER BY 절에 TRUNC (C2) ASC, ROUND (C2) DESC, C2 ASC 표현식을 기술해야 한다. 단, ASC 키워드는 기본값이므로 생략이 가능하다.

정답 : ③

23 다음 중 아래 SQL의 수행 결과를 고르시오.

아 래

[T1 테이블]

C1	C2
A	XYZ
ABC	X
CBA	WX
C	V

[SQL]

```
SELECT C1, C2
  FROM T1
 ORDER BY SUBSTR (C1, 1, 1), LENGTH (C2);
```

①

C1	C2
A	1
A	3
C	1
C	2

②

C1	C2
C	2
C	1
A	3
A	1

③

C1	C2
ABC	X
A	XYZ
C	V
CBA	WX

④

C1	C2
CBA	WX
C	V
A	XYZ
ABC	X

풀이

문제 SQL은 ORDER BY 절에 함수로 가공한 표현식 SUBSTR (C1, 1, 1), LENGTH (C2)를 기술했다. SUBSTR (C1, 1, 1)은 C1 칼럼 값에서 1번째 자리부터 1글자를 잘라내며, LENGTH (C2)는 C2 칼럼 값의 문자열 길이를 반환한다.

```
SELECT C1, C2, SUBSTR (C1, 1, 1), LENGTH (C2)
  FROM T1;
```

C1	C2	SUBSTR (C1, 1, 1)	LENGTH (C2)
A	XYZ	A	3
ABC	X	A	1
CBA	WX	C	2
C	V	C	1

최종 결과 집합은 위 3번째와 4번째 열 기준으로 정렬되지만, SELECT 절에는 C1과 C2 칼럼만 기술했으므로 T1 테이블에 저장된 C1, C2 칼럼 값이 그대로 출력된다. 즉, ORDER BY 절에 기술한 함수 표현식은 정렬 순서에만 영향을 미칠 뿐, 출력 결과 값에는 영향을 미치지 않는다.

정답 : ③

24 다음 중 아래 SQL의 수행 결과를 고르시오.

아 래

[T1 테이블]

C1	C2	C3
1	A	1000
2	A	2000
3	A	2000
4	B	3000

[SQL]

```
SELECT C3, C2, C1
  FROM T1
 ORDER BY 2 DESC, 3 ASC, 1 DESC;
```

①

C3	C2	C1
1000	A	1
2000	A	2
2000	A	3
3000	B	4

②

C3	C2	C1
3000	B	4
1000	A	1
2000	A	2
2000	A	3

③

C3	C2	C1
1000	A	1
2000	A	3
2000	A	2
3000	B	4

④

C3	C2	C1
1000	A	1

2000	A	3
2000	A	2
3000	B	4

풀이

문제 SQL은 ORDER BY 절에 SELECT 절의 열 위치(column position)를 지정했다. ORDER BY 절에 기술한 2 DESC, 3 ASC, 1 DESC는 SELECT 절에 기술한 2번째 열의 내림차순(DESC), 3번째 열의 오름차순(ASC), 1번째 열의 내림차순(DESC)으로 결과 집합을 정렬하라는 의미다. 즉, ORDER BY 2 DESC, 3 ASC, 1 DESC는 ORDER BY C2 DESC, C1 ASC, C3 DESC와 같은 의미다.

정답 : ②

7 조인

25

다음 중 아래 SQL의 수행 결과를 고르시오.

아 래

[T1 테이블]

C1	C2
1	A
2	B
3	C

[T2 테이블]

C1	C2
1	1
1	2
3	1
3	2
4	1

[SQL]

```
SELECT COUNT (*) AS R1
  FROM T1 A, T2 B
 WHERE B.C1 = A.C1;
```

① 2

② 3

③ 4

④ 15

등가 조인

등가 조인(equijoin)은 조인 조건이 모두 등호(=)인 조인이다. 값이 동일한 경우에만 행이 반환된다.

풀이

문제 SQL은 T1과 T2 테이블을 C1 칼럼 기준으로 조인했다. 조인 조건이 모두 등호(=)이므로 양쪽 테이블의 C1 값이 동일한 경우에만 행이 반환되는 등가 조인(equijoin)을 수행한다. 조인 결과는 아래와 같으므로 COUNT (*) 값은 4다.

```
SELECT *
  FROM T1 A, T2 B
 WHERE B.C1 = A.C1;
```

C1	C2	C1	C2
1	A	1	1
1	A	1	2
3	C	3	1
3	C	3	2

정답 : ③

26 다음 중 아래 SQL의 수행 결과를 고르시오.

아 래

[주문 테이블]

주문번호	고객번호	주문일자	주문금액
501	1	20190501	20000
612	1	20190523	5000
728	1	20200311	25000
904	1	20200715	10000
404	2	20191208	7000
603	2	20200428	6000
807	2	20200527	17000

[SQL]

```
SELECT MIN (주문합계금액) AS 최저주문합계금액
  FROM (SELECT A.고객번호, A.주문일자, SUM(B.주문금액) AS 주문합계금액
          FROM 주문 A, 주문 B
         WHERE B.고객번호 = A.고객번호
           AND B.주문일자 <= A.주문일자
         GROUP BY A.고객번호, A.주문일자);
```

① 5000

② 7000

③ 30000

④ 60000

비등가 조인

비등가 조인(nonequijoin)은 등호 외의 다른 조인 조건이 있는 조인이다.

풀이

문제 SQL의 인라인뷰에서는 FROM 절에 주문 테이블을 2번 기술하여 조인을 수행했다. 이처럼 같은 테이블 간에 조인을 수행하는 것을 셀프 조인(Self Join)이라고 한다.

2개의 조인 조건을 사용했는데, 그 중 주문일자에 부등호 연산자(B.주문일자 <= A.주문일자)를 사용한 사실에 주목하자. 고객번호만으로 조인한 상태(같은 고객번호 내에서 양쪽 집합 간 카티션 곱이 만들어진 상태)에서 A쪽의 각 주문 데이터 기준으로 주문일자가 작거나 같은 B쪽 주문을 모두 선택하도록 한 것이다. 그렇게 만든 집합을 고객번호와 주문일자로 GROUP BY 한 후에 SUM(B.주문금액) 값을 구하면, 고객번호가 같은 집합 내에서 주문일자 순으로 누적주문금액(Running Total)을 출력하게 된다. 인라인 뷰에 ORDER BY를 추가한 아래 쿼리를 통해 결과 집합을 확인해 보자.

```
SELECT A.고객번호, A.주문일자
     , MIN(A.주문금액) AS 주문금액
     , SUM(B.주문금액) AS 주문합계금액
  FROM 주문 A, 주문 B
 WHERE B.고객번호 = A.고객번호
   AND B.주문일자 <=  A.주문일자
 GROUP BY A.고객번호, A.주문일자
 ORDER BY A.고객번호, A.주문일자;
```

고객번호	주문일자	주문금액	주문합계금액
1	20190501	20000	20000
1	20190523	5000	25000
1	20200311	25000	50000
1	20200715	10000	60000
2	20191208	7000	7000
2	20200428	6000	13000
2	20200527	17000	30000

위 결과 집합에서 주문합계금액에 대한 최소 값을 구하면, 최종 결과는 7000이 된다.

정답 : ②

27 다음 중 아래 SQL의 수행 결과를 고르시오.

아래

[고객 테이블]

고객번호	고객명
1	김대원
2	노영미
3	김경진
4	박하연

[주문 테이블]

주문번호	고객번호	주문금액
2001	1	40000
2002	2	15000
2003	2	7000
2004	2	8000
2005	2	20000
2006	3	5000
2007	3	9000

[SQL]

```
SELECT SUM (B.주문금액) / COUNT (DISTINCT A.고객번호) AS R1
  FROM 고객 A, 주문 B
 WHERE B.고객번호(+) = A.고객번호
   AND B.주문금액(+) > 10000;
```

① 15000　　② 18750　　③ 25000　　④ 37500

아우터 조인

아우터 조인(outer join)에서 아우터 집합은 조인 성공 여부에 상관 없이 무조건 결과 집합에 포함되며, 컬럼 값도 정상적으로 반환한다. 반대쪽 이너 집합은 조인에 성공한 데이터만 결과 집합에 포함(컬럼 값도 정상적으로 반환)되며, 조인에 실패한 이너 쪽 컬럼 값은 NULL을 반환한다. 조건절에 (+) 기호가 붙은 쪽이 이너 집합, (+) 기호가 붙지 않은 쪽이 아우터 집합이다.

풀이

문제 SQL은 고객 테이블 기준으로 주문 테이블과 아우터 조인했다. 아우터 집합인 고객 데이터는 조인에 실패해도 최종 결과에 포함된다. 이너 집합인 주문 데이터는 고객번호로 조인에 성공하고 주문금액이 10000보다 큰 데이터만 최종 결과 집합에 포함된다.

두 테이블을 조인한 결과는 아래와 같다.

```
SELECT *
  FROM 고객 A, 주문 B
 WHERE B.고객번호(+) = A.고객번호
   AND B.주문금액(+) > 10000;
```

고객번호	고객명	주문번호	고객번호	주문금액
1	김대원	2001	1	40000
2	노영미	2002	2	15000
2	노영미	2005	2	20000
3	김경진	NULL	NULL	NULL
4	박하연	NULL	NULL	NULL

위 집합에서 SUM (B.주문금액) 값은 75000이고, COUNT (DISTINCT A.고객번호) 값은 4이므로 최종 결과 값은 75000 / 4 = 18750이다.

정답 : ②

28

다음 중 아래 SQL의 수행 결과를 고르시오.

아 래

[T1 테이블]

C1	C2
1	A
2	B
3	C
4	D

[T2 테이블]

C1	C2
1	A
1	B
2	A
3	B
3	C

[SQL]

```
SELECT COUNT (*) AS R1
  FROM T1 A, T2 B
 WHERE A.C1 >= 2
   AND B.C2 IN ('A', 'C');
```

① 1

② 2

③ 6

④ 9

카티션 곱

조인 조건이 누락되면 카티션 곱(cartesian product) 집합이 생성된다. 의도적으로 카티션 곱 집합을 만들기도 하지만, 실수로 조인 조건을 누락하는 경우도 있으므로 주의해야 한다.

풀이

문제 SQL은 T1과 T2 테이블에 대해 데이터를 제한하는 일반 조건은 있지만, 조인 조건은 없다. 따라서 카티션 곱(Cartesian Product) 집합이 생성된다. 즉, T1 테이블에서 C1 >= 2 조건을 만족하는 3행과 T2 테이블에서 C2 IN ('A', 'C') 조건을 만족하는 3행을 곱해 9행을 가진 결과집합이 생성된다.

정답 : ④

8 표준 조인

29

다음 중 아래 SQL의 수행 결과를 고르시오.

아 래

[T1 테이블]

C1	C2
1	A
2	B
3	C

[T2 테이블]

C1	C2
1	1
2	1
3	1
3	2
4	1

[SQL]

```
SELECT SUM (B.C2) AS R1
  FROM T1 A INNER JOIN T2 B
    ON B.C1 = A.C1
 WHERE A.C1 >= 2;
```

① 2

② 4

③ 6

④ 8

INNER JOIN 절

INNER JOIN 절은 이너 조인을 수행한다. ON 절에 조인 조건을 기술하며, 일반 조건은 WHERE 절에 기술할 수 있다. 조인 조건과 일반 조건을 분리하여 가독성을 향상시킬 수 있다.

풀이

문제 SQL은 T1과 T2 테이블을 C1 칼럼 기준으로 이너 조인했으므로 조인에 성공한 행만 결과에 포함된다. ON 절에는 조인 조건(B.C1 = A.C1)을 기술했으며, WHERE 절에는 일반 조건(A.C1 >= 2)을 기술했다. 두 테이블을 조인한 결과는 아래와 같으므로 SUM (B.C2) 값은 4다.

```
SELECT *
  FROM T1 A INNER JOIN T2 B
    ON B.C1 = A.C1
 WHERE A.C1 >= 2;
```

C1	C2	C1	C2
2	B	2	1
3	C	3	1
3	C	3	2

정답 : ②

30

다음 중 아래 SQL의 수행 결과를 고르시오.

아래

[T1 테이블]

C1	C2
1	A
2	B
3	C

[T2 테이블]

C1	C3
1	A
1	B
2	B
3	C
3	A
4	B

[SQL]

```
SELECT SUM (C1) AS R1
  FROM T1 A NATURAL JOIN T2 B;
```

① 6

② 8

③ 10

④ 14

NATURAL JOIN 절

NATURAL JOIN 절은 이름이 같은 열로 테이블을 등가 조인한다.

풀이

문제 SQL은 T1과 T2 테이블에 대해 NATURAL JOIN을 기술했으므로 양쪽 테이블에서 이름이 같은 C1 칼럼을 기준으로 등가 조인(EQUIJOIN)한다. 두 테이블의 조인 결과는 아래와 같으므로 SUM (C1) 값은 10이다.

```
SELECT *
  FROM T1 A NATURAL JOIN T2 B;
```

C1	C2	C3
1	A	A
1	A	B
2	B	B
3	C	C
3	C	A

NATURAL JOIN 절 대신 INNER JOIN 절을 사용하면 아래와 같이 SQL을 작성할 수 있다.

```
SELECT A.C1, A.C2, B.C3
  FROM T1 A INNER JOIN T2 B
    ON B.C1 = A.C1;
```

정답 : ③

31 다음 중 에러가 발생하는 SQL을 고르시오.

아 래

[테이블]

```
CREATE TABLE T1 (C1 NUMBER, C2 VARCHAR2(1));
CREATE TABLE T2 (C1 NUMBER, C3 VARCHAR2(1));
```

①
```
SELECT A.C1, B.C3
  FROM T1 A JOIN T2 B
    ON (B.C1 = A.C1);
```

②
```
SELECT A.C1, B.C3
  FROM T1 A JOIN T2 B
 USING (C1);
```

```
③ SELECT C1, C3
    FROM T1 A LEFT JOIN T2 B
   USING (C1);
```

```
④ SELECT C1, C3
    FROM T1 A NATURAL JOIN T2 B;
```

USING 절

USING 절은 지정한 열로 테이블을 등가 조인한다. 지정한 열은 조인할 테이블에 동일한 이름으로 존재해야 한다.

풀이

USING 절을 사용하면 USING 절에 지정한 칼럼을 기준으로 두 테이블을 등가 조인(EQUIJOIN)한다. 단, USING 절에 지정한 칼럼을 ALIAS 등으로 한정할 수 없다. ②는 USING 절에 지정한 C1 칼럼을 SELECT 절에서 한정하여 기술(A.C1)했기 때문에 "ORA-25154: USING 절의 열 부분은 식별자를 가질 수 없음" 에러가 발생한다.

에러를 방지하기 위해서는 SQL을 아래와 같이 작성해야 한다.

```
SELECT C1, B.C3
  FROM T1 A JOIN T2 B
 USING (C1);
```

정답 : ②

32 아래 SQL 수행 결과의 ㉠, ㉡에 들어갈 값을 고르시오.

아 래

[T1 테이블]

C1	C2
1	A
2	B
3	C
4	D

[T2 테이블]

C1	C2
1	A
2	B
3	B
3	C
5	C

[SQL]

```
SELECT COUNT(A.C1) AS CNT_A, COUNT(B.C1) AS CNT_B
  FROM T1 A LEFT OUTER JOIN T2 B
    ON A.C1 = B.C1
```

[결과]

CNT_A	CNT_B
㉠	㉡

① ㉠ 4, ㉡ 3

② ㉠ 4, ㉡ 4

③ ㉠ 4, ㉡ 5

④ ㉠ 5, ㉡ 4

OUTER JOIN 절

OUTER JOIN 절은 아우터 조인을 수행한다. 아우터 기준에 따라 LEFT OUTER JOIN, RIGHT OUTER JOIN, FULL OUTER JOIN을 사용할 수 있다.

풀이

아래는 왼쪽에 있는 T1(아우터 집합) 기준으로 오른쪽에 있는 T2(이너 집합)와 OUTER JOIN 하는 쿼리다.

```
SELECT *
  FROM T1 A LEFT OUTER JOIN T2 B
    ON A.C1 = B.C1
```

아우터 집합은 조인 성공 여부와 상관없이 출력한다. 이너 집합은 조인에 성공한 경우만 출력하고, 조인에 실패한 경우는 NULL로 채운다. 따라서 결과집합은 아래와 같다.

C1	C2	C1	C2
1	A	1	A
2	B	2	B
3	C	3	B
3	C	3	C
4	D	NULL	NULL

위 ANSI 구문을 Oracle 스타일로 표현하면 아래와 같다. 조건절에서 이너 쪽 모든 컬럼에 Outer Sign(+)을 붙여 주면 된다.

```
SELECT *
  FROM T1 A, T2 B
 WHERE A.C1 = B.C1(+)
```

위 결과 집합에 대해 COUNT (A.C1) 값을 구하면 5가 되고, COUNT (B.C1) 값을 구하면 NULL을 제외한 개수인 4이 된다.

정답 : ④

33 아래 SQL 수행 결과의 ㉠, ㉡에 들어갈 값을 고르시오.

아 래

[T1 테이블]

C1	C2
1	A
2	B
3	C
4	D

[T2 테이블]

C1	C2
1	A
2	B
3	B
3	C
5	C

[SQL]

```
SELECT COUNT(A.C1) AS CNT_A, COUNT(B.C1) AS CNT_B
  FROM T1 A LEFT OUTER JOIN T2 B
    ON A.C1 = B.C1
 WHERE A.C2 >= 'B'
```

[결과]

CNT_A	CNT_B
㉠	㉡

① ㉠ 3, ㉡ 3

② ㉠ 4, ㉡ 3

③ ㉠ 3, ㉡ 4

④ ㉠ 4, ㉡ 4

풀이

아래는 왼쪽에 있는 T1(아우터 집합) 기준으로 오른쪽에 있는 T2(이너 집합)와 OUTER JOIN 하는 쿼리다.

```
SELECT *
  FROM T1 A LEFT OUTER JOIN T2 B
    ON A.C1 = B.C1
```

C1	C2	C1	C2
1	A	1	A
2	B	2	B
3	C	3	B
3	C	3	C
4	D	NULL	NULL

아우터 쪽 컬럼에 필터 조건을 추가해 보자. A.C2 >= 'B' 조건으로 필터링한 결과는 아래와 같다.

```
SELECT *
  FROM T1 A LEFT OUTER JOIN T2 B
    ON A.C1 = B.C1
 WHERE A.C2 >= 'B'
```

C1	C2	C1	C2
2	B	2	B
3	C	3	B
3	C	3	C
4	D	NULL	NULL

위 ANSI 구문을 Oracle 스타일로 표현하면 아래와 같다.

```
SELECT *
  FROM T1 A, T2 B
 WHERE A.C1 = B.C1(+)
   AND A.C2 >= 'B'
```

위 쿼리는 결과적으로 아래 쿼리와 같다.

```
< ANSI 스타일 >
SELECT *
  FROM (SELECT * FROM T1 WHERE C2 >= 'B') A
        LEFT OUTER JOIN T2 B
    ON A.C1 = B.C1

< Oracle 스타일>
SELECT *
  FROM (SELECT * FROM T1 WHERE C2 >= 'B') A
      , T2 B
 WHERE A.C1 = B.C1(+)
```

위 결과 집합에 대해 COUNT (A.C1) 값을 구하면 4가 되고, COUNT (B.C1) 값을 구하면 NULL을 제외한 개수인 3이 된다.

정답 : ②

34 아래 SQL 수행 결과의 ㉠, ㉡에 들어갈 값을 고르시오.

아 래

[T1 테이블]

C1	C2
1	A
2	B
3	C
4	D

[T2 테이블]

C1	C2
1	A
2	B
3	B
3	C
5	C

[SQL]

```
SELECT COUNT(A.C1) AS CNT_A, COUNT(B.C1) AS CNT_B
  FROM T1 A LEFT OUTER JOIN T2 B
    ON A.C1 = B.C1 AND A.C2 = 'B'
```

[결과]

CNT_A	CNT_B
㉠	㉡

① ㉠ 2, ㉡ 2
② ㉠ 5, ㉡ 2
③ ㉠ 4, ㉡ 1
④ ㉠ 4, ㉡ 2

풀이

아우터 쪽 집합에 대한 필터 조건을 ON절에 기술하는 경우를 살펴보자.

```
SELECT *
  FROM T1 A LEFT OUTER JOIN T2 B
    ON A.C1 = B.C1 AND A.C2 = 'B'
```

C1	C2	C1	C2
1	A	NULL	NULL
2	B	2	B
3	C	NULL	NULL
4	D	NULL	NULL

위 쿼리를 이해하기 쉽게 표현하면, 아래와 같다.

```
SELECT *
  FROM T1 A LEFT OUTER JOIN T2 B
    ON (CASE WHEN A.C2 = 'B' THEN A.C1 END) = B.C1
```

Oracle 스타일로 표현하면, 아래와 같다.

```
SELECT *
  FROM T1 A, T2 B
 WHERE B.C1(+) = (CASE WHEN A.C2 = 'B' THEN A.C1 END)
```

T1 기준으로 T2와 Outer 조인(T1 쪽 레코드는 모두 출력)하되, 아우터 쪽 A.C2 = 'B' 조건을 만족할 때만 조인하는 쿼리다. A.C2 = 'B' 조건을 만족하지 않을 때는 조인하지 않고 이너 쪽 컬럼에 NULL을 출력한다.
위 결과 집합에 대해 COUNT (A.C1) 값을 구하면 4가 되고, COUNT (B.C1) 값을 구하면 NULL을 제외한 개수인 1이 된다.

정답 : ③

35 아래 SQL 수행 결과의 ㉠, ㉡에 들어갈 값을 고르시오.

아래

[T1 테이블]

C1	C2
1	A
2	B
3	C
4	D

[T2 테이블]

C1	C2
1	A
2	B
3	B
3	C
5	C

[SQL]

```
SELECT COUNT(A.C1) AS CNT_A, COUNT(B.C1) AS CNT_B
  FROM T1 A LEFT OUTER JOIN T2 B
    ON A.C1 = B.C1
 WHERE B.C2 >= 'B'
```

[결과]

CNT_A	CNT_B
㉠	㉡

① ㉠ 3, ㉡ 3
② ㉠ 4, ㉡ 3
③ ㉠ 3, ㉡ 4
④ ㉠ 4, ㉡ 4

풀이

이너 쪽 집합에 대한 필터 조건을 WHERE절에 기술하는 경우를 살펴보자. 아래는 왼쪽에 있는 T1(아우터 집합) 기준으로 오른쪽에 있는 T2(이너 집합)와 OUTER JOIN 하는 쿼리다.

```
SELECT *
  FROM T1 A LEFT OUTER JOIN T2 B
    ON A.C1 = B.C1
```

아우터 집합은 조인 성공 여부와 상관없이 출력한다. 이너 집합은 조인에 성공한 경우만 출력하고, 조인에 실패한 경우는 NULL로 채운다. 따라서 결과집합은 아래와 같다.

C1	C2	C1	C2
1	A	1	A
2	B	2	B
3	C	3	B
3	C	3	C
4	D	NULL	NULL

이 집합에서 B.C2 >= 'B' 조건으로 필터링한 결과는 아래와 같다. 첫 번째 레코드는 B.C2가 'B'보다 작으므로 제외된다. 마지막 레코드는 B.C2 값이 NULL 이어서 값의 크기를 비교할 수 없으므로 제외된다.

```
SELECT *
  FROM T1 A LEFT OUTER JOIN T2 B
    ON A.C1 = B.C1
 WHERE B.C2 >= 'B'
```

C1	C2	C1	C2
2	B	2	B
3	C	3	B
3	C	3	C

위 결과 집합에 대해 COUNT (A.C1) 값을 구하면 3가 되고, COUNT (B.C1) 값도 3이 된다.
위 ANSI 구문을 Oracle 스타일로 표현하면 아래와 같다.

```
SELECT *
  FROM T1 A, T2 B
 WHERE A.C1 = B.C1(+)
   AND B.C2 >= 'B'
```

위 쿼리는 Inner Join과 결과집합이 동일하다. 따라서 Outer Join에서 이너 쪽 집합에 대한 필터 조건을 WHERE절에 기술하는 것은 일반적으로 의미가 없다.
이너 쪽 집합에 대한 필터 조건을 WHERE절에 기술하는 거의 유일한 용례는 아래와 같다. Outer 조인에 실패한 데이터를 출력하는 쿼리다.

```
< ANSI 스타일 >
SELECT *
  FROM T1 A LEFT OUTER JOIN T2 B
    ON A.C1 = B.C1
 WHERE B.C1 IS NULL
```

```
< Oracle 스타일 >
SELECT *
  FROM T1 A, T2 B
 WHERE A.C1 = B.C1(+)
   AND B.C1 IS NULL
```

정답 : ①

36 아래 SQL 수행 결과의 ㉠, ㉡에 들어갈 값을 고르시오.

아 래

[T1 테이블]

C1	C2
1	A
2	B
3	C
4	D

[T2 테이블]

C1	C2
1	A
2	B
3	B
3	C
5	C

[SQL]

```
SELECT COUNT(A.C1) AS CNT_A, COUNT(B.C1) AS CNT_B
  FROM T1 A LEFT OUTER JOIN T2 B
    ON A.C1 = B.C1 AND B.C2 = 'B'
```

[결과]

CNT_A	CNT_B
㉠	㉡

① ㉠ 2, ㉡ 2

② ㉠ 4, ㉡ 1

③ ㉠ 4, ㉡ 2

④ ㉠ 5, ㉡ 2

풀이

이너 쪽 집합에 대한 필터 조건을 ON 절에 기술하는 경우를 살펴보자.

```
SELECT *
  FROM T1 A LEFT OUTER JOIN T2 B
    ON A.C1 = B.C1 AND B.C2 = 'B'
```

Oracle 스타일로 표현하면, 아래와 같다.

```
SELECT *
  FROM T1 A, T2 B
 WHERE A.C1 = B.C1(+)
   AND B.C2(+) = 'B'
```

위 쿼리를 다르게 표현하면 아래와 같다.

```
< ANSI 스타일 >
SELECT *
  FROM T1 A, T2 B
 WHERE A.C1 = (CASE WHEN B.C2(+) = 'B' THEN B.C1(+) END)
```

```
< Oracle 스타일 >
SELECT *
  FROM T1 A LEFT OUTER JOIN T2 B
    ON A.C1 = (CASE WHEN B.C2 = 'B' THEN B.C1 END)
```

더 이해하기 쉽게 표현하면 아래와 같다.

```
< ANSI 스타일 >
SELECT *
  FROM T1 A
       LEFT OUTER JOIN
      (SELECT * FROM T2 WHERE C2 = 'B') B
    ON A.C1 = B.C1
```

```
< Oracle 스타일 >
SELECT *
  FROM T1 A
     ,(SELECT * FROM T2 WHERE C2 = 'B') B
 WHERE A.C1 = B.C1(+)
```

위 쿼리를 통해 알 수 있는 것처럼, T1 기준으로 C2 = 'B' 조건을 만족하는 T2와 Outer 조인하는 쿼리다. 결과집합은 아래와 같다.

C1	C2	C1	C2
1	A	NULL	NULL
2	B	2	B
3	C	3	B
4	D	NULL	NULL

위 결과 집합에 대해 COUNT (A.C1) 값을 구하면 4가 되고, COUNT (B.C1) 값을 구하면 NULL을 제외한 개수인 2가 된다.

Outer 조인에 실패한 데이터를 출력하는 경우가 아닌 한, ANSI 스타일 Outer 조인에서 Inner 쪽 집합에 대한 필터 조건은 ON 절에 기술하는 것이 옳다. 정리하면,
1. 아우터 쪽 집합에 대한 필터 조건은 일반적으로 WHERE 절에 기술해야 한다.
2. 이너 쪽 집합에 대한 필터 조건은 일반적으로 ON 절에 기술해야 한다.

Oracle 스타일 Outer Join에서 일반적인 결과집합을 출력할 때는 이너 집합에 대한 조건절에(조인 조건이든 필터 조건이든) Outer Sign(+)을 누락하지만 않으면 된다.

정답 : ③

CHAPTER 01

핵심 정리 문제

01

다음 중 아래 SQL 명령어들이 포함된 SQL 문장의 종류(명)을 고르시오.

아 래

```
CREATE USER NEW_USER IDENTIFIED BY 1234;

CREATE ROLE RL_BASE;

GRANT CONNECT, RESOURCE TO RL_BASE;

GRANT RL_BASE TO NEW_USER;
```

① DDL (Data Definition Language)

② DCL (Data Control Language)

③ DML (Data Manipulation Language)

④ TCL (Transaction Control Language)

02

다음 중 아래 T1, T2 테이블에 대해 에러가 발생하는 SQL을 고르시오.

아 래

```
CREATE TABLE T1 (C1 NUMBER, C2 VARCHAR2(1));
CREATE TABLE T2 (C1 NUMBER, C3 NUMBER);
```

①
```
SELECT A.C1, B.C3
  FROM T1 A CROSS JOIN T2 B;
```

②
```
SELECT A.C1, B.C3
  FROM T1 A INNER JOIN T2 B
    ON B.C1 = A.C1;
```

③
```
SELECT A.C1, B.C3
  FROM T1 A NATURAL JOIN T2 B;
```

④
```
SELECT C1, C3
  FROM T1 A LEFT OUTER JOIN T2 B
 USING (C1);
```

03 다음 중 아래 SQL의 수행 결과를 고르시오.

아 래

[T1 테이블]

C1
ABC
LVXYZ
HNMK

[SQL]

```
SELECT SUBSTR (C1, LENGTH (C1) - 1, 1) AS R1 FROM T1;
```

①

R1
AB
LVXY
HNM

②

R1
B
Y
M

③

R1
A
L
H

④

R1
BC
VXYZ
NMK

04 2020년 7월 27일 14시 30분에 아래 SQL을 실행하였을 때, 수행 결과를 고르시오.

아래

[주문 테이블]

주문번호	주문일시	주문금액
1	2020-05-12 14:20:20	20000
2	2020-06-27 00:00:00	25000
3	2020-07-02 12:30:30	10000
4	2020-07-15 17:00:00	5000
5	2020-07-26 23:59:00	20000
6	2020-07-27 12:30:30	30000
7	2020-08-08 09:00:15	15000

[SQL]

```
SELECT SUM (주문금액) AS 주문금액
  FROM 주문
 WHERE 주문일시 BETWEEN TRUNC (ADD_MONTHS (SYSDATE, -1), 'DD')
                   AND TRUNC (SYSDATE, 'DD') - 1/24/60/60;
```

① 50000

② 60000

③ 65000

④ 90000

05 다음 중 아래 SQL의 수행 결과를 고르시오.

아래

[T1 테이블]

C1	C2
100	50
NULL	150
300	NULL
200	100

[SQL]

```
SELECT NVL (C1, 0) + NULLIF (C2, 100) AS R1 FROM T1;
```

①

R1
150
150
NULL
NULL

②

R1
150
NULL
NULL
300

③

R1
150
150
NULL
300

④

R1
150
NULL
300
300

06 다음 중 아래 SQL의 수행 결과를 고르시오.

아 래

[고객예치금 테이블]

```
CREATE TABLE 고객예치금 (
    고객번호   NUMBER PRIMARY KEY
  , 예치금액   NUMBER
  , 적립포인트 NUMBER
);
```

고객번호	예치금액	적립포인트
1	15000	5000
2	NULL	25000
3	30000	NULL
4	20000	0

[SQL]

```
SELECT COUNT (*) AS R1
  FROM 고객예치금
 WHERE 예치금액 + NVL (적립포인트, 0) >= 20000;
```

① 1

② 2

③ 3

④ 4

07 다음 중 아래 SQL의 수행 결과를 고르시오.

아 래

[T1 테이블]

C1	C2	C3
1	A	1000
2	B	800
3	A	NULL
4	B	1200
5	C	3000
6	B	1500

[SQL]

```
SELECT SUM (C3) AS R1
  FROM T1
 WHERE C1 >= 4
    OR C2 IN ('A', 'B')
   AND C3 NOT BETWEEN 1000 AND 2000;
```

① 3000

② 3800

③ 6500

④ 7500

08 다음 중 아래 SQL의 수행 결과를 고르시오.

아 래

[T1 테이블]

C1	C2
1000	2000
NULL	2000
3000	4000
1000	NULL
2000	0

[SQL]

```
SELECT AVG (C1 + C2) AS R1 FROM T1;
```

① 3000 ② 3400 ③ 3750 ④ 4000

09 아래 SQL의 수행 결과의 빈칸 ㉠, ㉡에 들어갈 값을 고르시오.

아 래

[T1 테이블]

```
CREATE TABLE T1 (C1 VARCHAR2(10), C2 VARCHAR2(10));
```

C1	C2
12400	125
930	21000
4670	920
2340	4700

[SQL]

```
SELECT MIN (C1) AS R1, MAX (TO_NUMBER (C2)) AS R2 FROM T1;
```

[결과]

R1	R2
㉠	㉡

① ㉠ 930, ㉡ 920
② ㉠ 930, ㉡ 21000
③ ㉠ 12400, ㉡ 920
④ ㉠ 12400, ㉡ 21000

10 다음 중 아래 SQL의 수행 결과를 고르시오.

아 래

[T1 테이블]

C1	C2	C3
1	A	3000
2	B	800
3	A	NULL
4	B	2200
5	C	3000
6	B	3600

[SQL]

```
SELECT C2, AVG (C3) AS R1
  FROM T1
 WHERE C1 <= 4
 GROUP BY C2
HAVING AVG (C3) >= 2000;
```

①

C2	R1
A	3000
B	2200
C	3000

②

C2	R1
A	3000

③

C2	R1
A	3000
B	2200

④

C2	R1
A	1500
B	800

11 SQL의 수행 결과가 아래와 같도록 빈칸 ㉠에 들어갈 표현식을 고르시오.

아 래

[T1 테이블]

C1	C2
1	1
2	2
3	3
4	1
5	2

[SQL]

```
SELECT 6 - A.C1 AS C1
     , CASE
           WHEN A.C1 >= 4 THEN 'A'
           WHEN A.C2 IN (1, 3) THEN 'B'
           ELSE 'C'
       END AS C2
  FROM T1 A
 ORDER BY [     ㉠     ];
```

[결과]

C1	C2
4	C
5	B
3	B
2	A
1	A

① A.C2 DESC, A.C1 DESC

② C2 DESC, A.C1

③ A.C2 DESC, C1 DESC

④ C2 DESC, C1

12 다음 중 아래 SQL의 수행 결과를 고르시오.

아 래

[조직 테이블]

조직ID	조직명
0tjq	강남 본점
wzqf	영등포 지점
m1gk	신촌 지점
hyao	을지로 지점

[영업고객 테이블]

고객번호	고객구분코드	담당조직ID
1	A1	0tjq
2	A1	wzqf
3	A1	wzqf
4	B1	m1gk
5	B1	NULL
6	A1	NULL

[SQL]

```
SELECT A.고객번호, A.고객구분코드, B.조직명
  FROM 영업고객 A, 조직 B
 WHERE B.조직ID = DECODE(A.고객구분코드, 'B1', '0tjq', A.담당조직ID)
 ORDER BY A.고객번호;
```

①

고객번호	고객구분코드	조직명
1	A1	강남 본점
2	A1	영등포 지점
3	A1	영등포 지점
4	B1	신촌 지점

②

고객번호	고객구분코드	조직명
1	A1	강남 본점
2	A1	영등포 지점
3	A1	영등포 지점
4	B1	강남 지점

③

고객번호	고객구분코드	조직명
1	A1	강남 본점
2	A1	영등포 지점
3	A1	영등포 지점
4	B1	신촌 본점
5	B1	NULL

④

고객번호	고객구분코드	조직명
1	A1	강남 본점
2	A1	영등포 지점
3	A1	영등포 지점
4	B1	강남 본점
5	B1	강남 본점

13 다음 중 아래 SQL과 결과가 항상 동일한 SQL을 고르시오.

아 래

```
SELECT *
  FROM T1 A, T2 B
 WHERE A.C2 IN ('B', 'C')
   AND B.C1(+) = A.C1
   AND B.C2 <= 2;
```

①
```
SELECT *
  FROM T1 A INNER JOIN T2 B
    ON B.C1 = A.C1
 WHERE A.C2 IN ('B', 'C')
   AND B.C2 <= 2;
```

②
```
SELECT *
  FROM T1 A LEFT OUTER JOIN T2 B
    ON B.C1 = A.C1
   AND B.C2 <= 2
 WHERE A.C2 IN ('B', 'C');
```

③
```
SELECT *
  FROM T1 A RIGHT OUTER JOIN T2 B
    ON B.C1 = A.C1
   AND A.C2 IN ('B', 'C')
 WHERE B.C2 <= 2;
```

④
```
SELECT *
  FROM T1 A CROSS JOIN T2 B
 WHERE A.C2 IN ('B', 'C')
   AND B.C2 <= 2;
```

14 SQL의 수행 결과가 아래와 같도록 빈칸 ㉠에 들어갈 표현식을 고르시오.

아 래

[T1 테이블]

C1	C2
1	A
2	B
3	C

[T2 테이블]

C1	C2	C3
1	A	100
3	A	200
3	D	300

[SQL]

```
SELECT *
  FROM T1 A RIGHT OUTER JOIN T2 B
 USING (     ㉠     )
 WHERE B.C3 >= 200;
```

[결과]

C2	C1	C1	C3
A	1	3	200
D	NULL	3	300

① C1

② C2

③ C1, C2

④ C2, C3

15 아래 1번, 2번 SQL의 결과가 동일하도록 빈칸 ㉠, ㉡에 들어갈 구문을 고르시오.

아 래

[고객 테이블]

고객번호	고객명
1	김대원
2	노영미
3	김경진
4	박하연

[주문 테이블]

주문번호	고객번호	주문금액
2001	1	40000
2002	2	15000
2003	2	7000
2004	2	8000
2005	2	20000
2006	3	5000
2007	3	9000

[1번 SQL]

```
SELECT A.고객번호
     , (SELECT SUM (X.주문금액)
          FROM 주문 X
         WHERE X.고객번호 = A.고객번호) AS 주문합계금액
  FROM 고객 A
 WHERE A.고객번호 IN (3, 4);
```

[2번 SQL]

```
SELECT A.고객번호
     , SUM(B.주문금액) AS 주문합계금액
  FROM 고객 A
     [      ㉠      ]
       주문 B
    ON B.고객번호 = A.고객번호
 WHERE A.고객번호 IN (3, 4)
[      ㉡      ];
```

① ㉠ LEFT OUTER JOIN, ㉡ GROUP BY A.고객번호

② ㉠ LEFT OUTER JOIN, ㉡ PARTITION BY A.고객번호

③ ㉠ LEFT OUTER JOIN, ㉡ ORDER BY A.고객번호

④ ㉠ INNER JOIN, ㉡ GROUP BY A.고객번호

16 Oracle에서 아래 SQL과 수행 결과가 다른 SQL을 고르시오.

아래

[고객 테이블]

고객번호	고객명
1	김대원
2	노영미
3	박하연
4	김경진

[주문 테이블]

주문번호	고객번호	주문금액
2001	1	4000
2002	1	9000
2003	2	7000
2004	2	8000
2005	3	5000
2006	3	9000

[SQL]

```
SELECT COUNT(A.고객번호) AS 고객수, COUNT(B.주문번호) AS 주문수
  FROM 고객 A LEFT OUTER JOIN 주문 B
    ON A.고객번호 = B.고객번호
 WHERE A.고객명 LIKE '김%'
```

①
```
SELECT COUNT(A.고객번호) AS 고객수, COUNT(B.주문번호) AS 주문수
  FROM 고객 A LEFT OUTER JOIN 주문 B
    ON A.고객번호 = B.고객번호 AND A.고객명 LIKE '김%'
```

②
```
SELECT COUNT(A.고객번호) AS 고객수, COUNT(B.주문번호) AS 주문수
  FROM (SELECT * FROM 고객 WHERE 고객명 LIKE '김%') A LEFT OUTER JOIN 주문 B
    ON A.고객번호 = B.고객번호
```

③
```
SELECT COUNT(A.고객번호) AS 고객수, COUNT(B.주문번호) AS 주문수
  FROM (SELECT * FROM 고객 WHERE 고객명 LIKE '김%') A, 주문 B
  WHERE A.고객번호 = B.고객번호(+)
```

④
```
SELECT COUNT(A.고객번호) AS 고객수, COUNT(B.주문번호) AS 주문수
  FROM 고객 A, 주문 B
 WHERE A.고객번호 = B.고객번호(+) AND A.고객명 LIKE '김%'
```

17 Oracle에서 아래 SQL과 수행 결과가 같은 SQL을 고르시오.

아 래

[고객 테이블]

고객번호	고객명
1	김대원
2	노영미
3	박하연
4	김경진

[주문 테이블]

주문번호	고객번호	주문금액
2001	1	4000
2002	1	9000
2003	2	7000
2004	2	8000
2005	3	5000
2006	3	9000

[SQL]

```
SELECT COUNT(A.고객번호) AS 고객수, COUNT(B.주문번호) AS 주문수
  FROM 고객 A LEFT OUTER JOIN 주문 B
    ON A.고객번호 = B.고객번호 AND B.주문금액 >= 9000
```

①
```
SELECT COUNT(A.고객번호) AS 고객수, COUNT(B.주문번호) AS 주문수
  FROM 고객 A, 주문 B
 WHERE A.고객번호 = B.고객번호(+)
   AND B.주문금액 >= 9000
```

②
```
SELECT COUNT(A.고객번호) AS 고객수, COUNT(B.주문번호) AS 주문수
  FROM 고객 A
       LEFT OUTER JOIN
      (SELECT * FROM 주문 WHERE 주문금액 >= 9000) B
    ON A.고객번호 = B.고객번호
```

③
```
SELECT COUNT(A.고객번호) AS 고객수, COUNT(B.주문번호) AS 주문수
  FROM 고객 A LEFT OUTER JOIN 주문 B
    ON A.고객번호 = B.고객번호
 WHERE B.주문금액 >= 9000
```

④
```
SELECT COUNT(A.고객번호) AS 고객수, COUNT(B.주문번호) AS 주문수
  FROM 고객 A INNER JOIN 주문 B
    ON A.고객번호 = B.고객번호
 WHERE B.주문금액 >= 9000
```

18 아래 SQL과 수행 결과가 다른 SQL을 고르시오.

아래

[고객 테이블]

고객번호	고객명
1	김대원
2	노영미
3	박하연
4	김경진

[주문 테이블]

주문번호	고객번호	주문금액
2001	1	4000
2002	1	9000
2003	2	7000
2004	2	8000
2005	3	5000
2006	3	9000

[SQL]

```
SELECT A.고객번호, A.고객명
  FROM 고객 A LEFT OUTER JOIN 주문 B
    ON A.고객번호 = B.고객번호
 WHERE B.주문번호 IS NULL
```

①
```
SELECT A.고객번호, A.고객명
  FROM 고객 A LEFT OUTER JOIN 주문 B
    ON A.고객번호 = B.고객번호
 WHERE B.고객번호 IS NULL
```

②
```
SELECT A.고객번호, A.고객명
  FROM 고객 A, 주문 B
 WHERE A.고객번호 = B.고객번호(+)
   AND B.주문번호 IS NULL
```

③
```
SELECT A.고객번호, A.고객명
  FROM 고객 A
 WHERE NOT EXISTS
      (SELECT 'X' FROM 주문 B WHERE A.고객번호 = B.고객번호)
```

④
```
SELECT A.고객번호, A.고객명
  FROM 고객 A
 WHERE NOT EXISTS
      (SELECT COUNT(*) FROM 주문 B WHERE A.고객번호 = B.고객번호)
```

CHAPTER 01

핵심 정리 문제 해답

01

SQL 문의 종류

SQL 문은 DML 문 (Data Manipulation Language, 데이터 조작어), TCL 문 (Transaction Control Language, 트랜잭션 제어어), DDL 문 (Data Definition Language, 데이터 정의어), DCL 문 (Data Control Language, 데이터 제어어)으로 구분된다.

종류	구문	설명
DML 문	SELECT INSERT UPDATE DELETE MERGE	테이블에 저장된 데이터를 조작(조회, 입력, 수정, 삭제)하기 위한 구문
TCL 문	COMMIT ROLLBACK SAVEPOINT	DML 문에 의한 데이터의 변경 사항을 데이터베이스에 영구히 반영하거나 취소하기 위해 트랜잭션(Transaction)을 제어하는 구문
DDL 문	CREATE ALTER DROP RENAME TRUNCATE	테이블, 인덱스와 같은 데이터베이스 오브젝트의 구조를 정의(생성, 변경, 삭제)하기 위한 구문
DCL 문	GRANT REVOKE	데이터에 대한 권한을 부여하거나 취소하기 위한 구문

풀이

데이터베이스에서 유저를 생성 및 삭제하고 권한을 관리하는 SQL 문장들의 종류를 DCL (Data Control Language, 데이터 제어어)이라고 한다. CREATE USER 문을 통해 새로운 유저를 생성하고, DROP USER 문을 통해 기존 유저를 삭제할 수 있다. GRANT 문을 통해 유저에게 시스템 권한 및 객체 권한을 부여할 수 있으며, 반대로 REVOKE 문을 통해 부여했던 권한을 회수할 수도 있다. 또한, 권한들의 모음인 ROLE을 생성(CREATE ROLE 문)하거나 삭제(DROP ROLE 문)할 수도 있다.

정답 : ②

02

테이블 별칭

테이블에 테이블 별칭(table alias)을 지정할 수 있다. [schema.]table이 t_alias로 대체된다. 테이블에 별칭을 지정하면, SELECT 절이나 WHERE 절 등에서 칼럼을 한정할 때 테이블명 대신 별칭을 사용해야 한다.

```
[schema.]table [t_alias]
```

풀이

FROM 절에 지정한 테이블 별칭 또는 테이블명(테이블 별칭을 지정하지 않았을 경우)을 통해 칼럼을 한정할 수 있다. 일반적으로 2개 이상의 테이블을 조인할 때, 동일한 칼럼명이 존재하는 경우 칼럼명을 한정하지 않으면 "ORA-00918: 열의 정의가 애매합니다" 에러가 발생한다. 하지만, 보기 ③번의 NATURAL JOIN 시 조인 조건으로 사용된 C1 칼럼과 보기 ④번의 USING 절에 기술한 C1 칼럼은 테이블 별칭으로 한정할 수 없다. 보기 ③번 SQL을 실행하면 "ORA-25155: NATURAL 조인에 사용된 열은 식별자를 가질 수 없음" 에러가 발생한다.

정답 : ③

03 풀이

SUBSTR 함수는 첫 번째 인자인 문자열 중 일부를 잘라내어 반환한다. SUBSTR 함수의 두 번째 인자는 잘라내기 시작할 위치이고, 3 번째 인자는 잘라낼 문자 수다. LENGTH 함수는 입력된 문자열의 길이를 반환한다. 따라서, SUBSTR (C1, LENGTH(C1) - 1, 1)은 C1 칼럼에 저장된 문자열 중 끝에서 2번째 자리부터 1글자를 잘라내어 반환한다. T1 테이블의 각 행 별로 끝에서 2번째 문자는 'B', 'Y', 'M'이다.

정답 : ②

04 풀이

TRUNC 함수의 첫 번째 인자에 날짜 값을 입력하면, 두 번째 인자로 지정한 포맷 요소에 따라 '버림'한 날짜 값을 반환한다. TRUNC (DT, 'DD')는 버림하여 일자까지 나타내라는 의미다. ADD_MONTHS 함수는 첫 번째 인자인 날짜 값에 두 번째 인자 값만큼의 개월 수를 더하여 반환한다. 따라서, SYSDATE 값이 '2020-07-27 14:30:00'라고 할 때 WHERE 절 조건에 기술한 날짜 값의 범위는 아래(DT1, DT2)와 같다.

```
SELECT TRUNC (ADD_MONTHS (SYSDATE, -1), 'DD') AS DT1
     , TRUNC (SYSDATE, 'DD') - 1/24/60/60     AS DT2
  FROM DUAL;
```

DT1	DT2
2020-06-27 00:00:00	2020-07-26 23:59:59

주문 테이블에서 주문일시가 해당 날짜 범위(DT1, DT2) 사이에 존재하는 행들은 아래와 같다.

```
SELECT *
  FROM 주문
 WHERE 주문일시 BETWEEN TRUNC (ADD_MONTHS (SYSDATE, -1), 'DD')
                    AND TRUNC (SYSDATE, 'DD') - 1/24/60/60;
```

주문번호	주문일시	주문금액
2	2020-06-27 00:00:00	25000
3	2020-07-02 12:30:30	10000
4	2020-07-15 17:00:00	5000
5	2020-07-26 23:59:00	20000

위 결과 집합에서 주문금액의 합계(SUM) 값을 구하면 60000이 된다.

정답 : ②

05

NVL 함수

NVL 함수는 expr1이 널이 아니면 expr1, 널이면 expr2를 반환한다.

```
NVL (expr1, expr2)
```

NULLIF 함수

NULLIF 함수는 expr1과 expr2가 다르면 expr1, 같으면 널을 반환한다.

```
NULLIF (expr1, expr2)
```

풀이

NVL 함수는 첫 번째 인자 값이 NULL일 경우, 두 번째 인자 값으로 치환하여 반환한다. NULLIF 함수는 첫 번째 인자 값과 두 번째 인자 값이 동일한 경우 NULL을 반환하고, 동일하지 않으면 첫 번째 인자 값을 반환한다. SELECT 절에 기술한 NVL (C1, 0), NULLIF (C2, 100) 값을 각각 구하면 아래와 같다.

```
SELECT NVL (C1, 0), NULLIF (C2, 100) FROM T1;
```

NVL(C1, 0)	NULLIF(C2, 100)
100	50
0	150
300	NULL
200	NULL

위 결과에서 각 행의 값을 더하면 NULL과의 사칙연산 결과는 NULL이므로, 3번째 행과 4번째 행의 값은 NULL이 된다.

정답 : ①

06

널(NULL)

널(NULL)은 값이 없거나 정해지지 않은 것을 의미한다. 오라클 데이터베이스는 널과 빈 문자('')을 동일하게 처리한다. 널은 널 조건(IS NULL, IS NOT NULL)을 통해서만 비교가 가능하다. IS NULL 조건은 비교 대상 칼럼/표현식의 값이 NULL일 때 TRUE를 반환한다. IS NOT NULL 조건은 비교 대상 칼럼/표현식의 값이 NULL이 아닐 때 TRUE를 반환한다.

풀이

고객예치금 테이블에서 예치금액 칼럼과 적립포인트 칼럼은 모두 NULL 허용 칼럼이므로 저장된 데이터 중 NULL이 존재할 수 있다. NULL과의 사칙 연산 결과는 항상 NULL이므로 연산 결과를 NULL로 만들지 않으려면 NULL 허용 칼럼에 NVL 함수를 적용하여 NULL을 치환한 후 연산을 수행해야 한다.

문제 SQL의 WHERE 절 조건은 적립포인트 칼럼에만 NVL 함수를 적용하였다. 따라서, 예치금액 칼럼 값이 NULL인 행에 대해서는 예치금액 + NVL (적립포인트, 0) 연산 결과 값이 NULL이 되고, 조건 결과는 UNKNOWN이 되므로 최종 결과에서 제외된다.

정답 : ③

07

조건 우선순위

조건은 아래의 우선순위에 따라 평가된다.

우선순위	조건
1	연산자
2	비교 조건 (=, <>, >, <, >=, <=)
3	IN 조건, LIKE 조건, BETWEEN 조건, 널 조건
4	논리 조건 (NOT)
5	논리 조건 (AND)
6	논리 조건 (OR)

풀이

조건 간 우선순위에 따라 AND 논리 조건이 OR 논리 조건보다 먼저 평가된다. 따라서, 문제 SQL의 WHERE 절 조건은 C1 >= 4 조건을 만족하거나, C2 IN ('A', 'B') 조건과 C3 NOT BETWEEN 1000 AND 2000 조건을 동시에 만족하는 행들에 대해 TRUE를 반환한다.

괄호를 통해 문제 SQL의 조건 간 우선 순위를 나타내면 아래와 같다.

```
SELECT SUM (C3) AS R1
  FROM T1
 WHERE C1 >= 4
    OR (     C2 IN ('A', 'B')
         AND C3 NOT BETWEEN 1000 AND 2000);
```

정답 : ③

08

AVG 함수

AVG 함수는 expr의 평균 값을 반환한다.

```
AVG ([DISTINCT | ALL] expr)
```

이때 값이 NULL인 데이터는 연산 대상에서 제외된다. 예를 들어 100, 200, NULL, NULL, 300이 저장된 C1 칼럼에 대해 AVG (C1) 값을 구하면 NULL을 제외한 3개 값의(100, 200, 300) 평균 값인 200이 반환된다. 이 특징은 COUNT, SUM, MIN, MAX 등 다른 집계함수에도 똑같이 적용된다.

풀이

집계함수의 인자 값 내에 수식이나 가공이 존재하면, 이는 집계함수 수행 전에 행 단위로 먼저 수행된다. 따라서 T1 테이블의 각 행에 대해 C1 + C2 값을 구하면 아래와 같다.

```
SELECT C1 + C2 AS R1 FROM T1;
```

R1
3000
NULL
7000
NULL
2000

위 결과 중 2번째, 4번째 행은 C1, C2 값 중에 NULL이 존재하여 두 값을 더한 결과가 NULL이 된다. AVG 함수는 NULL을 제외한 인자 값에 대해 평균 값을 반환하므로, 최종 결과 값은 (3000 + 7000 + 2000) / 3 = 4000이다.

정답 : ④

09

풀이

T1 테이블의 C1, C2 칼럼은 모두 문자 데이터 타입(VARCHAR2) 칼럼이다. MIN (C1)은 C1 칼럼 값들('12400', '930', '4670', '2340') 중 최저 값을 반환하므로 맨 왼쪽 문자가 '1'로 시작하는 '12400'이 반환된다. 반면, MAX (TO_NUMBER (C2))는 인자 값인 C2 칼럼에 TO_NUMBER 함수를 적용하여 문자 값을 숫자 값으로 변환했다. C2 칼럼의 각 행의 값을 숫자 값으로 변환하면 125, 21000, 920, 4700이 된다. 여기에 MAX 함수를 적용하여 최대 값을 구하면, 값의 크기가 가장 큰 21000이 반환된다. SQL의 최종 결과 값은 '12400', 21000이다.

정답 : ④

10

HAVING 절

HAVING 절을 사용하면 조회할 행 그룹을 선택할 수 있다. WHERE 절과 유사하게 동작한다.

```
HAVING condition
```

풀이

우선 WHERE 절 조건에 의해 C1 <= 4 조건을 만족하는 행을 추출한다. 그 후 GROUP BY 절에 의해 C2 값이 같은 행들이 하나의 그룹으로 그룹핑(grouping)된다. 각 그룹에 대해 HAVING 절 조건에 사용된 AVG (C3) 값을 구한 결과는 다음과 같다.

```
SELECT C2, AVG (C3) AS R1
  FROM T1
 WHERE C1 <= 4
 GROUP BY C2;
```

C2	R1
A	3000
B	1500

HAVING 절은 조건을 만족하는 행 그룹만 선택하므로, AVG (C3) >= 2000 조건을 만족하는 그룹은 C2 값이 'A'인 그룹이다.

문제 SQL은 아래 SQL과 정확히 같은 의미를 갖고, 실제 실행방식도 같다.

```
SELECT *
  FROM (SELECT C2, AVG (C3) AS R1
          FROM T1
         WHERE C1 <= 4
         GROUP BY C2)
 WHERE R1 >= 2000;
```

정답 : ②

11

풀이

SELECT 절에 지정한 열 별칭(Column Alias)은 ORDER BY 절에서 정렬 기준으로 사용할 수 있다. 만약 열 별칭이 칼럼명과 동일하다면, 열 별칭의 우선 순위가 더 높다. 열 별칭이 아니라 원래 칼럼 값으로 정렬하고 싶다면, 테이블 별칭(Table Alias)을 통해 칼럼을 한정해야 한다.

① ORDER BY 절에 기술한 A.C2 DESC, A.C1 DESC에서 A.C2, A.C1은 모두 테이블 별칭으로 한정한 칼럼이다. 따라서 T1 테이블에 저장된 C2, C1 칼럼 값을 기준으로 정렬된다.

② ORDER BY 절에 기술한 C2 DESC, A.C1에서 C2는 SELECT 절의 CASE 표현식에 대한 열 별칭이고, A.C1은 T1 테이블의 C1 칼럼이다.

③ ORDER BY 절에 기술한 A.C2 DESC, C1 DESC에서 A.C2는 T1 테이블의 C2 칼럼이고, C1은 SELECT 절의 첫번째 열에 대한 별칭이다.

④ ORDER BY 절에 기술한 C2 DESC, C1에서 C2, C1은 모두 SELECT 절에 지정한 열 별칭이다.

정답 : ②

12

등가 조인

등가 조인(equijoin)은 조인 조건이 모두 등호(=)인 조인이다. 값이 동일한 경우에만 행이 반환된다.

풀이

문제 SQL은 영업고객과 조직 테이블을 (담당)조직ID 칼럼을 기준으로 등가 조인한다. 단, 영업고객 테이블의 담당조직ID 칼럼을 DECODE 함수로 가공한 후 조인하도록 조인 조건을 기술했다. 따라서 영업고객 테이블의 담당조직ID 값이 조직 테이블의 조직ID 값과 같은 행을 연결하되, 고객구분코드가 'B1'인 고객은 조직 테이블의 '0tjq'(강남본점) 행과 연결한다. 조인의 결과는 아래와 같다.

```
SELECT *
  FROM 영업고객 A, 조직 B
 WHERE B.조직ID = DECODE (A.고객구분코드, 'B1', '0tjq', A.담당조직ID)
 ORDER BY A.고객번호;
```

고객번호	고객구분코드	담당조직ID	조직ID	조직명
1	A1	0tjq	0tjq	강남 본점
2	A1	wzqf	wzqf	영등포 지점
3	A1	wzqf	wzqf	영등포 지점
4	B1	m1gk	0tjq	강남 본점
5	B1		0tjq	강남 본점

아래처럼 단순히 조직ID를 기준으로 등가 조인한 SQL과 결과가 다름을 알 수 있다.

```
SELECT *
  FROM 영업고객 A, 조직 B
 WHERE B.조직ID = A.담당조직ID
 ORDER BY A.고객번호;
```

고객번호	고객구분코드	담당조직ID	조직ID	조직명
1	A1	0tjq	0tjq	강남 본점
2	A1	wzqf	wzqf	영등포 지점
3	A1	wzqf	wzqf	영등포 지점
4	B1	m1gk	m1gk	신촌 지점

정답 : ④

13

INNER JOIN 절

INNER JOIN 절은 이너 조인을 수행한다. ON 절에 조인 조건을 기술하며, 일반 조건은 WHERE 절에 기술할 수 있다. 조인 조건과 일반 조건이 분리되어 가독성이 향상될 수 있다.

풀이

문제 SQL은 오라클 조인 문법을 사용했고, 보기 SQL들은 ANSI 표준 조인 문법을 사용했다. 오라클 조인 문법에서는 이너 쪽 테이블에 대한 모든 조건절에 (+) 기호를 붙임으로써 아우터 조인을 표현한다. 문제 SQL은 B.C1(+) = A.C1 조건에는 (+) 기호를 붙였지만 B.C2 <= 2 조건에는 (+) 기호를 누락해 결국 OUTER JOIN이 아닌 INNER JOIN으로 수행된다.

아우터 조인을 수행하려면, 아래와 같이 T2 테이블 쪽 칼럼에 모두 (+) 기호를 기술해야 한다.

```
SELECT *
  FROM T1 A, T2 B
 WHERE A.C2 IN ('B', 'C')
   AND B.C1(+) = A.C1
   AND B.C2(+) <= 2;
```

정답 : ①

14

USING 절

USING 절은 지정한 열로 테이블을 등가 조인한다. 지정한 열은 조인할 테이블에 동일한 이름으로 존재해야 한다.

풀이

USING 절을 사용하면 USING 절에 지정한 칼럼을 기준으로 두 테이블을 등가 조인(EQUIJOIN)한다. 또한, USING 절에 기술하는 칼럼은 양쪽 테이블에 모두 존재해야 하며, 칼럼명이 동일해야 한다. (일단 C3 칼럼은 USING 절에 기술할 수 없다.) T2 테이블에서 B.C3 >= 200 조건을 만족하는 행을 기준으로 아우터 조인을 수행했을 때 문제의 결과 집합이 출력되기 위해서는 C2 칼럼을 기준으로 조인해야 한다.

정답 : ②

15 풀이

문제의 1번 SQL은 스칼라 서브쿼리(Scalar Subquery) 문법을 사용하여 고객 별로 주문합계금액을 구하는 SQL이다. 스칼라 서브쿼리의 결과 건이 0건이더라도 메인 집합의 건수에는 영향을 미치지 않는다. 즉, 주문 테이블에 해당 고객의 주문 건이 없더라도 고객 테이블에서 고객번호 IN (3, 4) 조건을 만족하는 모든 고객에 대해 고객번호와 주문합계금액이 출력된다. 단, 주문 테이블에 해당 고객의 주문 건이 없으면 스칼라 서브쿼리는 NULL을 반환한다. 1번 SQL의 실행 결과는 아래와 같다.

```
SELECT A.고객번호
     , (SELECT SUM (X.주문금액)
          FROM 주문 X
         WHERE X.고객번호 = A.고객번호) AS 주문합계금액
  FROM 고객 A
 WHERE A.고객번호 IN (3, 4);
```

고객번호	주문합계금액
3	14000
4	NULL

2번 SQL이 위와 동일한 결과를 출력하기 위해서는 고객 테이블을 아우터 집합으로 아우터 조인을 수행해야 한다. 따라서 ㉠에 들어갈 구문은 'LEFT OUTER JOIN'이다. 또한, 조인을 수행한 후에 SUM 함수로 고객 별 주문합계금액을 구해야 하므로 행을 그룹핑할 수 있는 GROUP BY 절이 필요하다. ㉡에 들어갈 구문은 'GROUP BY A.고객번호'다.

정답 : ①

16 풀이

아래 쿼리 결과에서 COUNT(A.고객번호) 값을 구하면 3이 되고, COUNT(B.주문번호) 값을 구하면 NULL을 제외한 개수인 2가 된다.

```
SELECT A.고객번호, A.고객명, B.주문번호, B.주문금액
  FROM 고객 A LEFT OUTER JOIN 주문 B
    ON A.고객번호 = B.고객번호
 WHERE A.고객명 LIKE '김%'
```

고객번호	고객명	주문번호	주문금액
1	김대원	2001	4000
1	김대원	2002	9000
4	김경진	NULL	NULL

①번 쿼리는 아래와 같은 결과를 반환한다.

```
SELECT COUNT(A.고객번호) AS 고객수, COUNT(B.주문번호) AS 주문수
  FROM 고객 A LEFT OUTER JOIN 주문 B
    ON (CASE WHEN A.고객명 LIKE '김%' THEN A.고객번호 END) = B.고객번호
```

정답 : ①

17 풀이

아래 쿼리 결과에서 COUNT(A.고객번호) 값을 구하면 4가 되고, COUNT(B.주문번호) 값을 구하면 NULL을 제외한 개수인 2가 된다.

```
SELECT A.고객번호, A.고객명, B.주문번호, B.주문금액
  FROM 고객 A LEFT OUTER JOIN 주문 B
    ON A.고객번호 = B.고객번호 AND B.주문금액 >= 9000
```

고객번호	고객명	주문번호	주문금액
1	김대원	2002	9000
2	노영미	NULL	NULL
3	박하연	2006	9000
4	김경진	NULL	NULL

Oracle 스타일 Outer Join에서 ①번처럼 이너 집합 조건절에 Outer Sign(+)을 누락하면 Inner Join과 같은 결과를 반환한다.
ANSI 스타일 Outer Join에서 ③번처럼 이너 집합에 대한 필터 조건을 WHERE절에 기술하면 Inner Join과 같은 결과를 반환한다.

정답 : ②

18 풀이

문제 쿼리는 Left Outer Join에 실패한 아우터 집합을 출력하는 쿼리다. 즉, 주문이 없는 고객을 출력하는 쿼리다. IS NULL 조건에는 이너 쪽 테이블에서 NULL 값을 허용하지 않는 어떤 컬럼을 써도 상관 없다. ①번은 그래서 문제 쿼리와 결과가 같다.
②번은 문제 쿼리의 Oracle식 표현이다.
③번은 문제 쿼리와 같은 결과를 얻기 위해 Not Exists 서브쿼리를 사용했다. Not Exists는 서브쿼리에서 반환하는 데이터가 있으면 FALSE, 없으면 TRUE를 반환한다.
④번처럼 NOT EXISTS 서브쿼리에 COUNT 함수를 사용하면, 서브쿼리가 항상 결과를 반환한다. 조인에 성공하는 데이터가 없어도 0을 반환하기 때문이다. 따라서 NOT EXISTS 서브쿼리에 COUNT 함수를 사용하면 메인 쿼리는 항상 공집합이 된다.

정답 : ④

NOTE

CHAPTER

02

SQL 활용

CHAPTER 02

SQL 활용

1 서브 쿼리

01 다음 중 에러가 발생할 수 있는 SQL을 고르시오.

아 래

[EMP 테이블]

```
CREATE TABLE EMP (
    EMPNO    NUMBER(4) NOT NULL
  , HIREDATE DATE
  , SAL      NUMBER(7,2)
  , CONSTRAINT PK_EMP PRIMARY KEY (EMPNO));
```

①
```
SELECT *
  FROM EMP
 WHERE SAL > (SELECT SAL FROM EMP WHERE EMPNO = 7369);
```

②
```
SELECT *
  FROM EMP
 WHERE SAL > (SELECT AVG (SAL) FROM EMP);
```

③
```
SELECT *
  FROM EMP
 WHERE SAL > (SELECT SAL
                FROM (SELECT SAL FROM EMP ORDER BY HIREDATE DESC)
               WHERE ROWNUM = 1);
```

④
```
SELECT *
  FROM EMP
 WHERE SAL > (SELECT SAL
                FROM (SELECT SAL, RANK () OVER (ORDER BY SAL DESC) AS RK
                        FROM EMP
                       WHERE SAL < 1300)
               WHERE RK = 1);
```

단일 행 서브 쿼리

선택지의 서브 쿼리는 결과를 비교 연산자(=, <, >, <=, =>, <>)로 비교했다. 이런 유형의 서브 쿼리를 단일 행 서브 쿼리라고 한다. 단일 행 서브 쿼리에서 1행 이상의 결과가 반환되면 에러가 발생한다.

풀이

① PK인 EMPNO를 등호(=)로 조회했으므로 단일 행이 반환되어 에러가 발생하지 않는다.

② AVG 집계 함수를 사용했으므로 단일 행이 반환되어 에러가 발생하지 않는다.

③ ROWNUM = 1 조건에 의해 단일 행이 반환되어 에러가 발생하지 않는다.

④ RANK 분석 함수는 동일 순위를 허용하므로 서브 쿼리에서 다중 행이 반환될 수 있다. 이로 인해 "ORA-01427: 단일 행 하위 질의에 2개 이상의 행이 리턴되었습니다." 에러가 발생한다.

정답 : ④

02 다음 중 아래 SQL의 결과를 고르시오.

아 래

[T1 테이블]

C1
1
2
3

[T2 테이블]

C1
1
2

[SQL]

```
SELECT COUNT (*) FROM T1 A WHERE EXISTS (SELECT 1 FROM T2 X WHERE X.C1 = C1);
```

① 0

② 1

③ 2

④ 3

풀이

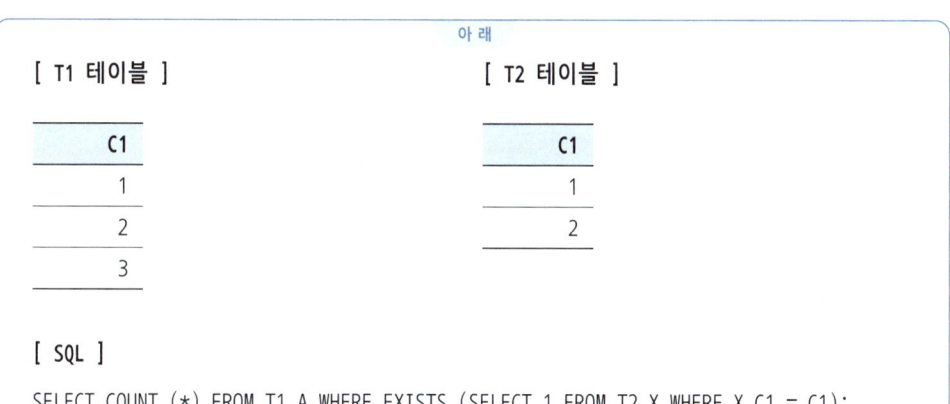

상관 서브 쿼리의 칼럼을 테이블 별칭으로 한정하지 않으면 서브 쿼리 테이블의 칼럼을 우선적으로 검색한다. 문제 SQL은 아래와 같이 해석된다.

```
SELECT COUNT (*) FROM T1 A WHERE EXISTS (SELECT 1 FROM T2 X WHERE X.C1 = X.C1);
```

X.C1 = X.C1 조건은 항상 TRUE이므로 T1 테이블의 전체 행이 반환되어 결과는 3이다.

정답 : ④

03 아래 1번, 2번 SQL은 결과가 항상 동일하다. 2번 SQL의 빈칸 ㉠에 들어갈 분석 함수를 고르시오.

아 래

[1번 SQL]

```
SELECT EMPNO, ENAME, SAL, DEPTNO
  FROM EMP
 WHERE (DEPTNO, SAL) IN (SELECT DEPTNO, MAX (SAL)
                           FROM EMP
                          GROUP BY DEPTNO)
ORDER BY DEPTNO, SAL DESC;
```

[2번 SQL]

```
SELECT EMPNO, ENAME, SAL, DEPTNO
  FROM (SELECT A.*
             , [    ㉠    ] OVER (PARTITION BY DEPTNO ORDER BY SAL DESC) AS RK
          FROM EMP A)
 WHERE RK = 1;
```

① COUNT(*)

② MAX(SAL)

③ RANK()

④ ROW_NUMBER()

풀이

아래는 SQL의 수행 결과다. 1번 SQL은 부서별로 SAL가 최대인 행을 조회하기 위해 EMP 테이블을 2번 조회했다. 2번 쿼리는 EMP 테이블의 조회 횟수를 줄이기 위해 분석 함수를 사용했다. SAL의 중복 순위를 허용해야 하므로 RANK 함수나 DENSE_RANK 함수를 사용해야 한다.

```
EMPNO ENAME  SAL DEPTNO
----- ----- ---- ------
 7839 KING  5000     10
 7788 SCOTT 3000     20 -- 중복 순위
 7902 FORD  3000     20 -- 중복 순위
 7698 BLAKE 2850     30

4 행이 선택되었습니다.
```

정답 : ③

04 다음 중 아래 SQL의 수행 결과를 고르시오.

아 래

[DEPT 테이블]

DEPTNO	DNAME
10	ACCOUNTING
20	RESEARCH
30	SALES
40	OPERATIONS

[EMP 테이블]

EMPNO	ENAME	SAL	DEPTNO
7369	SMITH	800	20
7566	JONES	2975	20
7788	SCOTT	3000	20
7876	ADAMS	1100	20
7902	FORD	3000	20

[SQL]

```
SELECT TO_NUMBER (SUBSTR (SAL_ENAME, 1, 4)) AS SAL
     , SUBSTR (SAL_ENAME, 5) AS ENAME
  FROM (SELECT (SELECT MAX (LPAD (SAL, 4, '0') || ENAME)
                  FROM EMP X
                 WHERE X.DEPTNO = A.DEPTNO) AS SAL_ENAME
          FROM DEPT A
         WHERE A.DEPTNO = 20);
```

① 800, SMITH

② 2975, JONES

③ 3000, SCOTT

④ 1100, ADAMS

풀이

스칼라 서브 쿼리는 단일 열만 반환할 수 있다. 여러 열을 반환하려면 값을 결합한 후 다시 분리하는 방식을 사용해야 한다. SAL 칼럼에 LPAD 함수를 사용했으므로 아래 값으로 집계가 수행된다. 최대값이 '3000SCOTT'이므로 3000, SCOTT이 반환된다.

EMPNO	LPAD (SAL, 4, '0') || ENAME
7369	0800SMITH
7566	2975JONES
7788	**3000SCOTT**
7876	1100ADAMS
7902	3000FORD

정답 : ③

05

아래 1번, 2번 SQL은 결과가 항상 동일하다. 2번 SQL의 빈칸 ㉠에 들어갈 조인 조건을 고르시오.

아 래

[1번 SQL]

```
SELECT A.DEPTNO, A.DNAME
     , (SELECT MAX (X.SAL ) FROM EMP X WHERE X.DEPTNO = A.DEPTNO) AS SAL
     , (SELECT MAX (X.COMM) FROM EMP X WHERE X.DEPTNO = A.DEPTNO) AS COMM
  FROM DEPT A;
```

[2번 SQL]

```
SELECT A.DEPTNO, A.DNAME, B.SAL, B.COMM
  FROM DEPT A
     , (SELECT DEPTNO, MAX (SAL) AS SAL, MAX (COMM) AS COMM
          FROM EMP
         GROUP BY DEPTNO) B
 WHERE [    ㉠    ];
```

① A.DEPTNO = B.DEPTNO

② A.DEPTNO(+) = B.DEPTNO

③ B.DEPTNO(+) = A.DEPTNO

④ A.DEPTNO LEFT OUTER JOIN B.DEPTNO

풀이

1번 SQL은 SAL와 COMM의 부서별 최대 값을 계산하기 위해 스칼라 서브 쿼리로 EMP 테이블을 2번 조회했다. 2번 쿼리는 EMP 테이블의 조회 횟수를 줄이기 위해 1번 쿼리의 스칼라 서브 쿼리를 인라인 뷰로 변경했다. 이런 경우 메인 쿼리를 기준으로 인라인 뷰를 아우터 조인해야 동일한 결과를 보장할 수 있다. 다만, DEPT에 입력된 모든 DEPTNO가 EMP 테이블과 조인할 때 적어도 한 건 이상 성공하는 필수(mandatory) 관계라면, 스칼라 서브 쿼리를 인라인 뷰로 전환하면서 이너 조인을 사용해도 된다.

정답 : ③

2 집합 연산자

06 아래 SQL의 수행 결과를 고르시오.

아 래

[T1 테이블]

C1
1
2
3

[T2 테이블]

C1
1
4

[T3 테이블]

C1
2
3

[쿼리]

```
SELECT COUNT (*) AS CNT
  FROM (SELECT C1 FROM T1
        UNION
        SELECT C1 FROM T2
        MINUS
        SELECT C1 FROM T3);
```

① 1

② 2

③ 3

④ 4

집합 연산자

- UNION ALL은 위아래 두 집합의 합집합을 반환한다.
- UNION은 위아래 두 집합의 합집합에서 중복을 제거한 고유한 집합을 반환한다.
- MINUS는 위쪽 집합에서 아래쪽 집합을 제외한 차집합을 반환한다.
- INTERSECT는 위쪽과 아래쪽 집합의 교집합을 반환한다.

풀이

집합 연산자는 기술 순서대로 수행된다. UNION 결과는 1, 2, 3, 4이고, MINUS 결과는 1, 4다.

정답 : ②

07 아래 SQL의 수행 결과에서 빈칸 ㉠, ㉡에 들어갈 값을 고르시오.

아 래

[T1 테이블]

C1	C2
A	1
A	1
B	1

[T2 테이블]

C1	C3
B	1
C	1
C	1

[SQL]

```
SELECT   C1, SUM (C2) AS C2, SUM (C3) AS C3
    FROM (SELECT C1, C2, NULL AS C3 FROM T1
          UNION ALL
          SELECT C1, NULL AS C2, C3 FROM T2)
GROUP BY C1
ORDER BY C1;
```

[결과]

C1	C2	C3
A		
B	㉠	㉡
C		

① ㉠ : 1, ㉡ : 1

② ㉠ : 1, ㉡ : 2

③ ㉠ : 2, ㉡ : 1

④ ㉠ : 2, ㉡ : 2

풀이

문제 SQL은 UNION ALL 연산자로 T1, T2 테이블을 연결한 후 GROUP BY절로 집계했다. 아래의 좌측 표는 집계 전, 우측 표는 집계 후 결과다.

[집계 전]

C1	C2	C3
A	1	
A	1	
B	1	
B		1
C		1
C		1

[집계 후]

C1	C2	C3
A	2	
B	1	1
C		2

정답 : ①

08 아래 1, 2번 SQL은 수행 결과가 동일하다. 빈칸 ㉠에 들어갈 집합 연산자를 고르시오.

아 래

[T1 테이블]

C1
1
1
2

[T2 테이블]

C1
2
3

[1번 쿼리]

```
SELECT C1 FROM T1
      ㉠
SELECT C1 FROM T2;
```

[2번 쿼리]

```
SELECT DISTINCT
       A.C1
  FROM T1 A
 WHERE NOT EXISTS (SELECT 1
                     FROM T2 X
                    WHERE X.C1 = A.C1);
```

① UNION ALL

② UNION

③ MINUS

④ INTERSECT

풀이

소트 부하를 해소하기 위해 MINUS 연산자를 NOT EXISTS 서브 쿼리로 변경할 수 있다. MINUS 연산은 차집합을 구할 뿐만 아니라 중복 값도 제거하므로 NOT EXISTS를 사용한 2번 쿼리에서도 같은 결과를 얻으려면 DISTINCT 키워드를 함께 사용해야 한다.

정답 : ③

09 아래 1, 2번 SQL은 수행 결과가 동일하다. 빈칸 ㉠에 들어갈 집합 연산자를 기술하시오.

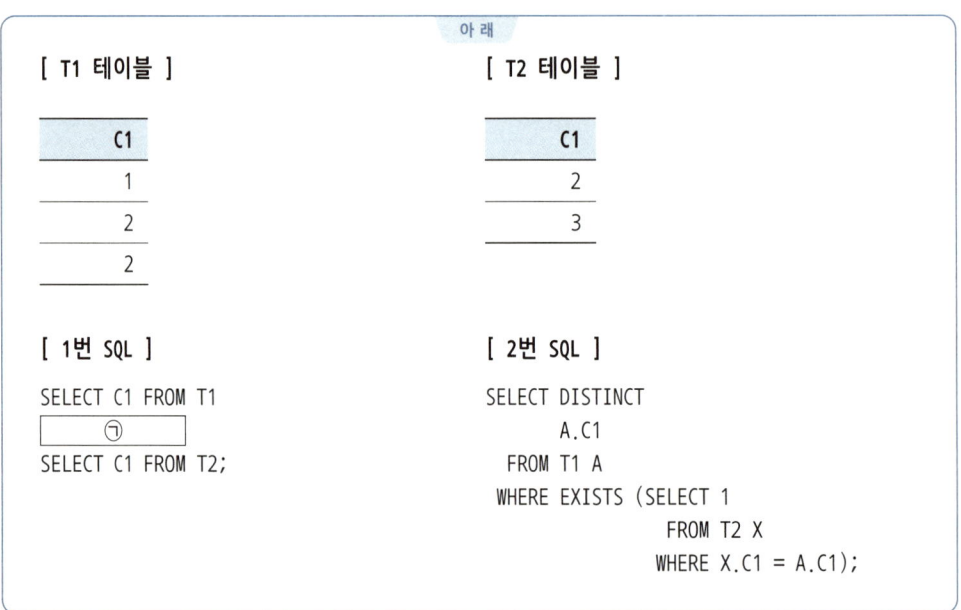

아 래

[T1 테이블]

C1
1
2
2

[T2 테이블]

C1
2
3

[1번 SQL]

```
SELECT C1 FROM T1
      ㉠
SELECT C1 FROM T2;
```

[2번 SQL]

```
SELECT DISTINCT
       A.C1
  FROM T1 A
 WHERE EXISTS (SELECT 1
                 FROM T2 X
                WHERE X.C1 = A.C1);
```

① UNION ALL

② UNION

③ MINUS

④ INTERSECT

풀이

소트 부하를 해소하기 위해 INTERSECT 연산자를 EXISTS 서브 쿼리로 변경할 수 있다. INTERSECT 연산은 교집합을 구할 뿐만 아니라 중복 값도 제거하므로 EXISTS를 사용한 2번 쿼리에서도 같은 결과를 얻으려면 DISTINCT 키워드를 함께 사용해야 한다.

정답 : ④

3 그룹 함수

10 아래 SQL의 빈칸 ㉠에 들어갈 표현식을 고르시오.

아 래

[T1 테이블]

C1	C2	C3
A	2050-01-01	1
A	2050-01-02	1
B	2050-01-01	1
B	2050-01-02	1
C	2050-01-01	1
C	2050-01-02	1

[SQL]

```
SELECT C1, C2, SUM (C3) AS C3
  FROM T1
 GROUP BY ROLLUP ( ㉠ );
```

[결과]

```
C1 C2         C3
-- ---------- --
 A 2050-01-01  1
 B 2050-01-01  1
 C 2050-01-01  1
   2050-01-01  3
 A 2050-01-02  1
 B 2050-01-02  1
 C 2050-01-02  1
   2050-01-02  3
               6

9 행이 선택되었습니다.
```

① C1

② C2

③ C1, C2

④ C2, C1

풀이

ROLLUP은 지정한 표현식의 계층별 소계와 총계를 집계한다. 칼럼을 뒤쪽부터 하나씩 제거하는 방식이다. ROLLUP (C1, C2)는 (C1, C2), C1, ()로 집계된다. 선택지의 그룹 함수는 아래와 같이 동작한다. (C1, C2)는 C1, C2의 소계, ()는 총계를 의미한다. 출력된 결과집합을 보면 (C2, C1), C2, ()로 집계했다.

① C1, ()

② C2, ()

③ (C1, C2), (C1), ()

④ (C2, C1), (C2), ()

정답 : ④

11 아래 쿼리의 빈칸 ㉠에 들어갈 표현식을 고르시오.

아래

[T1 테이블]

C1	C2	C3
A	2050-01-01	1
A	2050-01-02	1
B	2050-01-01	1
B	2050-01-02	1
C	2050-01-01	1
C	2050-01-02	1

[SQL]

```
SELECT C1
     , C2
     , SUM (C3) AS C3
 FROM T1
GROUP BY [ ㉠ ];
```

[결과]

```
C1 C2         C3
-- ---------- --
               6
   2050-01-01  3
   2050-01-02  3
A              2
A  2050-01-01  1
A  2050-01-02  1
B              2
B  2050-01-01  1
B  2050-01-02  1
C              2
C  2050-01-01  1
C  2050-01-02  1

12 행이 선택되었습니다.
```

① ROLLUP (C1)

② ROLLUP (C1, C2)

③ CUBE (C1)

④ CUBE (C1, C2)

풀이

CUBE는 지정한 표현식의 모든 조합을 집계한다. 결과는 C1, C2의 모든 조합인 (C1, C2), C1, C2, ()를 집계했다.

정답 : ④

12 아래 SQL의 빈칸 ㉠에 들어갈 표현식을 고르시오.

아 래

[T1 테이블]

C1	C2	C3
A	2050-01-01	1
A	2050-01-02	1
B	2050-01-01	1
B	2050-01-02	1
C	2050-01-01	1
C	2050-01-02	1

[SQL]

```
SELECT C1
     , C2
     , SUM (C3) AS C3
  FROM T1
 GROUP BY GROUPING SETS ( ㉠ );
```

[결과]

```
C1 C2         C3
-- ---------- --
A  2050-01-01  1
A  2050-01-02  1
A              2
B  2050-01-01  1
B  2050-01-02  1
B              2
C  2050-01-01  1
C  2050-01-02  1
C              2

9 행이 선택되었습니다.
```

① (C1, C2)

② (C1, C2), C1

③ (C1, C2), C2

④ (C1, C2), ()

풀이

GROUPING SETS은 지정한 행 그룹으로 행을 집계한다. (C1, C2), C1으로 집계한 결과다.

정답 : ②

13 아래 SQL의 빈칸 ㉠에 들어갈 표현식을 고르시오.

아 래

[T1 테이블]

C1	C2	C3
A	2050-01-01	1
A	2050-01-02	1
B	2050-01-01	1
B	2050-01-02	1
C	2050-01-01	1
C	2050-01-02	1

[SQL]

```
SELECT C1
     , C2
     , SUM (C3) AS C3
  FROM T1
 GROUP BY ROLLUP ( ㉠ );
```

[결과]

```
C1 C2         C3
-- ---------- --
A  2050-01-01  1
A  2050-01-02  1
B  2050-01-01  1
B  2050-01-02  1
C  2050-01-01  1
C  2050-01-02  1
               6

7 행이 선택되었습니다.
```

① C1

② C2

③ C1, C2

④ (C1, C2)

풀이

그룹 함수에서 괄호를 조합 열이라고 한다. 조합 열은 하나의 단위로 처리된다. 선택지의 그룹 함수는 아래와 같이 동작한다. 결과에서 (C1, C2)는 C1, C2의 소계, ()는 총계를 의미한다. 결과는 T1 테이블을 (C1, C2), ()로 집계했다.

① (C1), ()

② (C2), ()

③ (C1, C2), (C1), ()

④ (C1, C2), ()

정답 : ④

4 윈도우 함수

14 아래 SQL의 빈칸 ㉠에 들어갈 분석 함수를 고르시오.

아 래

[SQL]

```
SELECT EMPNO, ENAME, SAL, [ ㉠ ] () OVER (ORDER BY SAL) AS C1
  FROM EMP
 WHERE DEPTNO = 30;

EMPNO ENAME   SAL C1
----- ------ ---- --
 7900 JAMES   950  1
 7521 WARD   1250  2
 7654 MARTIN 1250  2
 7844 TURNER 1500  4
 7499 ALLEN  1600  5
 7698 BLAKE  2850  6

6 행이 선택되었습니다.
```

① RANK

② DENSE_RANK

③ PERCENT_RANK

④ ROW_NUMBER

RANK 함수

RANK 함수는 이어진 ORDER BY 절(order_by_clause)에 따른 순위를 반환한다. 정렬 값이 동일하면 동순위를 부여하고, 다음 순위는 동순위의 수만큼 건너뛴다.

```
RANK () OVER ([query_partition_clause] order_by_clause)
```

풀이

결과의 SAL가 동일한 WARD, MARTIN에 동순위인 2위가 부여되었고, 다음 순위인 TURNER에 동순위의 수를 건너뛴 4위가 부여되었으므로 RANK 함수를 사용한 것을 알 수 있다.

```
SELECT EMPNO, ENAME, SAL, RANK () OVER (ORDER BY SAL) AS C1
  FROM EMP
 WHERE DEPTNO = 30;

EMPNO ENAME   SAL C1
----- ------ ---- --
 7900 JAMES   950  1
 7521 WARD   1250  2 -- 동순위를 부여
 7654 MARTIN 1250  2
 7844 TURNER 1500  4 -- 다음 순위를 동순위의 수만큼 건너뜀
 7499 ALLEN  1600  5
 7698 BLAKE  2850  6

6 행이 선택되었습니다.
```

정답 : ①

15 아래 SQL 수행 결과의 빈칸 ㉠에 들어갈 값을 고르시오.

아 래

[SQL]

```
SELECT EMPNO, ENAME, SAL, SUM (SAL) OVER (ORDER BY SAL) AS C1
  FROM EMP
 WHERE DEPTNO = 20;
```

[결과]

EMPNO	ENAME	SAL	C1
7369	SMITH	800	
7876	ADAMS	1100	
7566	JONES	2975	
7788	SCOTT	3000	㉠
7902	FORD	3000	

① 3000

② 5975

③ 7875

④ 10875

SUM 함수

SUM 함수는 인자로 지정한 컬럼 또는 표현식(expr)의 합계 값을 반환한다. OVER 절에 ORDER BY를 기술하면 정렬 순서에 따라 각 행까지의 누적합을 집계하며, ORDER BY를 기술하지 않으면 전체합을 집계한다.

```
SUM ([DISTINCT | ALL] expr) OVER (analytic_clause)
```

풀이

문제 SQL의 OVER 절에 ORDER BY 절을 기술했기 때문이 누적합이 집계된다. WINDOWING 절의 기본값이 RANGE UNBOUNDED PRECEDING이므로 동일 값이 동일 윈도우로 처리되어 10875가 반환된다.
만약 SCOTT의 C2 값으로 7875가 출력되게 하려면, 'RANGE'를 'ROWS'로 변경하면 된다. WINDOW 절에서 'RANGE'는 논리적인 값의 범위를, 'ROWS'는 물리적인 결과 행의 수를 나타낸다.

```
SELECT EMPNO, ENAME, SAL
     , SUM (SAL) OVER (ORDER BY SAL) AS C1
     , SUM (SAL) OVER (ORDER BY SAL RANGE UNBOUNDED PRECEDING) AS C2
  FROM EMP
 WHERE DEPTNO = 20;

EMPNO ENAME  SAL    C1    C2
----- ----- ---- ----- -----
 7369 SMITH  800   800   800
 7876 ADAMS 1100  1900  1900
 7566 JONES 2975  4875  4875
 7788 SCOTT 3000 10875 10875 -- 800 + 1100 + 2975 + 3000 + 3000
 7902 FORD  3000 10875 10875

5 행이 선택되었습니다.
```

정답 : ④

16 아래 SQL 수행 결과의 빈칸 ㉠에 들어갈 값을 고르시오.

아 래

[SQL]

```
SELECT EMPNO, ENAME, SAL
     , COUNT (*) OVER (
           ORDER BY SAL RANGE BETWEEN 50 PRECEDING AND 100 FOLLOWING) AS C1
  FROM EMP
 WHERE DEPTNO = 20;
```

[결과]

EMPNO	ENAME	SAL	C1
7369	SMITH	800	
7876	ADAMS	1100	
7566	JONES	2975	
7788	SCOTT	3000	
7902	FORD	3000	㉠

① 1

② 2

③ 3

④ 4

COUNT 함수

COUNT 함수는 행 개수를 반환한다. OVER 절에 ORDER BY를 기술하면 정렬 순서에 따라 각 행까지의 누적 건수를 반환하며, ORDER BY를 기술하지 않으면 전체 건수를 반환한다.

```
COUNT ({* | [DISTINCT | ALL] expr}) OVER (analytic_clause)
```

풀이

문제 SQL의 RANGE BETWEEN 50 PRECEDING AND 100 FOLLOWING은 각 행의 SAL 값에서 50을 빼고 100을 더한 값을 윈도우로 지정하라는 의미다. 예를 들어, ㉠행(아래 결과집합에서 맨 마지막 행)은 3000에서 50을 뺀 2950과 100을 더한 3100이 윈도우 범위다. JONES, SCOTT, FORD의 SAL이 범위에 포함된다.

```
SELECT EMPNO, ENAME, SAL
     , COUNT (*) OVER (
           ORDER BY SAL RANGE BETWEEN 50 PRECEDING AND 100 FOLLOWING) AS C1
  FROM EMP
 WHERE DEPTNO = 20;

EMPNO ENAME  SAL C1
----- ----- ---- --
 7369 SMITH  800  1
 7876 ADAMS 1100  1
 7566 JONES 2975  3
 7788 SCOTT 3000  3
 7902 FORD  3000  3 -- 2950 ~ 3100 -> 2975, 3000, 3000

5 행이 선택되었습니다.
```

정답 : ③

5 Top N 쿼리

17 아래 SQL의 처리 순서를 고르시오.

아 래

```
[ SQL ]

SELECT EMPNO, ENAME, SAL, ROWNUM AS RN -- ㉠
  FROM EMP
 WHERE DEPTNO IN (20, 30)              -- ㉡
   AND ROWNUM <= 3                     -- ㉢
 ORDER BY SAL DESC                     -- ㉣
;

EMPNO ENAME  SAL RN
----- ----- ---- --
 7499 ALLEN 1600  2
 7521 WARD  1250  3
 7369 SMITH  800  1

3 행이 선택되었습니다.
```

① ㉠ → ㉡ → ㉢ → ㉣

② ㉡ → ㉢ → ㉣ → ㉠

③ ㉢ → ㉡ → ㉠ → ㉣

④ ㉡ → ㉢ → ㉠ → ㉣

SELECT 문의 처리 순서

SELECT 문은 ① FROM 절에 기술한 테이블에서 ② WHERE 조건을 만족하는 행을 대상으로 ③ SELECT 절 컬럼을 선택해서 ④ 맨 마지막에 ORDER BY 절에 나열한 컬럼 순으로 정렬을 수행한다. GROUP BY 를 포함한다면 WHERE 조건절 다음에 GROUP BY와 HAVING을 순서대로 처리한다. 정리하면 아래와 같다.

FROM -> WHERE -> GROUP BY -> HAVING -> SELECT -> ORDER BY

ROWNUM 슈도 칼럼은 행이 반환되는 순서대로 순번을 반환한다. 1부터 시작하고 행이 반환될 때마다 순번이 증가한다.

풀이

SAL 역순으로 정렬한 데이터 중 상위 3개 행을 선택하려면, SQL을 아래와 같이 작성해야 한다.

```
SELECT A.*, ROWNUM AS RN
  FROM (SELECT EMPNO, ENAME, SAL
          FROM EMP
         WHERE DEPTNO IN (20, 30)
         ORDER BY SAL DESC) A
 WHERE ROWNUM <= 3;

EMPNO ENAME  SAL RN
----- ----- ---- --
 7788 SCOTT 3000  1
 7902 FORD  3000  2
 7566 JONES 2975  3

3 행이 선택되었습니다.
```

문제 SQL은 조건절을 만족하는 데이터 중 읽힌 순서대로 3개 행을 선택해서 번호(RN)를 부여한 후 SAL 역순으로 정렬한 결과다. 아래 SQL 결과를 문제 SQL 결과와 비교해 보기 바란다.

```
SELECT EMPNO, ENAME, SAL, ROWNUM AS RN
  FROM EMP
 WHERE DEPTNO IN (20, 30)
   AND ROWNUM <= 3;

EMPNO ENAME  SAL RN
----- ----- ---- --
 7369 SMITH  800  1
 7499 ALLEN 1600  2
 7521 WARD  1250  3

3 행이 선택되었습니다.
```

정답 : ④

18 아래 SQL의 빈칸 ㉠, ㉡에 들어갈 값을 고르시오.

아 래

[SQL]

```
SELECT *
  FROM (SELECT A.*, ROWNUM AS RN
          FROM (SELECT EMPNO, ENAME, SAL
                  FROM EMP
                 ORDER BY SAL DESC) A
         WHERE ROWNUM <= [ ㉠ ])
 WHERE RN >= [ ㉡ ];

EMPNO ENAME   SAL RN
----- ------ ---- --
 7782 CLARK  2450  6
 7499 ALLEN  1600  7
 7844 TURNER 1500  8
 7934 MILLER 1300  9
 7521 WARD   1250 10

5 행이 선택되었습니다.
```

① ㉠ 5, ㉡ 10

② ㉠ 6, ㉡ 10

③ ㉠ 10, ㉡ 5

④ ㉠ 10, ㉡ 6

ROWNUM 슈도 칼럼

ROWNUM 슈도 칼럼은 행이 반환되는 순서대로 순번을 반환한다. 1부터 시작하고 행이 반환될 때마다 순번이 증가한다.

풀이

문제 SQL은 전형적인 페이징 쿼리다. 한 페이지에 5행을 기준으로 두 번째 페이지를 표시했다. 먼저 ROWNUM 슈도 칼럼으로 10행을 조회하고, 두 번째 페이지의 시작인 6행부터 조회하면 된다.

바인드 변수를 사용하는 경우 아래의 쿼리를 사용할 수 있다.

```
SELECT *
  FROM (SELECT A.*, ROWNUM AS RN
          FROM (SELECT EMPNO, ENAME, SAL
                  FROM EMP
                 ORDER BY SAL DESC) A
         WHERE ROWNUM <= :V_페이지행수 * :V_페이지번호) -- 5 * 2 = 10
 WHERE RN >= (:V_페이지행수 * (:V_페이지번호 - 1)) + 1  -- (5 * (2 - 1)) + 1 = 6
;
```

정답 : ④

19

SQL Server에서 아래 1, 2번 SQL은 수행 결과가 항상 동일하다. 빈칸 ㉠에 들어갈 분석 함수를 고르시오.

아 래

[1번 SQL]

```
SELECT TOP (4) WITH TIES
       *
  FROM EMP
 ORDER BY SAL DESC;
```

[2번 SQL]

```
SELECT *
  FROM (SELECT EMPNO, ENAME, SAL
             , [ ㉠ ] ()
               OVER (ORDER BY SAL DESC) AS RN
          FROM EMP)
 WHERE RN <= 4;
```

① RANK

② DENSE_RANK

③ PERCENT_RANK

④ ROW_NUMBER

TOP 절

아래는 SQL Server에서 사용할 수 있는 TOP 절의 구문이다.

```
TOP (expression) [PERCENT] [WITH TIES]
```

항목	설명
expression	반환할 행의 개수나 백분율을 지정
PERCENT	백분율만큼 행을 반환
WITH TIES	마지막 행에 대한 동순위를 포함해서 반환

풀이

TOP 절의 WITH TIES 절은 동순위를 RANK 분석 함수와 동일하게 처리한다.

정답 : ①

20 아래 SQL 중 수행 결과가 다른 것을 고르시오.

①
```
SELECT *
  FROM (SELECT A.EMPNO, A.ENAME, A.SAL
          FROM EMP A
         ORDER BY SAL DESC)
 WHERE ROWNUM <= 3;
```

②
```
SELECT TOP (3)
       EMPNO, ENAME, SAL
  FROM EMP
 ORDER BY SAL DESC;
```

③
```
SELECT EMPNO, ENAME, SAL
  FROM EMP
 ORDER BY SAL DESC OFFSET 3 ROWS;
```

④
```
SELECT EMPNO, ENAME, SAL
  FROM (SELECT EMPNO, ENAME, SAL
             , ROW_NUMBER () OVER (ORDER BY SAL DESC) AS RN
          FROM EMP)
 WHERE RN <= 3;
```

ROW LIMITING 절

아래는 ROW LIMITING 절의 구문이다. ROW LIMITING 절은 ORDER BY 절 다음에 기술하며, ORDER BY 절과 함께 수행된다. ROW와 ROWS는 구분하지 않아도 된다.

```
[OFFSET offset { ROW | ROWS }]
[FETCH { FIRST | NEXT } [{ rowcount | percent PERCENT }] { ROW | ROWS }
    { ONLY | WITH TIES }]
```

항목	설명
OFFSET offset	건너뛸 행의 개수를 지정
FETCH	반환할 행의 개수나 백분율을 지정
ONLY	지정된 행의 개수나 백분율만큼 행을 반환
WITH TIES	마지막 행에 대한 동순위를 포함해서 반환

풀이

1번, 2번, 4번 SQL은 결과가 동일하다. 3번 SQL은 아래와 같이 작성해야 한다. 정답은 3번이다.

```
SELECT EMPNO, ENAME, SAL
  FROM EMP
 ORDER BY SAL DESC FETCH FIRST 3 ROWS ONLY;
```

정답 : ③

21 아래 SQL의 빈칸 ㉠에 들어갈 조인 조건을 고르시오.

아 래

[EMP 테이블]

EMPNO	ENAME	MGR
7566	JONES	7839
7788	SCOTT	7566
7876	ADAMS	7788
7902	FORD	7566
7369	SMITH	7902

[SQL]

```
SELECT B.EMPNO, B.ENAME
  FROM EMP A, EMP B
 WHERE A.ENAME = 'JONES'
   AND [  ㉠  ];

EMPNO ENAME
----- -----
 7788 SCOTT
 7902 FORD

2 행이 선택되었습니다.
```

① A.EMPNO = B.MGR

② B.EMPNO = A.MGR

③ A.EMPNO = B.EMPNO

④ A.MGR = B.MGR

순환 관계 모델

한 테이블 내 레코드끼리 관계(relationship)을 갖는 데이터 모델을 순환 관계 모델이라고 한다. 문제의 EMP 테이블에서 EMPNO와 MGR 컬럼 값을 비교해 보면, 한 사원이 하나 이상의 사원을 관리할 수 있다는 사실을 알 수 있다. 예를 들어, 관리자(MGR)가 7839인 사원(EMP)은 사원번호(EMPNO)가 7566인 JONES 뿐이지만, 관리자가 7566인 사원은 사원번호 7788인 SCOTT과 사원번호 7902인 FORD 둘이다. 순환 관계 테이블은 셀프 조인을 통해 부모 노드나 자식 노드를 조회할 수 있다.

풀이

문제 SQL은 JONES의 자식 노드인 SCOTT, FORD를 순방향 조회했다. JONES의 EMPNO를 MGR로 가진 행을 조회해야 하므로 B.MGR = A.EMPNO 조인 조건을 기술해야 한다.

정답 : ①

22 아래 SQL의 빈칸 ㉠에 들어갈 조인 조건을 고르시오.

아 래

[EMP 테이블]

EMPNO	ENAME	MGR
7566	JONES	7839
7788	SCOTT	7566
7876	ADAMS	7788
7902	FORD	7566
7369	SMITH	7902

[SQL]

```
SELECT EMPNO, ENAME, MGR
   FROM EMP
  START WITH ENAME = 'JONES'
CONNECT BY [  ㉠  ];

EMPNO ENAME  MGR
----- ----- ----
 7566 JONES 7839
 7788 SCOTT 7566
 7876 ADAMS 7788
 7902 FORD  7566
 7369 SMITH 7902

5 행이 선택되었습니다.
```

① EMPNO = MGR

② PRIOR EMPNO = PRIOR MGR

③ EMPNO = PRIOR MGR

④ PRIOR EMPNO = MGR

계층 쿼리

계층 쿼리는 START WITH 절과 CONNECT BY 절로 구성된다. WHERE 절 다음에 기술하지만, 실제 실행 순서는 WHERE 절보다 앞선다. START WITH 조건을 만족하는 데이터를 시작으로 CONNECT BY 조건을 만족하는 데이터를 찾은 후 최종적으로 WHERE 조건으로 필터링한다. START WITH 절은 생략이 가능하다. PRIOR 연산자는 직전 상위 노드의 값을 반환한다.

```
[START WITH condition] CONNECT BY [NOCYCLE] condition
```

절	설명
START WITH 절	루트 노드를 생성하며 1번만 수행
CONNECT BY 절	루트 노드의 하위 노드를 생성하고 결과가 없을 때까지 반복 수행

풀이

문제 SQL은 ENAME이 JONES인 사원(EMP) 데이터를 시작으로 자식 노드를 찾아 순방향 전개한 결과집합을 출력했다. 관리자(MGR)가 앞서(PRIOR) 읽은 사원의 사원번호(EMPNO)와 일치하는 데이터를 찾아 하위 노드로 전개해야 하므로 CONNECT BY 절은 MGR = PRIOR EMPNO 조건으로 기술해야 한다. 가장 먼저 읽은 JONES의 사원번호(EMPNO)는 7566이다. 관리자(MGR)가 앞서 읽은 JONES의 사원번호(EMPNO) 7566과 일치하는 사원은 SCOTT과 FORD다. 예를 하나 더 들면, 관리자(MGR)가 앞서 읽은 SCOTT의 사원번호(EMPNO) 7788과 일치하는 사원은 ADAMS다.

정답 : ④

23 아래 SQL의 결과를 고르시오.

아 래

[EMP 테이블]

EMPNO	ENAME	JOB	MGR
7566	JONES	MANAGER	7839
7788	SCOTT	ANALYST	7566
7876	ADAMS	CLERK	7788
7902	FORD	ANALYST	7566
7369	SMITH	CLERK	7902

[SQL]

```
SELECT COUNT (*)
   FROM EMP
  START WITH ENAME = 'JONES'
CONNECT BY MGR = PRIOR EMPNO
       AND JOB <> 'ANALYST';
```

① 1

② 2

③ 3

④ 5

풀이

문제 SQL은 CONNECT BY 절에 JOB <> 'ANALYST' 조건을 기술했다. CONNECT BY 절의 조건은 계층 전개 시 평가되므로 선택되는 하위 노드에 영향을 미친다. JOB 조건식을 주석으로 막은 상태에서 실행한 결과 집합을 놓고 CONNECT BY 조건의 처리 방식을 설명하면 아래와 같다.

```
SELECT COUNT (*)
   FROM EMP
  START WITH ENAME = 'JONES'
CONNECT BY MGR = PRIOR EMPNO
    -- AND JOB <> 'ANALYST'
;

EMPNO ENAME JOB       MGR
----- ----- ------- ----
 7566 JONES MANAGER 7839
 7788 SCOTT ANALYST 7566 -- JOB <> 'ANALYST' 조건에 의해 제외
 7876 ADAMS CLERK   7788 -- SCOTT의 하위 노드이므로 전개 안됨
 7902 FORD  ANALYST 7566 -- JOB <> 'ANALYST' 조건에 의해 제외
 7369 SMITH CLERK   7902 -- FORD 의 하위 노드이므로 전개 안됨

5 행이 선택되었습니다.
```

정답 : ①

24 아래 SQL의 빈칸 ㉠에 들어갈 표현식을 고르시오.

아 래

[SQL]

```
WITH W1 (EMPNO, ENAME, MGR, LV) AS (
SELECT EMPNO, ENAME, MGR, 1 AS LV
  FROM EMP
 WHERE ENAME = 'JONES'
UNION ALL
SELECT C.EMPNO, C.ENAME, C.MGR
     , [   ㉠   ] AS LV
  FROM W1 P, EMP C
 WHERE C.MGR = P.EMPNO)
SELECT EMPNO, ENAME, MGR, LV
  FROM W1;
```

[결과]

```
EMPNO ENAME  MGR LV
----- ----- ---- --
 7566 JONES 7839  1
 7788 SCOTT 7566  2
 7902 FORD  7566  2
 7876 ADAMS 7788  3
 7369 SMITH 7902  3

5 행이 선택되었습니다.
```

① C.LV

② C.LV + 1

③ P.LV

④ P.LV + 1

CTE

CTE(Common Table Expression)은 WITH 절을 사용한다. CTE의 WITH 절은 UNION ALL 연산자로 구성된다. UNION ALL 연산자의 상단 쿼리가 START WITH 절, 하단 쿼리가 CONNECT BY 절의 역할을 수행한다. UNION ALL 상단에서 얻은 쿼리집합을 시작으로 하단 쿼리에서 WITH절을 재귀적으로 조인함으로써 START WITH, CONNECT BY 절과 같은 계층 구조를 얻을 수 있다.

풀이

문제 SQL은 CTE 구문을 이용해 START WITH/CONNECT BY 구문의 LEVEL 슈도 칼럼처럼 계층 레벨(LV 열)을 출력하고 있다. 부모 노드의 LV 값에 1을 더하면 계층의 깊이를 계산할 수 있다.

정답 : ④

25 아래 SQL 수행 결과의 빈칸 ㉠에 들어갈 값을 고르시오.

아 래

[EMP 테이블]

JOB	DEPTNO	SAL
ANALYST	20	3000
ANALYST	20	3000
CLERK	10	1300
CLERK	20	800
CLERK	20	1100
MANAGER	10	2450
MANAGER	20	2975
PRESIDENT	10	5000

[SQL]

```
SELECT *
  FROM (SELECT JOB, DEPTNO, SAL FROM EMP WHERE DEPTNO IN (10, 20))
 PIVOT (SUM (SAL) FOR DEPTNO IN (10, 20))
 ORDER BY JOB;
```

[결과]

JOB	10	20
ANALYST		㉠
CLERK		㉡
MANAGER		㉢
PRESIDENT		㉣

① ㉠: 3000, ㉡: 1100, ㉢: 2975, ㉣: 0

② ㉠: 6000, ㉡: 1900, ㉢: 2975, ㉣: NULL

③ ㉠: 6000, ㉡: 1900, ㉢: 2975, ㉣: 0

④ ㉠: 6000, ㉡: 3200, ㉢: 5425, ㉣: 5000

PIVOT 절

PIVOT 절은 행을 열로 전환한다. PIVOT 절의 구문은 아래와 같다.

```
PIVOT [XML]
        (aggregate_function (expr) [[AS] alias]
      [, aggregate_function (expr) [[AS] alias]]…
         FOR { column ¦ (column [, column]…) }
         IN ({ {{ expr ¦ (expr [, expr]…) } [[AS] alias]}…
              ¦ subquery
              ¦ ANY [, ANY]…
              })
        )
```

항목	설명
aggregate_function	집계할 열을 지정
FOR 절	PIVOT할 열을 지정
IN 절	PIVOT할 열 값을 지정

풀이

문제 SQL은 EMP 테이블의 SAL 열을 DEPTNO 열 값으로 PIVOT했다. ㉠ ~ ㉣ 빈 칸은 JOB 별로 DEPTNO가 20인 SAL의 합계 값이다. JOB이 PRESIDENT인 경우는 DEPTNO가 20인 값이 없으므로 합계 값은 NULL이다.

JOB	10	20
ANALYST		6000
CLERK	1300	1900
MANAGER	2450	2975
PRESIDENT	5000	

정답 : ②

26 아래 SQL 수행 결과의 빈칸 ㉠에 들어갈 열명을 고르시오.

아 래

[SQL]

```
SELECT *
  FROM (SELECT JOB, DEPTNO, SAL FROM EMP)
 PIVOT (SUM (SAL) AS SAL FOR DEPTNO IN (10 AS D10))
 ORDER BY JOB;
```

[결과]

JOB	㉠
ANALYST	
CLERK	1300
MANAGER	2450
PRESIDENT	5000
SALESMAN	

① 10

② 10_SAL

③ D10

④ D10_SAL

PIVOT 절

집계 함수와 IN 절에 지정한 별칭에 따라 아래와 같은 규칙으로 열명이 부여된다. 집계 함수와 IN 절 모두 별칭을 지정하는 편이 바람직하다.

	10	10 AS D10
SUM (SAL)	10	D10
SUM (SAL) AS SAL	10_SAL	D10_SAL

풀이

문제 SQL은 열은 SAL, DEPTNO가 10인 열 값은 D10으로 별칭을 지정한다. 이로 인해 열명이 D10_SAL으로 생성된다.

정답 : ④

27 아래 SQL 수행 결과의 빈칸 ㉠에 들어갈 값을 고르시오.

아 래

[T1 테이블]

JOB	D10_SAL	D20_SAL	D30_SAL
ANALYST		6000	
CLERK	1300	1900	950
MANAGER	2450	2975	2850
PRESIDENT	5000		
SALESMAN			5600

[SQL]

```
SELECT   JOB, DEPTNO, SAL
  FROM T1
UNPIVOT (SAL FOR DEPTNO IN (D10_SAL, D20_SAL, D30_SAL))
  WHERE JOB = 'CLERK'
  ORDER BY JOB, DEPTNO;
```

[결과]

JOB	DEPTNO	SAL
CLERK		1300
CLERK	㉠	1900
CLERK		950

① 20　　② 20_SAL

③ D20　　④ D20_SAL

UNPIVOT 절

UNPIVOT 절은 열을 행으로 전환한다. UNPIVOT 절의 구문은 아래와 같다. INCLUDE NULLS 키워드를 기술하면 UNPIVOT된 열의 값이 널인 행도 결과에 포함된다. 기본값은 널을 포함하지 않는 EXCLUDE다.

```
UNPIVOT [{ INCLUDE | EXCLUDE } NULLS]
        (    { column | (column [, column…) }
         FOR { column | (column [, column…) }
         IN ({ column | (column [, column…) }
                 [AS { literal | (literal [, literal]…) }]
          [, { column | (column [, column…) }
                 [AS { literal | (literal [, literal]…) }]]…
            )
        )
```

항목	설명
UNPIVOT column	UNPIVOT된 값이 들어갈 칼럼을 지정
FOR 절	UNPIVOT된 값을 설명할 값이 들어갈 칼럼을 지정
IN 절	UNPIVOT할 칼럼과 설명할 값의 리터럴 값을 지정

풀이

아래는 문제 SQL의 수행 결과다. IN 절의 값에 별칭을 지정하지 않으면 칼럼명이 출력된다.

```
JOB   DEPTNO   SAL
----- ------- ----
CLERK D10_SAL 1300
CLERK D20_SAL 1900
CLERK D30_SAL  950

3 행이 선택되었습니다.
```

정답 : ④

28

아래 SQL 수행 결과의 빈칸 ㉠에 들어갈 값을 고르시오.

아 래

[T1 테이블]

JOB	D10_SAL	D20_SAL	D30_SAL
ANALYST		6000	
CLERK	1300	1900	950
MANAGER	2450	2975	2850
PRESIDENT	5000		
SALESMAN			5600

[SQL]

```
SELECT JOB, DEPTNO, SAL
   FROM T1
UNPIVOT (SAL FOR DEPTNO IN (D10_SAL, D20_SAL, D30_SAL))
  WHERE JOB = 'CLERK'
  ORDER BY JOB, DEPTNO;
```

[결과]

JOB	DEPTNO	SAL
CLERK	D10_SAL	
CLERK	D20_SAL	㉠
CLERK	D30_SAL	

① 1300
② 1900
③ 950
④ NULL

풀이

문제 SQL은 D10_SAL, D20_SAL, D30_SAL 칼럼을 SAL 칼럼으로 UNPIVOT한다. 아래는 SQL의 수행 결과다. ㉠ 빈칸에는 JOB이 CLERK인 D20_SAL 값인 1900이 들어간다.

```
JOB   DEPTNO   SAL
----- ------- ----
CLERK D10_SAL 1300
CLERK D20_SAL 1900
CLERK D30_SAL  950

3 행이 선택되었습니다.
```

정답 : ②

8 정규 표현식

29 아래 SQL의 수행 결과를 고르시오.

아 래

[SQL]

```
SELECT REGEXP_SUBSTR ('ABC', 'A.+' ) AS C1
     , REGEXP_SUBSTR ('ABC', 'A.+?') AS C2
  FROM DUAL;
```

① C1: AB , C2: A
② C1: AB , C2: AB
③ C1: ABC, C2: AB
④ C1: ABC, C2: ABC

REGEXP_SUBSTR 함수

REGEXP_SUBSTR 함수는 source_char에서 일치한 pattern을 반환한다.

```
REGEXP_SUBSTR (source_char, pattern [, position [, occurrence [, match_param [, subexpr]]]])
```

매개변수	설명
source_char	검색 문자열
pattern	검색 패턴
position	검색 시작 위치 (기본값은 1)
occurrence	패턴 일치 횟수 (기본값은 1)
match_param	일치 옵션
subexpr	서브 표현식 (0은 전체 패턴, 1 이상은 서브 표현식, 기본값은 0)

풀이

아래는 문제 SQL의 수행 결과다. C1 열은 탐욕적(최대), C2 열은 비탐욕적(최소) 방식으로 패턴을 일치시킨다. 마침표(.)는 모든 문자, 더하기(+)는 1회 또는 그 이상의 횟수로 일치함을 의미하므로 C1은 ABC, C2는 AB가 일치한다.

정답 : ③

30 아래 SQL의 수행 결과를 고르시오.

아 래

[SQL]

```
SELECT REGEXP_SUBSTR ('ABD', 'AB|CD')   AS C1
     , REGEXP_SUBSTR ('ABD', 'A(B|C)D') AS C2
```

① C1: AB , C2: AB
② C1: AB , C2: ABD
③ C1: ABD, C2: AB
④ C1: ABC, C2: ABD

풀이

아래는 문제 SQL의 수행 결과다. OR(|)는 대체 문자를 구분하고, 표현식을 소괄호로 묶은 서브 표현식(subexpression)은 하나의 단위로 처리된다. C1 열은 AB 또는 CD가 일치하고, C2 열은 서브 표현식으로 인해 ABD 또는 ACD가 일치한다.

정답 : ②

31 아래 SQL의 수행 결과를 고르시오.

아 래

[SQL]

```
SELECT REGEXP_SUBSTR ('HTTP://WWW.ABC.COM/EFG', '([^:/]+)', 1, 2) AS C1 FROM DUAL;
```

① HTTP
② HTTP:
③ WWW.ABC.COM
④ EFG

문자 리스트

문자 리스트(character list)는 문자를 대괄호로 묶은 표현식이다. 문자 리스트 중 한 문자만 일치하면 패턴이 일치한 것으로 처리된다. 문자 리스트에서 하이픈(-)은 범위 연산자로 동작한다.

연산자	설명
[char…]	문자 리스트 중 한 문자와 일치
[^char…]	문자 리스트에 포함되지 않은 한 문자와 일치

풀이

아래는 문제 SQL의 수행 결과다. C1 열은 :, /를 포함하지 않는 두 번째 문자 값을 반환한다.

정답 : ③

32 아래 SQL의 수행 결과를 고르시오.

아 래

[SQL]

```
SELECT REGEXP_REPLACE ('1A2B3C4D', '\D') AS C1 FROM DUAL;
```

① 1234

② 1A2B

③ ABCD

④ B34D

REGEXP_REPLACE 함수

REGEXP_REPLACE 함수는 source_char에서 일치한 pattern을 replace_string으로 변경한 문자값을 반환한다.

```
REGEXP_REPLACE (source_char, pattern [, replace_string [, position [, occurrence [, match_param]]]])
```

매개변수	설명
source_char	검색 문자열
pattern	검색 패턴
replace_string	변경 문자열
position	검색 시작 위치 (기본값은 1)
occurrence	패턴 일치 횟수 (기본값은 0)
match_param	일치 옵션

풀이

아래는 문제 SQL의 수행 결과다. '\D' 패턴은 숫자가 아닌 문자와 일치한다. 문자가 모두 제거되므로 1234가 반환된다.

정답 : ①

CHAPTER 02

핵심 정리 문제

01

다음 중 아래 SQL의 결과를 고르시오.

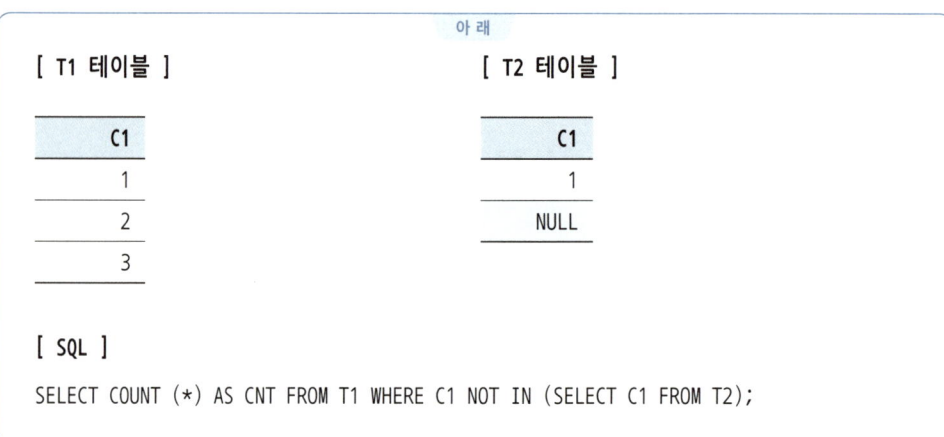

아 래

[T1 테이블]

C1
1
2
3

[T2 테이블]

C1
1
NULL

[SQL]

```
SELECT COUNT (*) AS CNT FROM T1 WHERE C1 NOT IN (SELECT C1 FROM T2);
```

① 1

② 2

③ 3

④ 0

02

다음 중 에러가 발생하지 않는 SQL을 고르시오.

아 래

```
CREATE TABLE T1 (C1 VARCHAR2(1), C2 NUMBER);
CREATE TABLE T2 (C1 VARCHAR2(1), C2 NUMBER);
```

① SELECT C1, C2 FROM T1
UNION ALL
SELECT C1 FROM T2;

② SELECT C1, C2 FROM T1
UNION ALL
SELECT C2, C1 FROM T2;

③ SELECT C1, C2 FROM T1 ORDER BY C1
UNION ALL
SELECT C1, C2 FROM T2 ORDER BY C1;

④ (SELECT C1, C2 FROM T1)
UNION ALL
(SELECT C1, C2 FROM T2);

03 아래 1, 2번 SQL은 수행 결과가 동일하다. 2번 SQL의 빈칸 ㉠에 들어갈 비교 조건을 고르시오.

아 래

[1번 SQL]

```
SELECT *
  FROM T1
 WHERE (C1 = 3 OR C2 = 1)
 ORDER BY 1, 2;
```

[2번 SQL]

```
SELECT * FROM T1 WHERE C1 = 3
UNION ALL
SELECT * FROM T1 WHERE C2 = 1 AND [ ㉠ ]
ORDER BY 1, 2;
```

[T1 테이블]

C1	C2
1	1
1	2
2	1
2	2
3	1
3	2
4	1
4	2

[결과]

C1	C2
1	1
2	1
3	1
3	2
4	1

① C1 = 3

② C1 != 3

③ C1 IS NULL

④ C1 IS NOT NULL

04 아래 SQL의 빈칸 ㉠에 들어갈 표현식을 고르시오.

아 래

[T1 테이블]

C1	C2	C3
A	2050-01-01	1
A	2050-01-02	1
B	2050-01-01	1
B	2050-01-02	1
C	2050-01-01	1
C	2050-01-02	1

[SQL]

```
SELECT C1
     , C2
     , SUM (C3) AS C3
  FROM T1
 GROUP BY [  ㉠  ];
```

[결과]

```
C1 C2         C3
-- ---------- --
A  2050-01-01  1
A  2050-01-02  1
A             2
B  2050-01-01  1
B  2050-01-02  1
B             2
C  2050-01-01  1
C  2050-01-02  1
C             2

9 행이 선택되었습니다.
```

① ROLLUP ((C1, C2))

② ROLLUP ((C2, C1))

③ C1, ROLLUP (C2)

④ C2, ROLLUP (C1)

05 아래 SQL의 빈칸 ㉠에 들어갈 표현식을 고르시오.

아 래

[T1 테이블]

C1	C2	C3
A	2050-01-01	1
A	2050-01-02	1
B	2050-01-01	1
B	2050-01-02	1
C	2050-01-01	1
C	2050-01-02	1

[SQL]

```
SELECT C1
     , C2
     , SUM (C3) AS C3
     , [  ㉠  ] AS GP
  FROM T1
 GROUP BY ROLLUP (C1, C2);
```

[결과]

```
C1 C2         C3 GP
-- ---------- -- --
A  2050-01-01  1  0
A  2050-01-02  1  0
A              2  1
B  2050-01-01  1  0
B  2050-01-02  1  0
B              2  1
C  2050-01-01  1  0
C  2050-01-02  1  0
C              2  1
               6  1

10 행이 선택되었습니다.
```

① GROUPING (C1)

② GROUPING (C2)

③ GROUPING (C1, C2)

④ GROUPING (C2, C1)

06 아래 SQL 수행 결과의 빈칸 ㉠에 들어갈 값을 고르시오.

아 래

[SQL]

```
SELECT EMPNO, ENAME, SAL, COMM
     , FIRST_VALUE (COMM IGNORE NULLS) OVER (ORDER BY SAL) AS C1
  FROM EMP
 WHERE DEPTNO = 30;
```

[결과]

EMPNO	ENAME	SAL	COMM	C1
7900	JAMES	950		
7521	WARD	1250	500	
7654	MARTIN	1250	1400	
7844	TURNER	1500	0	㉠
7499	ALLEN	1600	300	
7698	BLAKE	2850		

① NULL

② 500

③ 1400

④ 0

07 아래 SQL의 빈칸 ㉠에 들어갈 WINDOWING 절을 고르시오.

아 래

[SQL]

```
SELECT EMPNO, ENAME, SAL, [   ㉠   ] OVER (ORDER BY SAL) AS C1
  FROM EMP
 WHERE DEPTNO = 20;

EMPNO ENAME  SAL   C1
----- ----- ---- ----
 7369 SMITH  800    0
 7876 ADAMS 1100    0
 7566 JONES 2975  800
 7902 FORD  3000 1100
 7788 SCOTT 3000 2975

5 행이 선택되었습니다.
```

① LAG (SAL, 2)

② LAG (SAL, 2, 0)

③ LEAD (SAL, 2)

④ LEAD (SAL, 2, 0)

08 아래 1, 2번 SQL에서 DEPT 테이블과 조인되는 EMP 테이블의 행의 건수를 고르시오. (단, EMP 테이블의 전체 건수는 14행임)

아 래

[1번 SQL]

```
SELECT *
  FROM (SELECT A.EMPNO, A.ENAME
             , A.SAL, A.DEPTNO
             , B.DNAME
          FROM EMP A
             , DEPT B
         WHERE B.DEPTNO(+) = A.DEPTNO
         ORDER BY SAL DESC)
 WHERE ROWNUM <= 3;
```

[2번 SQL]

```
SELECT A.*
     , B.DNAME
  FROM (SELECT EMPNO, ENAME, SAL
             , DEPTNO
          FROM EMP
         ORDER BY SAL DESC) A
     , DEPT B
 WHERE ROWNUM <= 3
   AND B.DEPTNO(+) = A.DEPTNO;
```

① 1번: 3회, 2번: 3회

② 1번: 3회, 2번: 14회

③ 1번: 14회, 2번: 3회

④ 1번: 14회, 2번: 14회

09

아래 SQL에서 밑줄 친 F1, F2, F3 함수의 수행 횟수를 고르시오. (단, EMP 테이블의 전체 건수는 14건임)

아 래

[SQL]

```
SELECT A.*
     , F1 (DEPTNO) AS DNAME
  FROM (SELECT A.*
             , ROWNUM AS RN
             , F2 (HIREDATE) AS FORMATTED_HIREDATE
          FROM (SELECT EMPNO, ENAME, SAL, DEPTNO, HIREDATE
                     , F3 (SAL) AS FORMATTED_SAL
                  FROM EMP
                 ORDER BY SAL DESC) A
         WHERE ROWNUM <= 10) A
 WHERE RN >= 6;
```

① F1: 5회, F2: 5회, F3: 14회

② F1: 5회, F2: 10회, F3: 14회

③ F1: 10회, F2: 10회, F3: 14회

④ F1: 14회, F2: 14회, F3: 14회

10

아래 SQL의 결과를 고르시오.

아 래

[EMP 테이블]

EMPNO	ENAME	JOB	MGR
7566	JONES	MANAGER	7839
7788	SCOTT	ANALYST	7566
7876	ADAMS	CLERK	7788
7902	FORD	ANALYST	7566
7369	SMITH	CLERK	7902

[SQL]

```
SELECT COUNT (*)
   FROM EMP
  WHERE JOB <> 'ANALYST'
  START WITH ENAME = 'JONES'
CONNECT BY MGR = PRIOR EMPNO;
```

① 1

② 2

③ 3

④ 5

11 아래 SQL의 빈칸 ㉠에 들어갈 조인 조건을 고르시오.

아 래

[EMP 테이블]

EMPNO	ENAME	MGR
7566	JONES	7839
7788	SCOTT	7566
7876	ADAMS	7788
7902	FORD	7566
7369	SMITH	7902

[SQL]

```
WITH W1 (EMPNO, ENAME, MGR) AS (
SELECT EMPNO, ENAME, MGR
  FROM EMP
 WHERE ENAME = 'JONES'
UNION ALL
SELECT C.EMPNO, C.ENAME, C.MGR
  FROM W1 P, EMP C
 WHERE [   ㉠   ])
SELECT EMPNO, ENAME, MGR
  FROM W1;

EMPNO ENAME  MGR
----- ----- ----
 7566 JONES 7839
 7788 SCOTT 7566
 7902 FORD  7566
 7876 ADAMS 7788
 7369 SMITH 7902

5 행이 선택되었습니다.
```

① C.EMPNO = P.EMPNO

② C.MGR = P.MGR

③ C.MGR = P.EMPNO

④ C.EMPNO = P.MGR

12 아래 SQL 수행 결과의 빈칸 ㉠에 들어갈 값을 고르시오.

아 래

[EMP 테이블]

JOB	HIREDATE	DEPTNO	SAL
CLERK	1981-12-03	30	950
CLERK	1982-01-23	10	1300
MANAGER	1981-05-01	30	2850
MANAGER	1981-06-09	10	2450
PRESIDENT	1981-11-17	10	5000
SALESMAN	1981-02-20	30	1600
SALESMAN	1981-02-22	30	1250
SALESMAN	1981-09-08	30	1500
SALESMAN	1981-09-28	30	1250

[SQL]

```
SELECT *
  FROM (SELECT JOB, TO_CHAR (HIREDATE, 'YYYY') AS YYYY, DEPTNO, SAL
          FROM EMP
         WHERE DEPTNO IN (10, 30))
 PIVOT (SUM (SAL) FOR DEPTNO IN (10, 30))
 ORDER BY JOB, YYYY;
```

[결과]

JOB	YYYY	10	30
CLERK	1981		
CLERK	1982		
MANAGER	1981		
PRESIDENT	1981		
SALESMAN	1981		㉠

① 1250

② 1500

③ 1600

④ 5600

13 아래 SQL의 수행 결과를 고르시오.

아래

[T1 테이블]

JOB	D10_SAL	D20_SAL	D30_SAL
ANALYST		6000	
CLERK	1300	1900	950
MANAGER	2450	2975	2850
PRESIDENT	5000		
SALESMAN			5600

[SQL]

```
SELECT COUNT (*) AS CNT
   FROM T1
UNPIVOT INCLUDE NULLS
        (SAL FOR DEPTNO IN (D10_SAL AS 10, D20_SAL AS 20, D30_SAL AS 30))
  WHERE JOB = 'ANALYST';
```

① 0

② 1

③ 2

④ 3

14 아래 SQL의 수행 결과를 고르시오.

아래

[SQL]

```
SELECT REGEXP_SUBSTR ('12AB34CD', '[A-Z]+$') AS C1 FROM DUAL;
```

① 12

② AB

③ 34

④ CD

15 아래 SQL의 수행 결과를 고르시오.

아 래

[SQL]

```
SELECT REGEXP_SUBSTR ('AABABCABCD', '(AB)C\1') AS C1 FROM DUAL;
```

① ABC

② ABCAB

③ ABCABCD

④ AABABCABCD

CHAPTER 02 핵심 정리 문제 해답

01

논리 조건

AND 조건은 아래와 같이 평가된다. AND 조건은 조건이 모두 TRUE면 TRUE다.

	TRUE	**FALSE**	**UNKNOWN**
TRUE	TRUE	FALSE	UNKNOWN
FALSE	FALSE	FALSE	FALSE
UNKNOWN	UNKNOWN	FALSE	UNKNOWN

OR 조건은 아래와 같이 평가된다. OR 조건은 조건이 하나라도 TRUE면 TRUE다.

	TRUE	**FALSE**	**UNKNOWN**
TRUE	TRUE	TRUE	TRUE
FALSE	TRUE	FALSE	UNKNOWN
UNKNOWN	TRUE	UNKNOWN	UNKNOWN

NOT 조건은 아래와 같이 평가된다. NOT 조건은 TRUE를 FALSE, FALSE를 TRUE로 변경한다. UNKNOWN은 동일하게 UNKNOWN이다.

	TRUE	**FALSE**	**UNKNOWN**
NOT	FALSE	TRUE	UNKNOWN

NOT 조건은 비교 조건과 논리 조건을 아래와 같이 변경한다.

	=	**<>**	**>**	**>=**	**<**	**<=**	**AND**	**OR**
NOT	<>	=	<=	<	>=	>	OR	AND

풀이

문제 SQL의 NOT IN 서브 쿼리는 C1 NOT IN (1, NULL) 조건으로 해석된다. NOT IN 조건을 OR 조건으로 변경하면 NOT (C1 = 1 OR C1 = NULL) 조건이 되고, NOT 조건을 분해하면 C1 <> 1 AND C1 <> NULL 조건이 된다. NULL은 IS NULL 또는 IS NOT NULL 조건이 아니면 무조건 NULL(UNKNOWN)을 반환하므로 결국 C1 <> 1 AND NULL 조건으로 해석된다. AND NULL 조건은 모든 조건이 NULL이 되므로 결과로 0이 반환된다.

순서	조건
1	C1 NOT IN (1, NULL)
2	NOT (C1 = 1 OR C1 = NULL)
3	C1 <> 1 AND C1 <> NULL
4	C1 <> 1 AND NULL

정답 : ④

02

풀이

4번 SQL을 제외한 SQL은 아래의 에러가 발생한다.

① ORA-01789: 질의 블록은 부정확한 수의 결과 열을 가지고 있습니다.

② ORA-01790: 대응하는 식과 같은 데이터 유형이어야 합니다

③ ORA-00933: SQL 명령어가 올바르게 종료되지 않았습니다

3번에서 에러가 발생하는 이유는 집합 연산자를 사용한 SQL은 SQL의 끝에 ORDER BY 절을 1번만 기술할 수 있기 때문이다.

정답 : ④

03

집합 연산자

- UNION ALL은 위아래 두 집합의 합집합을 반환한다.
- UNION은 위아래 두 집합의 합집합에서 중복을 제거한 고유한 집합을 반환한다.
- MINUS는 위쪽 집합에서 아래쪽 집합을 제외한 차집합을 반환한다.
- INTERSECT는 위쪽과 아래쪽 집합의 교집합을 반환한다.

풀이

UNION ALL 위쪽에서 C1 = 3인 집합을 출력하고 아래쪽에서 C2 = 1인 집합을 출력하면, 두 조건을 모두 만족하는 레코드가 위아래 중복으로 출력되므로 1번 SQL과 결과집합이 달라진다. 그런 오류를 방지하려면 중복으로 출력되는 데이터가 아래쪽에서는 제외되도록 조건절을 추가해야 한다.

정답 : ②

04

풀이

GROUP BY 절의 표현식과 그룹 함수를 함께 사용하는 것을 연결 그룹이라고 한다. 선택지의 그룹 함수는 아래와 같이 동작한다. (C1, C2)는 C1, C2의 소계, ()는 총계를 의미한다. 결과는 T1 테이블을 (C1, C2), (C1)으로 집계했다.

① (C1, C2), ()

② (C2, C1), ()

③ (C1, C2), (C1)

④ (C2, C1), (C2)

정답 : ③

05

풀이

GROUPING 함수는 표현식이 행 그룹에 포함되면 0, 포함되지 않으면 1을 반환한다. 전체 레코드를 집계한 맨 마지막 행을 제외하고 GP 열이 1인 행을 보면, C1은 행 그룹에 포함됐지만, C2는 행 그룹에 포함되지 않았다. 따라서 GROUPING 함수에 들어갈 표현식(인자)은 C2가 된다. 3, 4번은 에러가 발생한다.

정답 : ②

06

FIRST_VALUE 함수

FIRST_VALUE 함수는 윈도우 첫 행의 칼럼 값(expr)을 반환한다. IGNORE NULLS 키워드를 기술하면 널을 제외한 첫 행의 값을 반환한다.

```
FIRST_VALUE (expr) [IGNORE NULLS] OVER (analytic_clause)
```

풀이

문제 SQL의 FIRST_VALUE 함수에 PARTITION 절을 지정하지 않았으므로 전체 행이 하나의 윈도우로 처리된다. JAMES의 COMM은 널이므로 제외한다. SAL 정렬 순서상 그 다음 행인 WARD의 COMM은 널이 아닌 500이므로 이 값을 반환한다.

```
SELECT EMPNO, ENAME, SAL, COMM
     , FIRST_VALUE (COMM IGNORE NULLS) OVER (ORDER BY SAL) AS C1
     , FIRST_VALUE (COMM) OVER (ORDER BY SAL) AS C2
  FROM EMP
 WHERE DEPTNO = 30;

EMPNO ENAME    SAL  COMM  C1 C2
----- ------- ---- ---- --- --
 7900 JAMES    950
 7521 WARD    1250  500 500
 7654 MARTIN  1250 1400 500
 7844 TURNER  1500    0 500
 7499 ALLEN   1600  300 500
 7698 BLAKE   2850      500

6 행이 선택되었습니다.
```

정답 : ②

07

LAG 함수

LAG 함수는 현재 행에서 offset 이전 행의 칼럼 값(value_expr)을 반환한다. offset은 행 기준이며 기본값은 1이다. 이전 행이 없을 때 반환할 값을 default 인자로 지정할 수 있으며, 기본값은 널이다.

```
LAG (value_expr [, offset [, default]]) [IGNORE NULLS]
  OVER ([query_partition_clause] order_by_clause)
```

풀이

쿼리 결과는 2행 이전 행의 SAL를 조회한다. 2행 이전 행이 없는 행에서 0이 반환되었으므로 default 인자에 0을 지정한 것을 알 수 있다.

정답 : ②

08

ROWNUM 슈도 칼럼

ROWNUM 슈도 칼럼은 행이 반환되는 순서대로 순번을 반환한다. 1부터 시작하고 행이 반환될 때마다 순번이 증가한다.

풀이

1번 SQL은 DEPT 테이블을 조인해서 SAL 역순으로 정렬한 후 상위 3개를 선택했고, 2번 SQL은 SAL 역순으로 정렬한 결과집합으로 DEPT 테이블과 조인하면서 상위 3개를 선택했다. 1번 SQL은 14행, 2번 SQL은 3행이 조인된다. M:1 아우터 조인인 경우 2번 SQL처럼 TOP-N 처리 후 조인하는 편이 성능 측면에서 유리하다.

정답 : ③

09

풀이

문제 SQL은 전형적인 페이징 쿼리다. 일반적인 사용자 정의 함수는 선택된 행의 건수만큼 수행된다. F3 함수는 EMP 테이블 전체 건수만큼 수행되므로 14회, F2 함수는 ROWNUM 슈도 칼럼으로 10건을 조회한 상태로 수행되므로 10회, F1은 페이징 처리된 후에 수행되므로 5회만큼 수행된다.

아래 쿼리로 직접 결과 건수를 확인할 수 있다.

```
-- 14건
SELECT EMPNO, ENAME, SAL, DEPTNO
  FROM EMP
 ORDER BY SAL DESC;

-- 10건
SELECT A.*, ROWNUM AS RN
  FROM (SELECT EMPNO, ENAME, SAL, DEPTNO
          FROM EMP
         ORDER BY SAL DESC) A
 WHERE ROWNUM <= 10;

-- 5건
SELECT A.*
  FROM (SELECT A.*
             , ROWNUM AS RN
          FROM (SELECT EMPNO, ENAME, SAL, DEPTNO
                  FROM EMP
                 ORDER BY SAL DESC) A
         WHERE ROWNUM <= 10) A
 WHERE RN >= 6;
```

정답 : ②

10

계층 쿼리

계층 쿼리는 START WITH 절과 CONNECT BY 절로 구성된다. WHERE 절 다음에 기술하지만, 실제 실행 순서는 WHERE 절보다 앞선다. START WITH 조건을 만족하는 데이터를 시작으로 CONNECT BY 조건을 만족하는 데이터를 찾은 후 최종적으로 WHERE 조건으로 필터링한다. START WITH 절은 생략이 가능하다. PRIOR 연산자는 직전 상위 노드의 값을 반환한다.

```
[START WITH condition] CONNECT BY [NOCYCLE] condition
```

절	설명
START WITH 절	루트 노드를 생성하며 1번만 수행
CONNECT BY 절	루트 노드의 하위 노드를 생성하고 결과가 없을 때까지 반복 수행

풀이

문제 SQL은 WHERE 절에 JOB <> 'ANALYST' 조건을 기술했다. WHERE 절의 조건은 계층 전개를 마친 후에 평가되므로 하위 노드 전개에 영향을 미치지 않는다. WHERE 조건식을 주석으로 막은 상태에서 실행한 결과 집합을 놓고 WHERE 조건의 처리 방식을 설명하면 아래와 같다.

```
 SELECT COUNT (*)
   FROM EMP
  -- WHERE JOB <> 'ANALYST'
  START WITH ENAME = 'JONES'
CONNECT BY MGR = PRIOR EMPNO;

EMPNO ENAME JOB     MGR
----- ----- ------- ----
 7566 JONES MANAGER 7839
 7788 SCOTT ANALYST 7566 -- JOB <> 'ANALYST' 조건에 의해 제외
 7876 ADAMS CLERK   7788
 7902 FORD  ANALYST 7566 -- JOB <> 'ANALYST' 조건에 의해 제외
 7369 SMITH CLERK   7902

5 행이 선택되었습니다.
```

정답 : ③

11

CTE

CTE(Common Table Expression)은 WITH 절을 사용한다. CTE의 WITH 절은 UNION ALL 연산자로 구성된다. UNION ALL 연산자의 상단 쿼리가 START WITH 절, 하단 쿼리가 CONNECT BY 절의 역할을 수행한다. UNION ALL 상단에서 얻은 쿼리집합을 시작으로 하단 쿼리에서 WITH절을 재귀적으로 조인함으로써 START WITH, CONNECT BY 절과 같은 계층 구조를 얻을 수 있다.

풀이

문제 SQL은 ENAME이 JONES인 사원(EMP) 데이터를 시작으로 자식 노드를 찾아 순방향 전개한 결과집합을 출력했다. 관리자(MGR)가 앞서 읽은 사원의 사원번호(EMPNO)와 일치하는 데이터를 찾아 하위 노드로 전개해야 하므로 조인식을 C.MGR = P.EMPNO 로 기술해야 한다. 가장 먼저 읽은 JONES의 사원번호(EMPNO)는 7566이다. 관리자(MGR)가 앞서 읽은 JONES의 사원번호(EMPNO) 7566과 일치하는 사원은 SCOTT과 FORD다. 예를 하나 더 들면, 관리자(MGR)가 앞서 읽은 SCOTT의 사원번호(EMPNO) 7788과 일치하는 사원은 ADAMS다.

정답 : ③

12

PIVOT 절

PIVOT 절은 행을 열로 전환한다. PIVOT 절의 구문은 아래와 같다.

```
PIVOT [XML]
      (aggregate_function (expr) [[AS] alias]
    [, aggregate_function (expr) [[AS] alias]]…
       FOR { column ¦ (column [, column]…) }
       IN ({ {{ expr ¦ (expr [, expr]…) } [[AS] alias]}…
            ¦ subquery
            ¦ ANY [, ANY]…
            })
      )
```

항목	설명
aggregate_function	집계할 열을 지정
FOR 절	PIVOT할 열을 지정
IN 절	PIVOT할 열 값을 지정

풀이

문제 SQL은 EMP 테이블의 SAL 열을 DEPTNO 열 값으로 PIVOT했다. 빈칸 ㉠은 JOB이 SALESMAN, YYYY가 1981, DEPTNO가 30인 SAL의 합계 값이다. 1600, 1250, 1500, 1250의 합계 값은 5600이다.

정답 : ④

13

UNPIVOT 절

UNPIVOT 절은 열을 행으로 전환한다. UNPIVOT 절의 구문은 아래와 같다. INCLUDE NULLS 키워드를 기술하면 UNPIVOT된 열의 값이 널인 행도 결과에 포함된다. 기본값은 널을 포함하지 않는 EXCLUDE다.

```
UNPIVOT [{ INCLUDE | EXCLUDE } NULLS]
        (    { column | (column [, col]…) }
         FOR { column | (column [, col]…) }
         IN ({ column | (column [, col]…) }
                [AS { literal | (literal [, literal]…) }]
           [, { column | (column [, col]…) }
                [AS { literal | (literal [, literal]…) }]]…
            )
        )
```

항목	설명
UNPIVOT column	UNPIVOT된 값이 들어갈 칼럼을 지정
FOR 절	UNPIVOT된 값을 설명할 값이 들어갈 칼럼을 지정
IN 절	UNPIVOT할 칼럼과 설명할 값의 리터럴 값을 지정

풀이

문제 SQL은 UNPIVOT 절에 INCLUDE NULLS 키워드를 기술했다. UNPIVOT된 열의 값이 널인 행도 결과에 포함되므로 3건이 반환된다.

정답 : ④

14

REGEXP_SUBSTR 함수

REGEXP_SUBSTR 함수는 source_char에서 일치한 pattern을 반환한다.

```
REGEXP_SUBSTR (source_char, pattern [, position [, occurrence [, match_param [,
                     subexpr]]]])
```

매개변수	설명
source_char	검색 문자열
pattern	검색 패턴
position	검색 시작 위치 (기본값은 1)
occurrence	패턴 일치 횟수 (기본값은 1)
match_param	일치 옵션
subexpr	서브 표현식 (0은 전체 패턴, 1 이상은 서브 표현식, 기본값은 0)

풀이

[A-Z]은 영문 대문자, 더하기(+)는 1회 또는 그 이상의 횟수로 일치, 달러($)는 문자열의 끝을 의미하므로 CD가 일치한다.

정답 : ④

15

역 참조

역 참조(back reference)를 사용하면 일치한 서브 표현식을 다시 참조할 수 있다. 반복되는 패턴을 검색하거나 서브 표현식의 위치를 변경하는 용도로 사용할 수 있다.

연산자	설명
\n	n번째 서브 표현식과 일치, n은 1에서 9 사이의 정수

풀이

첫 번째 일치한 표현식이 AB고, C 이후에 첫 번째 일치한 표현식인 AB를 역참조(\1)했으므로 ABCAB가 일치한다.

정답 : ②

CHAPTER

03

관리 구문

CHAPTER 03 관리 구문

1 DML

01 아래 SQL을 수행한 후 T1 테이블을 조회한 결과를 고르시오.

아 래

[T1 테이블]

```
CREATE TABLE T1 (C1 NUMBER, C2 NUMBER, C3 NUMBER DEFAULT 3);
```

[SQL]

```
INSERT INTO T1 (C2) VALUES (1);
```

①

C1	C2	C3
1	NULL	3

②

C1	C2	C3
1	NULL	NULL

③

C1	C2	C3
NULL	1	3

④

C1	C2	C3
NULL	1	NULL

INSERT 문

INSERT 문에 VALUES 절을 사용하면 테이블에 단일 행을 삽입할 수 있다. NULL 허용 컬럼은 선택적으로 값을 입력할 수 있지만, NOT NULL 컬럼에 값을 입력하지 않으면 에러가 발생한다. DEFAULT가 지정된 컬럼에 값을 입력하지 않으면, 미리 정의한 기본값이 자동으로 입력된다.

```
INSERT
  INTO { table ¦ view ¦ subquery } [t_alias] [(column [, column]…)]
VALUES ({ expr ¦ DEFAULT } [, { expr ¦ DEFAULT }]…)
```

풀이

문제 SQL은 C1, C3 열에 값을 지정하지 않았다. C1 열은 널, C2 열은 1, C3 열은 기본값인 3이 삽입된다.

정답 : ③

02

아래 SQL을 수행한 후 T1 테이블의 C2 칼럼의 값을 고르시오.

아 래

[T1 테이블]

C1	C2	C3
1	1	1

[T2 테이블]

C1	C2	C3
2	3	4

[SQL]

```
UPDATE T1 A
   SET (A.C2, A.C3) = (SELECT X.C2, X.C3
                         FROM T2 X
                        WHERE X.C1 = A.C1);
```

① 1

② 2

③ 3

④ NULL

UPDATE 문

UPDATE 문을 사용하면 테이블의 기존 행을 갱신할 수 있다.

```
UPDATE { table | view | subquery } [t_alias]
   SET { column = { expr | (subquery) | DEFAULT }
       | (column [, column]…) = (subquery) }
     [, {column = {expr | (subquery) | DEFAULT}
       | (column [, column]…) = (subquery) }]…
 WHERE condition;
```

풀이

UPDATE 문의 SET 절의 서브 쿼리는 SELECT 문의 스칼라 서브 쿼리와 유사하게 동작한다. T2 테이블에 C1이 1인 행이 없어 널이 반환되므로 T1 테이블의 C2, C3 칼럼은 널로 갱신된다.

예상치 못한 값으로 갱신되는 현상을 방지하기 위해 좌측처럼 UPDATE 문에 EXISTS 조건을 추가하거나 우측처럼 MERGE 문을 사용할 수 있다. 같은 데이터를 두 번 읽지 않으므로 성능 측면에서는 MERGE 문을 사용하는 편이 바람직하다.

[UPDATE 문]

```
UPDATE T1 A
   SET (A.C2, A.C3)
     = (SELECT X.C2, X.C3
          FROM T2 X
         WHERE X.C1 = A.C1)
 WHERE EXISTS (SELECT 1
                 FROM T2 X
                WHERE X.C1 = A.C1);
```

[MERGE 문]

```
MERGE
 INTO T1 T
USING T2 S
   ON (T.C1 = S.C1)
 WHEN MATCHED THEN
      UPDATE
         SET T.C2 = S.C2
           , T.C3 = S.C3;
```

정답 : ④

03 아래 SQL을 수행한 후 T1 테이블의 전체 건수를 고르시오.

아 래

[T1 테이블]

C1	C2
1	1
2	1
3	1

[T2 테이블]

C1	C2
1	1
2	NULL

[SQL]

```
DELETE FROM T1 WHERE C1 NOT IN (SELECT C2 FROM T2);
```

① 0

② 1

③ 2

④ 3

DELETE 문

DELETE 문을 사용하면 테이블의 기존 행을 삭제할 수 있다.

```
DELETE
  FROM {table | view | subquery} [t_alias]
 WHERE condition;
```

풀이

문제 SQL은 NULL이 반환되는 서브 쿼리에 NOT IN 조건을 사용했다. NOT IN은 일치하는 데이터가 하나도 없는지를 확인하는 연산자다. 그런데 NOT IN 서브 쿼리가 반환하는 집합에 널이 있으면 메인 쿼리와 일치하는 데이터가 하나도 없는지, 참/거짓을 확인할 수 없게 된다. 따라서 널을 포함하는 NOT IN 서브 쿼리를 사용하면 항상 공집합을 반환한다. 서브 쿼리와 일치하는 데이터가 하나도 없는지, 참/거짓을 확인할 수 없는 상태이므로 T1 행은 하나도 삭제되지 않는다.

정답 : ④

2 TCL

04 **아래와 같이 데이터를 입력하던 중 ㉣ 단계에서 예외상황(네트워크 단절, 디스크 Fail, 정전 등)이 발생하더라도 ㉠에 의해 생성된 데이터는 유지된다. 트랜잭션의 네 가지 특징 중 이와 관련된 것을 고르시오.**

아 래

```
INSERT INTO T1 VALUES (1); -- ㉠
COMMIT;                    -- ㉡
INSERT INTO T1 VALUES (2); -- ㉢
COMMIT;                    -- ㉣
```

① 원자성(Atomicity)

② 일관성(Consistency)

③ 고립성(Isolation)

④ 지속성(Durability)

ACID

트랜잭션은 ACID(Atomicity, Consistency, Isolation, Durability)라는 네 가지 특징을 가지고 있다.

특징	설명
원자성	트랜잭션의 작업은 모두 수행되거나 모두 수행되지 않아야 함
일관성	트랜잭션이 완료되면 데이터 무결성이 일관되게 보장되어야 함
고립성	트랜잭션이 다른 트랜잭션으로부터 고립된 상태로 수행되어야 함
지속성	트랜잭션이 완료되면 장애가 발생하더라도 변경 내용이 지속되어야 함

풀이

ⓔ 단계에서 예외상황이 발생하더라도 ㉠에 의해 생성된 데이터는 이미 커밋을 완료한 상태이므로 이후에도 계속 유지된다는 설명은 트랜잭션의 네 가지 특징 중 지속성(Durability)이 관한 내용이다.

정답 : ④

05

오라클에 접속한 S1, S2 세션에서 아래 SQL을 순서대로 수행했을 때 C1 칼럼의 최종 값을 고르시오.

아 래

[T1 테이블]

```
CREATE TABLE T1 (C1 NUMBER);
INSERT INTO T1 VALUES (1);
COMMIT;
```

[SQL]

S1 세션	S2 세션
UPDATE T1 SET C1 = 2 WHERE C1 = 1; -- ㉠	
	UPDATE T1 SET C1 = 3 WHERE C1 = 2; -- ㉡
COMMIT;	
	UPDATE T1 SET C1 = 4 WHERE C1 = 2; -- ㉢
UPDATE T1 SET C1 = 5 WHERE C1 = 2; -- ㉣	
	COMMIT;
COMMIT;	

① 2

② 3

③ 4

④ 5

블로킹

두 트랜잭션이 동일한 행을 갱신하고자 할 때 후행 트랜잭션은 선행 트랜잭션이 설정한 Lock이 해제되기를 기다리며 블로킹 된다. 갱신을 마친 선행 트랜잭션이 COMMIT을 완료하고 나면 비로소 후행 트랜잭션은 Lock을 획득하고 갱신을 시작한다. 이때 UPDATE를 처리하는 방식이 DBMS마다 다르다.

오라클처럼 MVCC(Multi-Version Concurrency Control) 모델을 사용하는 DBMS는 UPDATE 문이 시작된 시점을 기준으로 갱신 대상을 식별한다. 만약 대상으로 식별된 레코드 중 UPDATE 문 시작 이후에 조건절 값이 변경된 레코드가 발견되면, 일관성 확보를 위해 UPDATE 문을 재시작한다. 조건절 값이 변경된 레코드가 발견되지 않으면 그대로 UPDATE를 진행한다.

SQL Server처럼 MVCC 모델을 사용하지 않는 DBMS는 (UPDATE 문 시작 시점이 아니라) 레코드에 도달한 시점을 기준으로 갱신 대상을 식별한다.

풀이

우선 S1, S2가 오라클에 접속한 세션이라는 사실에 주목하자. 오라클에서는 ⓛ UPDATE를 시작하는 시점에 C1 = 2인 레코드는 없으므로 어떤 변경도 일어나지 않는다. (참고로 SQL Server였다면, S2 세션은 ㉠ UPDATE가 끝나기를 기다렸다가 C1 값이 2로 바뀐 사실을 확인하고 ⓛ UPDATE를 정상적으로 처리한다.)

ⓒ UPDATE를 시작하는 시점에는 S1 세션에서 C1 = 1인 레코드의 C1 값을 2로 변경하고 COMMIT까지 마친 상태이므로 S2 세션은 해당 레코드를 읽어서 C1을 4로 갱신한다. 아직 COMMIT 하지 않았으므로 C1 = 2인 레코드에 대한 Lock은 S2 세션이 획득한 상태다.

ⓔ에서 C1 = 2인 레코드를 UPDATE 하려는 S1 세션은 블록킹 됐다가 S2 세션이 COMMIT을 수행하고 나면 Lock을 획득하고 갱신을 시작한다. UPDATE를 시작한 시점에는 조건절 컬럼 C1의 값이 2여서 기다렸다가 갱신하려고 보니 4로 변경된 사실을 발견한 S1 세션은 UPDATE 문을 다시 실행한다.

다시 실행한 시점에는 C1 = 2인 레코드가 없으므로 어떤 처리도 일어나지 않는다. 따라서 C1 칼럼의 최종 값은 4가 된다.

정답 : ③

06 아래 SQL을 순서대로 수행했을 때 T1 테이블의 전체 건수를 고르시오.

아 래

[T1 테이블]

```
CREATE TABLE T1 (C1 NUMBER);
```

[SQL]

```
INSERT INTO T1 VALUES (1);
INSERT INTO T1 VALUES (2);
ALTER TABLE T1 ADD C2 NUMBER;
INSERT INTO T1 VALUES (3, 3);
ROLLBACK;
```

① 0

② 1

③ 2

④ 3

풀이

DDL 문은 암시적으로 COMMIT을 수행한다. 문제 SQL에서 ALTER TABLE T1 ADD C2 NUMBER 구문은 암시적으로 COMMIT을 수행하므로 INSERT INTO T1 VALUES (3, 3) 구문만 ROLLBACK 된다. T1 테이블의 전체 건수는 2건이다.

정답 : ③

3 DDL

07 다음 중 에러가 발생하지 않는 CREATE TABLE 문을 고르시오.

① CREATE TABLE 1T (C1 NUMBER);

② CREATE TABLE T$1 (C1 NUMBER);

③ CREATE TABLE T-1 (C1 NUMBER);

④ CREATE TABLE T 1 (C1 NUMBER);

풀이

테이블 명은 문자로 시작해야 하며 공백을 허용하지 않는다. 특수 문자는 #, $, _만 사용할 수 있다. 큰따옴표(")로 오브젝트 명을 감싸면 제약을 회피할 수 있으나 권장되지 않는다.

정답 : ②

08 아래에서 에러가 발생하는 SQL 문을 고르시오.

아 래

[T1 테이블]

```
CREATE TABLE T1 (C1 NUMBER(2));
INSERT INTO T1 VALUES (1);
COMMIT;
```

[SQL]

```
ALTER TABLE T1 MODIFY C1 NUMBER(1); -- ㉠
ALTER TABLE T1 MODIFY C1 NUMBER(3); -- ㉡
ALTER TABLE T1 MODIFY C1 NOT NULL;  -- ㉢
ALTER TABLE T1 MODIFY C1 NULL;      -- ㉣
```

① ㉠

② ㉡

③ ㉢

④ ㉣

풀이

NUMBER 타입은 이미 값을 하나라도 입력한 경우 데이터 타입의 크기를 축소할 수 없다. ㉠은 "ORA-01440: 정도 또는 자리수를 축소할 열은 비어 있어야 합니다" 에러가 발생한다.

정답 : ①

09 다음 중 에러가 발생하는 SQL 문을 고르시오.

아 래

[T1, T2 테이블]

```
CREATE TABLE T1 (C1 NUMBER, CONSTRAINT T1_PK PRIMARY KEY (C1));
CREATE TABLE T2 (C1 NUMBER, CONSTRAINT T1_FK FOREIGN KEY (C1) REFERENCES T1 (C1));
```

① ALTER TABLE T1 RENAME COLUMN C1 TO C2;

② ALTER TABLE T2 RENAME COLUMN C1 TO C2;

③ DROP TABLE T1;

④ DROP TABLE T2;

풀이

FK 제약 조건에 의해 참조되는 테이블을 제거하려면 먼저 FK 제약 조건을 제거해야 한다. ③은 "ORA-02449: 외래 키에 의해 참조되는 고유/기본 키가 테이블에 있습니다" 에러가 발생한다.

FK 제약을 명시적으로 제거하지 않고 아래처럼 CASCADE CONSTRAINTS 절을 지정하는 방법도 있다.

```
DROP TABLE T1 CASCADE CONSTRAINTS;
```

정답 : ③

10 오라클에서 아래 SQL을 순서대로 수행했을 때 T1, T2 테이블의 전체 건수를 고르시오.

아 래

[1번 SQL]

```
CREATE TABLE T1 (C1 NUMBER);

ALTER TABLE T1 ADD CONSTRAINT
T1_PK PRIMARY KEY (C1);

INSERT INTO T1 VALUES (1);
INSERT INTO T1 VALUES (1);
INSERT INTO T1 VALUES (NULL);
INSERT INTO T1 VALUES (NULL);

SELECT COUNT (*) AS CNT FROM T1;
```

[2번 SQL]

```
CREATE TABLE T2 (C1 NUMBER);

ALTER TABLE T2 ADD CONSTRAINT
T2_U1 UNIQUE (C1);

INSERT INTO T2 VALUES (1);
INSERT INTO T2 VALUES (1);
INSERT INTO T2 VALUES (NULL);
INSERT INTO T2 VALUES (NULL);

SELECT COUNT (*) AS CNT FROM T2;
```

① T1: 1, T2: 1

② T1: 1, T2: 2

③ T1: 3, T2: 1

④ T1: 1, T2: 3

PK 제약 조건 vs. UNIQUE 제약 조건

PK 제약 조건은 널을 허용하지 않고, UNIQUE 제약 조건은 널을 허용한다. NULL을 처리하는 방식은 DBMS마다 조금씩 다르므로 주의해야 한다. 예를 들어, 오라클은 PK 제약을 설정하려는 키 칼럼이 NULL 허용 칼럼이면 자동으로 NOT NULL 제약을 추가해 주지만, SQL Server는 그렇게 하지 않고 에러를 발생시킨다. 따라서 SQL Server에서는 명시적으로 NOT NULL을 정의한 후에 PK 제약을 설정해야 한다.

UNIQUE 제약을 설정한 상태에서 NULL 값을 처리하는 방식도 다르다. 오라클은 UNIQUE 제약이 설정된 컬럼에 NULL 값을 얼마든지 입력할 수 있지만, SQL Server에서는 NULL 값도 단 하나만 입력할 수 있다.

풀이

㉠은 "ORA-00001: 무결성 제약 조건()에 위배됩니다", ㉡은 "ORA-01400: NULL을 () 안에 삽입할 수 없습니다" 에러가 발생한다.

[1번 SQL]

```
INSERT INTO T1 VALUES (1);
INSERT INTO T1 VALUES (1);     -- ㉠
INSERT INTO T1 VALUES (NULL);  -- ㉡
INSERT INTO T1 VALUES (NULL);  -- ㉡
```

[2번 SQL]

```
INSERT INTO T2 VALUES (1);
INSERT INTO T2 VALUES (1);     -- ㉠
INSERT INTO T2 VALUES (NULL);
INSERT INTO T2 VALUES (NULL);
```

정답 : ④

11 아래 빈칸 ㉠에 들어갈 시스템 권한을 고르시오.

아 래

[U1 사용자로 접속]

SQLPLUS U1/U1

ORA-01045: 사용자 U1는 [㉠] 권한을 가지고있지 않음; 로그온이 거절되었습니다.

① CREATE CONNECTION
② CREATE LOGIN
③ CREATE PROCESS
④ CREATE SESSION

풀이

사용자로 로그인하기 위해서는 CREATE SESSION 시스템 권한이 필요하다. ORA-01045 에러는 접속 권한이 없어 로그인이 거절됐을 때 발생한다. SYS 또는 SYSTEM 사용자로 접속해서 아래 명령어로 권한을 부여하면 로그인이 가능하다.

```
GRANT CREATE SESSION TO U1;
```

정답 : ④

12 아래 에러를 조치하기 위해 빈칸 ㉠에 들어갈 키워드를 고르시오.

아 래

U1 사용자	SYS 사용자
CREATE TABLE U2.T1 (C1 NUMBER); ORA-01031: 권한이 불충분합니다.	GRANT CREATE [㉠] TABLE TO U1; 권한이 부여되었습니다.

① ALL
② ANY
③ SOME
④ EVERY

풀이

U1 계정으로 로그인해서 U2 스키마에 T1 테이블을 생성하려다 ORA-01031 에러를 만났다. 다른 스키마에 테이블을 생성하기 위해서는 CREATE ANY TABLE 시스템 권한이 필요하다. CREATE ANY TABLE 시스템 권한을 부여받지 않으면 기본적으로 자신의 스카마에만 테이블을 생성할 수 있다.

정답 : ②

13 아래 에러를 조치하기 위해 빈칸 ㉠에 들어갈 시스템 권한을 고르시오.

아 래

U2 사용자	SYS 사용자
INSERT INTO T1 VALUES (1); ORA-01950: 테이블스페이스 'USERS'에 대한 권한이 없습니다.	GRANT [㉠] TO U2; 권한이 부여되었습니다.

① INSERT ON T1
② CREATE USER
③ UNLIMITED TABLESPACE
④ USERS TABLESPACE

풀이

테이블에 행을 삽입하기 위해서는 테이블이 생성된 테이블스페이스에 대한 QUOTA 설정이나 UNLIMITED TABLESPACE 시스템 권한이 필요하다.

```
-- U2 계정에게 USERS 테이블스페이스에 대한 100MB 한도 설정
ALTER USER U2 QUOTA 100M ON USERS;

-- U2 계정에게 USERS 테이블스페이스에 대한 무제한 권한 설정
ALTER USER U2 QUOTA UNLIMITED ON USERS;

-- U2 계정에게 모든 테이블스페이스에 대한 무제한 권한 부여
GRANT UNLIMITED TABLESPACE TO U2;
```

정답 : ③

14 U1 계정에 T1 테이블의 모든 권한을 부여하려고 한다. 아래 빈칸 ㉠, ㉡에 들어갈 키워드를 고르시오.

아 래

[U2 사용자]

GRANT ALL [㉠] T1 [㉡] U1;

① ㉠ TABLE ㉡ FROM
② ㉠ ON ㉡ TO
③ ㉠ PRIVILEGES ㉡ FROM
④ ㉠ ROLE ㉡ TO

풀이

GRANT 명령어로 권한을 부여할 때 ON 절에는 대상 오브젝트를 지정하고, TO 절에는 대상 계정을 지정한다. GRANT ALL ON T1 TO U1 구문으로 U1 사용자에 T1 테이블의 모든 권한을 부여할 수 있다.

정답 : ②

15 아래 빈칸 ㉠에 들어갈 수 없는 오브젝트 권한을 고르시오.

아 래

[U2 사용자]

```
GRANT [ ㉠ ] ON T1 TO U1;
```

① ALTER

② EXECUTE

③ INDEX

④ REFERENCES

풀이

EXECUTE 권한은 PL/SQL 오브젝트에 대한 권한이다. GRANT 문을 수행하면 "ORA-02224: EXECUTE 권한은 테이블에 대해서는 허용되지 않습니다" 에러가 발생한다.

정답 : ②

16 아래 빈칸 ㉠에 들어갈 구문을 고르시오.

아 래

[U2 사용자]

```
[ ㉠ ] R1;

롤이 생성되었습니다.

GRANT ALL ON T1 TO R1;
GRANT R1 TO U1;
```

① CREATE USER

② GRANT ROLE TO

③ GRANT EXECUTE ON

④ CREATE ROLE

풀이

CREATE ROLE 문으로 롤을 생성할 수 있다.

정답 : ④

핵심 정리 문제

01 아래 SQL을 수행한 후 T1 테이블의 전체 건수를 고르시오.

아 래

[T1 테이블]

C1	C3
1	1

[T2 테이블]

C1	C2
1	1
2	1
3	1
4	1

[SQL]

```
INSERT
  INTO T1
SELECT A.C1, A.C2
  FROM T2 A
 WHERE NOT EXISTS (SELECT 1 FROM T1 X WHERE X.C1 = A.C1);
```

① 1

② 2

③ 3

④ 4

02

아래 SQL을 수행한 후 T1 테이블의 C2 값을 고르시오. (단, 오라클 11.2 이상 버전에서 수행한 것으로 가정함)

아 래

[T1 테이블]

C1	C2
1	1

[T2 테이블]

C1	C2
1	1
1	2
1	3

[SQL]

```
UPDATE (SELECT A.C2 AS AC2, B.C2 AS BC2
          FROM T1 A
             , (SELECT C1, MAX (C2) AS C2 FROM T2 GROUP BY C1) B
         WHERE B.C1 = A.C1)
   SET AC2 = BC2;
```

① 1
② 2
③ 3
④ NULL

03

아래 SQL을 수행한 후 T1 테이블의 전체 건수를 고르시오.

아 래

[T1 테이블]

C1	C2
1	1

[T2 테이블]

C1	C2
1	2
1	3
1	4

[SQL]

```
MERGE
 INTO T1 T
USING T2 S
   ON (T.C1 = S.C1)
 WHEN MATCHED THEN
      UPDATE SET T.C2 = S.C2;
```

① 1
② 2
③ 3
④ 4

04 오라클에 접속한 S1, S2 세션에서 아래 SQL을 순서대로 수행했을 때 C1 칼럼의 최종 값을 고르시오.

아 래

[T1 테이블]

```
CREATE TABLE T1 (C1 NUMBER);
INSERT INTO T1 VALUES (1);
COMMIT;
```

[SQL]

S1 세션	S2 세션
UPDATE T1 SET C1 = 2 WHERE C1 = 1; -- ㉠	
	UPDATE T1 SET C1 = 3 WHERE C1 = 2; -- ㉡
COMMIT;	
	UPDATE T1 SET C1 = 4 WHERE C1 = 2; -- ㉢
UPDATE T1 SET C1 = 5 WHERE C1 = 2; -- ㉣	
	ROLLBACK;
COMMIT;	

① 2
② 3
③ 4
④ 5

05 아래 SQL 수행했을 때 T1 테이블의 C1 칼럼의 최고 값을 고르시오.

아 래

[T1 테이블]

```
CREATE TABLE T1 (C1 NUMBER(1));
```

[T2 테이블]

```
CREATE TABLE T2 (C1 NUMBER);

INSERT INTO T2 VALUES ( 8);
INSERT INTO T2 VALUES ( 9);
INSERT INTO T2 VALUES (10);

COMMIT;
```

[SQL]

```
INSERT INTO T1 VALUES (7);
INSERT INTO T1 SELECT * FROM T2;
DELETE FROM T1 WHERE C1 = 9;
```

① 7
② 8
③ 9
④ 10

06

S1, S2 세션에서 아래 SQL을 순서대로 수행했을 때 작업을 끝까지 완료하지 못하고 에러를 발생시키는 SQL 문을 고르시오.

아 래

[T1 테이블]

```
CREATE TABLE T1 (C1 NUMBER, CONSTRAINT T1_PK PRIMARY KEY (C1));
```

[SQL]

S1 세션	S2 세션
INSERT INTO T1 VALUES (1); -- ㉠	
	INSERT INTO T1 VALUES (1); -- ㉡
COMMIT;	
	INSERT INTO T1 VALUES (2); -- ㉢
INSERT INTO T1 VALUES (2); -- ㉣	
	ROLLBACK;
COMMIT;	

① ㉠

② ㉡

③ ㉢

④ ㉣

07

T1, T2 테이블에 입력한 데이터가 각각 100건인 상황에서 아래 1번과 2번 SQL들을 수행하였다. 마지막에 두 테이블 총 건수를 조회한 결과로 올바른 것을 고르시오.

아 래

[1번 SQL]

```
DELETE FROM T1;

ROLLBACK;

SELECT COUNT (*) AS CNT FROM T1;
```

[2번 SQL]

```
TRUNCATE TABLE T2;

ROLLBACK;

SELECT COUNT (*) AS CNT FROM T2;
```

① T1: 0, T2: 0

② T1: 0, T2: 100

③ T1: 100, T2: 0

④ T1: 100, T2: 100

08

아래 SQL을 수행했을 때 맨 마지막 SELECT 문에 의해 선택되는(C1, C2 칼럼이 동일하게 평가되는) 행의 C1 값을 고르시오.

아 래

[T1 테이블]

```
CREATE TABLE T1 (C1 CHAR(2), C2 VARCHAR2(2));
```

[SQL]

```
INSERT INTO T1 VALUES ('A' , 'A' );
INSERT INTO T1 VALUES ('B' , 'B ' );
INSERT INTO T1 VALUES ('C' , 'C' );
INSERT INTO T1 VALUES ('D ' , 'D ' );

SELECT * FROM T1 WHERE C1 = C2;
```

① A, B　② B, C
③ B, D　④ C, D

09

U1 사용자로부터 T1 테이블의 모든 권한을 회수하려고 한다. 아래 빈칸 ㉠, ㉡에 들어갈 키워드를 고르시오.

아 래

[U2 사용자]

```
REVOKE ALL [ ㉠ ] T1 [ ㉡ ] U1;
```

① ㉠ ON ㉡ TO　② ㉠ GRANT ㉡ FROM
③ ㉠ ON ㉡ FROM　④ ㉠ GRANT ㉡ TO

10

아래 빈칸 ㉠에 들어갈 구문을 고르시오.고르시오.

아 래

[U2 사용자]

```
REVOKE R1 FROM U1;
REVOKE ALL ON T1 FROM R1;

[ ㉠ ] R1;

롤이 삭제되었습니다.
```

① DELETE ROLE　② DROP ROLE
③ REVOKE ROLE　④ TRUNCATE ROLE

CHAPTER 03

정리 문제 해답

01

INSERT 문

INSERT 문에 VALUES 절 대신 서브 쿼리를 사용하면 테이블에 서브 쿼리의 결과를 삽입할 수 있다. 서브 쿼리의 결과가 다중 행이면 다중 행이 삽입된다.

```
INSERT
  INTO { table ¦ view ¦ subquery } [t_alias] [(column [, column]…)]
subquery
```

풀이

테이블에 UNIQUE 인덱스를 생성하면 중복 레코드 입력을 방지해 준다. PK 제약을 설정하면 UNIQUE 인덱스가 자동으로 생성된다. 따라서 PK 제약을 설정한 컬럼에 중복 값을 입력하면, "ORA-00001: 무결성 제약 조건에 위배됩니다" 에러가 발생한다.

T1 테이블 C1 컬럼에 PK 제약을 설정하면 DBMS가 중복 레코드 입력을 방지해 준다. T2 테이블을 읽어 T1 테이블에 그대로 입력하면, C1이 1인 레코드가 중복되므로 에러가 발생한다. 문제 SQL은 NOT EXISTS 서브 쿼리로 T1의 C1과 같은 값을 가진 레코드를 필터링했으므로 에러가 발생하지 않는다. T2 테이블의 C1이 1인 행을 제외한 3행이 입력되어 T1 테이블의 건수는 4행이다.

정답 : ④

02

UPDATE 문

UPDATE 문을 사용하면 테이블의 기존 행을 갱신할 수 있다. 조인 뷰를 이용하면, 다른 테이블(또는 가공한 결과집합)과 조인해서 얻은 값으로 갱신할 수 있다.

```
UPDATE { table ¦ view ¦ subquery } [t_alias]
   SET { column = { expr ¦ (subquery) ¦ DEFAULT }
       ¦ (column [, column]…) = (subquery) }
    [, {column = {expr ¦ (subquery) ¦ DEFAULT}
       ¦ (column [, column]…) = (subquery) }]…
 WHERE condition;
```

풀이

문제 SQL은 조인 뷰로 UPDATE 문을 수행했다. T1 테이블의 C2 칼럼은 3으로 갱신된다.

정답 : ③

03

MERGE 문

MERGE 문의 구문은 아래와 같다. USING 절에 지정한 소스 테이블을 INTO 절에 지정한 타깃 테이블과 ON 절의 조건으로 조인한다. 조인에 성공한 행은 MERGE UPDATE 절, 조인에 실패한 행은 MERGE INSERT 절을 수행한다. DELETE 절은 MERGE UPDATE 절로 갱신된 행을 대상으로 조건을 체크한 후 일부 데이터를 지우는 기능을 제공한다. 조건을 만족하는지 여부는 (갱신하기 이전 값이 아닌) 갱신한 이후 값을 기준으로 한다.

```
MERGE
 INTO {table | view | (subquery)} [t_alias]
USING {table | view | (subquery)} [t_alias]
   ON (condition)
 WHEN MATCHED THEN     -- MERGE UPDATE 절
      UPDATE
         SET column = {expr | DEFAULT} [, column = {expr | DEFAULT}]…
      [WHERE condition]
     [DELETE
       WHERE condition]
 WHEN NOT MATCHED THEN -- MERGE INSERT 절
      INSERT [(column [, column]…)]
      VALUES ({expr | DEFAULT} [, {expr | DEFAULT}]…)
      [WHERE condition];
```

항목	설명
INTO 절	갱신 또는 삽입할 타깃 테이블
USING 절	갱신 또는 삽입에 사용할 소스 테이블
ON 절	갱신 또는 삽입의 대상을 결정하는 조건
MERGE UPDATE 절	ON 절의 조건이 만족하는 경우 수행될 구문
MERGE INSERT 절	ON 절의 조건이 만족하지 않는 경우 수행될 구문

주의해야 할 점은 USING 절 소스 테이블이 ON 절의 조인 컬럼 기준으로 유일성을 보장해야 한다는 사실이다. 유일성을 보장하지 않는 행을 발견하는 순간, 오라클은 "ORA-30926" 에러를 발생시킨다. 이런 제약이 생긴 이유를 이해하는 것도 중요하다. ON 절의 조건으로 소스 데이터를 읽을 때 2개 이상의 행이 반환되면, MERGE UPDATE 절을 수행하는 과정에 INTO 절 타깃 테이블이 여러 번 갱신된다. 여러 번 갱신되더라도 같은 값이면 상관이 없겠지만, 같은 값이 아닌 경우 일관성에 문제가 생길 수 있어 위와 같은 제약을 둔 것이다.

풀이

문제 SQL은 소스 테이블 T2에 조인 조건을 만족하는 행이 2건 이상 존재하므로 "ORA-30926: 원본 테이블의 고정 행 집합을 가져올 수 없습니다" 에러가 발생한다. 값이 갱신되지 않으므로 정답은 1번이다.

정답 : ①

04

블로킹

두 트랜잭션이 동일한 행을 갱신하고자 할 때 후행 트랜잭션은 선행 트랜잭션이 설정한 Lock이 해제되기를 기다리며 블로킹 된다. 갱신을 마친 선행 트랜잭션이 COMMIT을 완료하고 나면 비로소 후행 트랜잭션은 Lock을 획득하고 갱신을 시작한다. 이때 UPDATE를 처리하는 방식이 DBMS마다 다르다.

오라클처럼 MVCC(Multi-Version Concurrency Control) 모델을 사용하는 DBMS는 UPDATE 문이 시작된 시점을 기준으로 갱신 대상을 식별한다. 만약 대상으로 식별된 레코드 중 UPDATE 문 시작 이후에 조건절 값이 변경된 레코드가 발견되면, 일관성 확보를 위해 UPDATE 문을 재시작한다. 조건절 값이 변경된 레코드가 발견되지 않으면 그대로 UPDATE를 진행한다.

SQL Server처럼 MVCC 모델을 사용하지 않는 DBMS는 (UPDATE 문 시작 시점이 아니라) 레코드에 도달한 시점을 기준으로 갱신 대상을 식별한다.

풀이

우선 S1, S2가 오라클에 접속한 세션이라는 사실에 주목하자. 오라클에서는 ㉡ UPDATE를 시작하는 시점에 C1 = 2인 레코드는 없으므로 어떤 변경도 일어나지 않는다. (참고로 SQL Server였다면, S2 세션은 ㉠ UPDATE가 끝나기를 기다렸다가 C1 값이 2로 바뀐 사실을 확인하고 ㉡ UPDATE를 정상적으로 처리한다.)

㉢ UPDATE를 시작하는 시점에는 S1 세션에서 C1 = 1인 레코드의 C1 값을 2로 변경하고 COMMIT까지 마친 상태이므로 S2 세션은 해당 레코드를 읽어서 C1을 4로 갱신한다. 아직 COMMIT 하지 않았으므로 C1 = 2인 레코드에 대한 Lock은 S2 세션이 획득한 상태다.

㉣에서 C1 = 2인 레코드를 UPDATE 하려는 S1 세션은 블록킹 됐다가 S2 세션이 ROLLBACK을 수행하고 나면 Lock을 획득하고 갱신을 시작한다. ㉣ UPDATE를 시작한 이후 C1 = 2인 레코드에 어떤 변화도 생기지 않았으므로 S2 세션은 그대로 UPDATE를 진행한다. 따라서 C1 칼럼의 최종 값은 5가 된다.

정답 : ④

05

풀이

DML 수행 도중 에러가 발생하면 해당 문장만 ROLLBACK 된다. 문제 SQL에서 INSERT INTO T1 SELECT * FROM T2 구문은 " ORA-01438: 이 열에 대해 지정된 전체 자릿수보다 큰 값이 허용됩니다." 에러가 발생한다. T1 테이블 C1 칼럼의 최고 값은 7이다.

정답 : ①

06

PK 제약

PK 제약이 설정된 컬럼에 여러 세션이 동시에 같은 값을 입력하려고 하면, 후행 트랜잭션이 블로킹된다. 그 상황에서 선행 트랜잭션이 COMMIT 하면 후행 트랜잭션의 입력은 에러를 만나면서 실패로 끝나고, ROLLBACK 하면 후행 트랜잭션의 입력은 성공으로 끝난다.

풀이

㉡이 블로킹된 후 S1 세션에서 COMMIT을 수행했으므로 S2 세션에서는 "ORA-00001: 무결성 제약 조건(SCOTT.T1_PK)에 위배됩니다" 에러가 발생한다. ㉣은 블로킹된 후 S2 세션에서 ROLLBACK을 수행했으므로 값이 입력된다.

정답 : ②

07 풀이

DELETE 문은 DML 문, TRUNCATE 문은 DDL 문이다. DDL 문은 암시적으로 COMMIT을 수행하기 때문에 ROLLBACK으로 값을 되돌릴 수 없다. 1번 SQL은 100건, 2번 SQL은 0건이 반환된다.

정답 : ③

08

CHAR 타입 vs. VARCHAR2 타입

CHAR 타입은 값의 크기가 데이터 타입의 크기보다 작으면 뒤쪽에 공백을 채워서 값을 저장하는 반면, VARCHAR2 타입은 입력한 값을 그대로 저장한다. CHAR 타입과 VARCHAR2 타입을 혼용하여 사용하면 예상치 못한 결과가 반환될 수 있으므로 가급적 VARCHAR2 타입으로 통일하는 편이 바람직하다.

풀이

문제에서 VARCHAR2 타입인 C2 칼럼에 공백을 추가한 B, D가 동일한 값으로 평가된다.

정답 : ③

09 풀이

REVOKE 명령어로 권한을 회수할 때 ON 절에는 대상 오브젝트를 지정하고, FROM 절에는 대상 계정을 지정한다. REVOKE ALL ON T1 FROM U1 구문으로 U1 사용자로부터 T1 테이블의 모든 권한을 회수할 수 있다.

정답 : ③

10 풀이

DROP ROLE 문으로 롤을 제거할 수 있다. 롤을 제거하면 롤에 대한 권한도 함께 회수된다.

정답 : ②

NOTE

SQL 개발자 자격검정

실전 모의고사

< 1회 >

SQL 개발자 자격검정

실전 모의고사

1

1회

과목 I 데이터 모델링의 이해

* 선택형 10문항 (1~10 / 각 2점)

01 다음 중 데이터 독립성을 위한 ANSI/SPARK의 3단계 스키마 구성으로 부적절한 것을 고르시오.

① 개념 스키마

② 논리 스키마

③ 내부 스키마

④ 외부 스키마

02 다음 중 엔터티의 특징에 대한 설명으로 가장 부적절한 것을 고르시오.

① 엔터티는 식별자가 존재해야 한다.

② 엔터티는 인스턴스가 존재해야 한다.

③ 엔터티는 관계 속성이 존재해야 한다.

④ 엔터티는 사용하는 업무 프로세스가 존재해야 한다.

03 다음 중 다른 엔터티와의 관계에 의해 생성되는 속성을 고르시오.

① 기본 속성

② 파생 속성

③ 설계 속성

④ 관계 속성

04 다음 중 관계(Relationship)가 적절하게 표기된 데이터 모델을 고르시오.

①
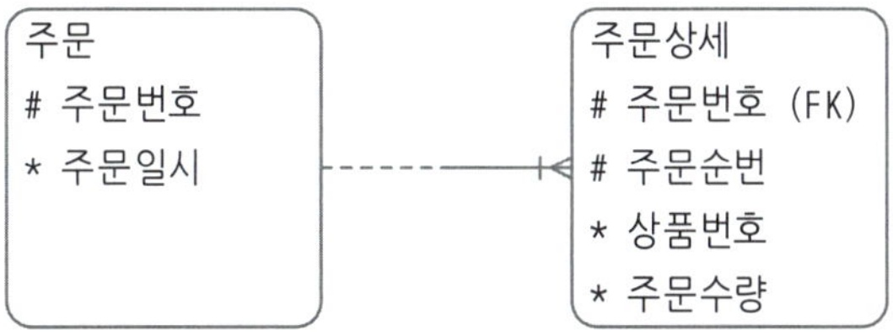

②
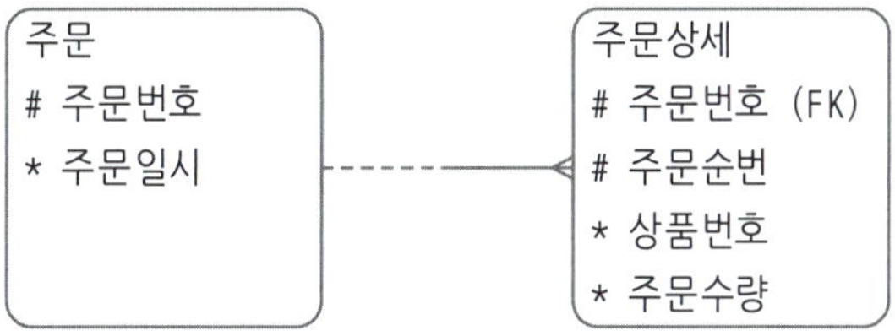

③
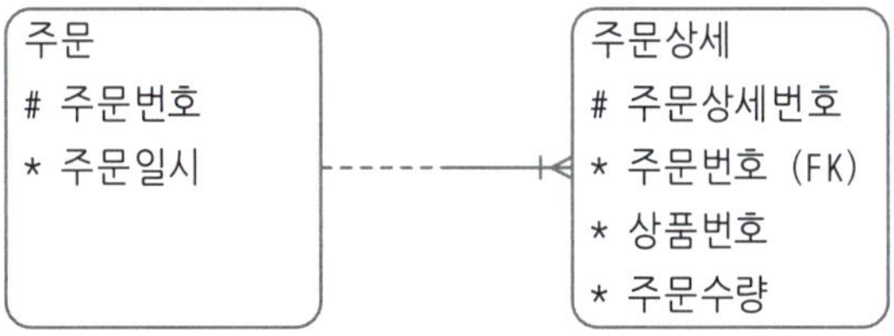

④
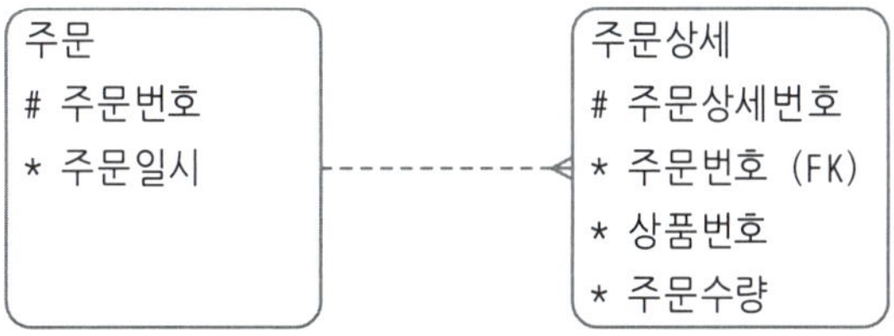

05 아래 데이터 모델에서 식별 관계를 고르시오.

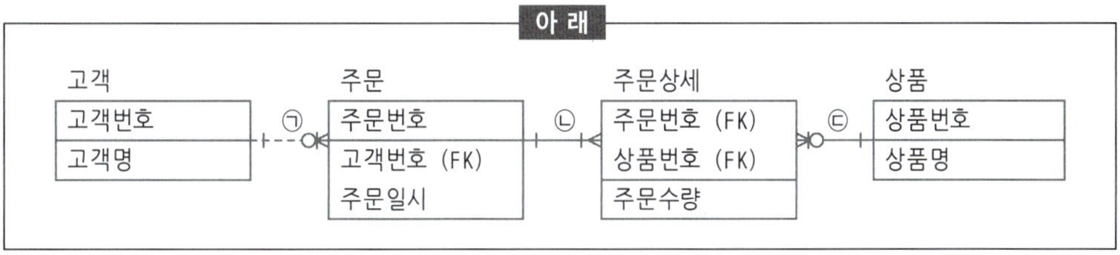

① ㉠, ㉡
② ㉡, ㉢
③ ㉠, ㉢
④ ㉠, ㉡, ㉢

06 다음 중 아래 데이터 모델이 위반하고 있는 정규형으로 적절한 것을 고르시오.

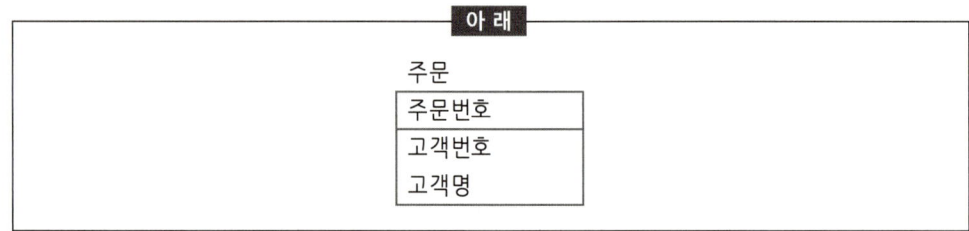

아 래

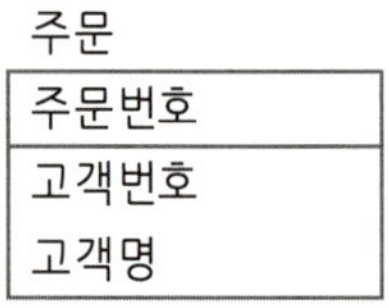

① 1정규형

② 2정규형

③ 3정규형

④ 4정규형

07 다음 중 아래 데이터 모델에 대한 설명으로 가장 부적절한 것을 고르시오.

아 래

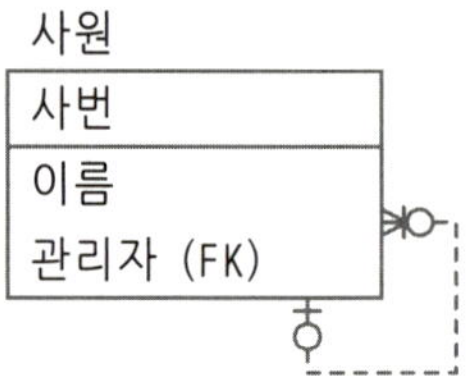

① 사원은 담당 관리자가 여럿일 수 있다.

② 사원은 담당 관리자가 없을 수 있다.

③ 사원은 관리자가 될 수 있고, 여러 사원을 관리할 수 있다.

④ 사원은 관리자가 아닐 수 있다.

08 다음 중 아래 두 가지 데이터 모델에 대한 설명으로 가장 부적절한 것을 고르시오.

아 래

[데이터 모델 ㉠]

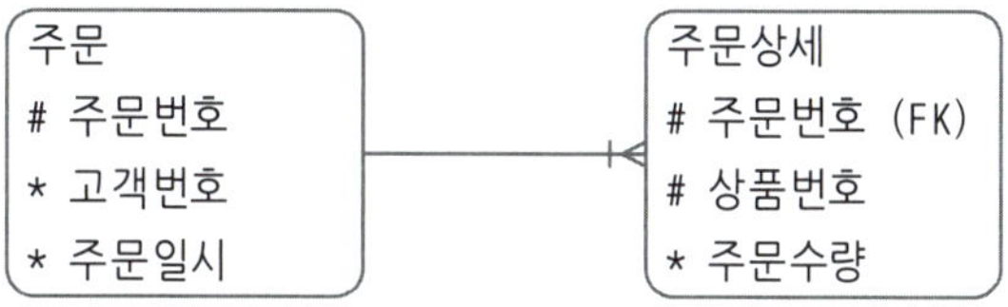

[데이터 모델 ㉡]

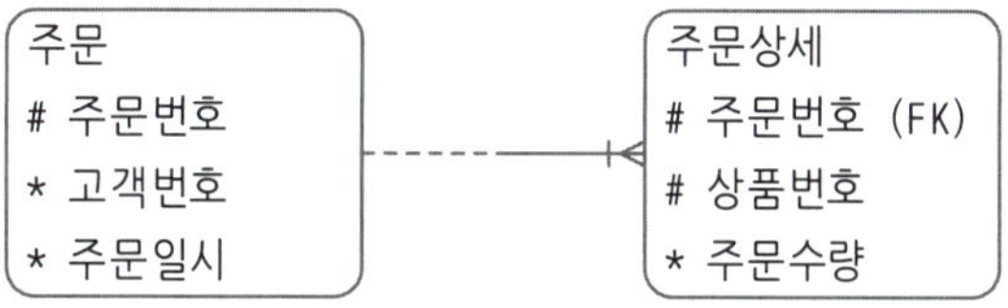

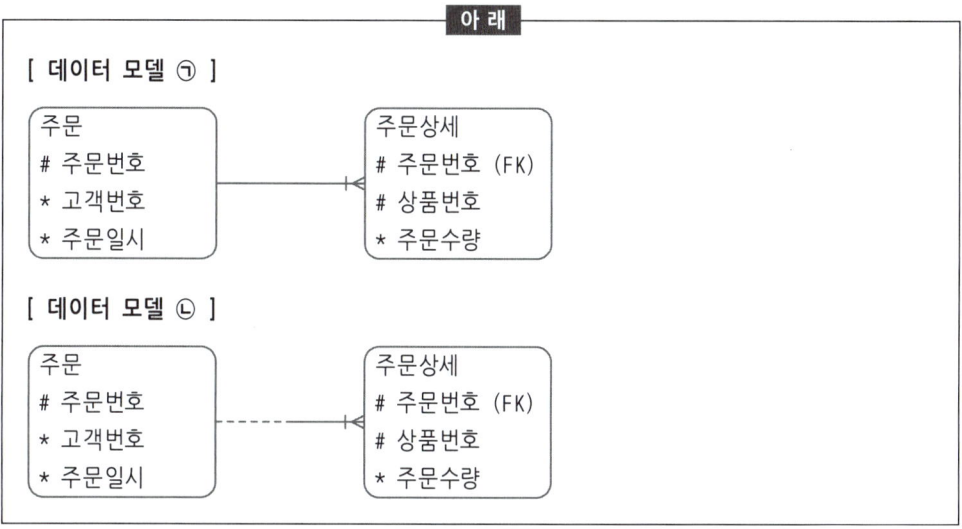

① ㉠은 주문상세 인스턴스 생성 시 관련 주문이 반드시 존재해야 한다.

② ㉠은 하나의 트랜잭션 내에서 주문 인스턴스와 주문상세 인스턴스를 같이 생성해야 한다.

③ ㉡은 주문상세 인스턴스 생성 시 관련 주문이 존재하지 않을 수 있다.

④ ㉠, ㉡은 한 주문 내에서 같은 상품을 여러 번 주문할 수 없다.

09 조회 화면에서 사용자가 부서번호를 입력하면 해당 부서의 사원을 출력하고, 부서번호를 입력하지 않으면 전체 사원을 출력하고 싶다. 다음 중 아래 데이터 모델을 참고하여 올바른 결과를 반환하는 SQL을 고르시오. (단, 사용자가 부서번호를 입력하면 V_부서번호 변수에 그 값을 입력하고, 부서번호를 입력하지 않으면 V_부서번호 변수에 NULL을 입력한다.)

아 래

[데이터 모델]

```
사원
# 사번
* 이름
0 부서번호
```

[SQL ㉠]

```
SELECT *
  FROM 사원
 WHERE 부서번호 = NVL (:V_부서번호, 부서번호);
```

[SQL ㉡]

```
SELECT *
  FROM 사원
 WHERE 부서번호 = DECODE (:V_부서번호, NULL, 부서번호, :V_부서번호);
```

[SQL ㉢]

```
SELECT *
  FROM 사원
 WHERE (    :V_부서번호 IS NULL
        OR (    :V_부서번호 IS NOT NULL
            AND 부서번호 = :V_부서번호) );
```

[SQL ㉣]

```
SELECT * FROM 사원 WHERE :V_부서번호 IS NULL
UNION ALL
SELECT * FROM 사원 WHERE :V_부서번호 IS NOT NULL AND 부서번호 = :V_부서번호;
```

① ㉠, ㉡

② ㉡, ㉢

③ ㉢, ㉣

④ ㉠, ㉡, ㉢, ㉣

10 아래 데이터 모델은 한 주문에서 특정 상품을 여러 번 주문할 수 있다. 한 주문에서 특정 상품을 한 번만 주문하도록 하기 위해 제약조건을 생성할 경우 빈칸 ㉠에 들어갈 내용을 고르시오.

아 래

[데이터 모델]

[SQL ㉠]

ALTER TABLE 주문상세 ADD CONSTRAINT [㉠] ;

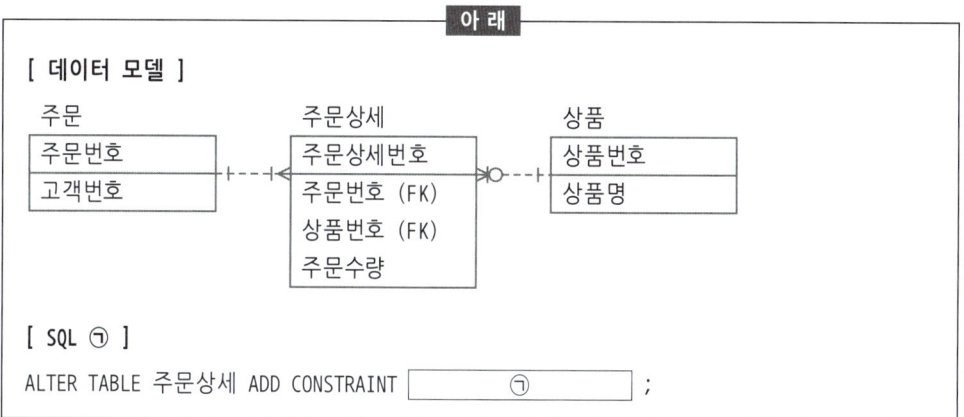

① 주문상세_F1 FOREIGN KEY (주문번호) REFERENCES 주문 (주문번호)

② 주문상세_F2 FOREIGN KEY (상품번호) REFERENCES 상품 (상품번호)

③ 주문상세_U1 UNIQUE (주문번호, 상품번호)

④ 주문상세_U2 UNIQUE (상품번호, 주문수량)

과목 II SQL 기본과 활용

* 선택형 40문항 (11~50 / 각 2점)

11 아래와 같이 T1 테이블을 생성하고, SQL을 순서대로 수행했을 때 2번 SQL의 수행 결과를 고르시오. (단, DBMS는 Oracle을 기준으로 함)

아 래

[T1 테이블]

```
CREATE TABLE T1 (C1 CHAR(4), C2 VARCHAR2(4));
```

[1번 SQL]

```
INSERT INTO T1 (C1, C2) VALUES ('A', 'A');
```

[2번 SQL]

```
SELECT LENGTH (C1) AS LEN_C1, LENGTH (C2) AS LEN_C2 FROM T1;
```

① 1, 1

② 4, 1

③ 4, 4

④ 1, 4

12 다음 중 아래 SQL의 수행 결과 건수를 순서대로 표시한 것을 고르시오.

아 래

[T1 테이블]

C1	C2
A	B
A	D
B	D
B	D
B	E

[SQL]

```
SELECT DISTINCT C1 FROM T1;

SELECT C2 FROM T1;

SELECT DISTINCT C1, C2 FROM T1;
```

① 2, 3, 4

② 2, 3, 3

③ 2, 5, 4

④ 5, 5, 5

13 다음 중 수행 결과가 다른 SQL을 고르시오.

① SELECT CONCAT ('DB', 'ian') AS R1 FROM DUAL;

② SELECT SUBSTR ('DBian Corp.', 1, 5) AS R1 FROM DUAL;

③ SELECT 'DB' || UPPER ('iAN') AS R1 FROM DUAL;

④ SELECT REPLACE ('DBian Corp.', ' Corp.') AS R1 FROM DUAL;

14 다음 중 아래 SQL과 수행 결과가 다른 SQL을 고르시오.

아 래

[T1 테이블]

```
CREATE TABLE T1 (C1 DATE);
```

C1
2020-06-30 00:00:00

[SQL]

```
SELECT TO_CHAR (C1, 'YYYY-MM') AS R1 FROM T1;
```

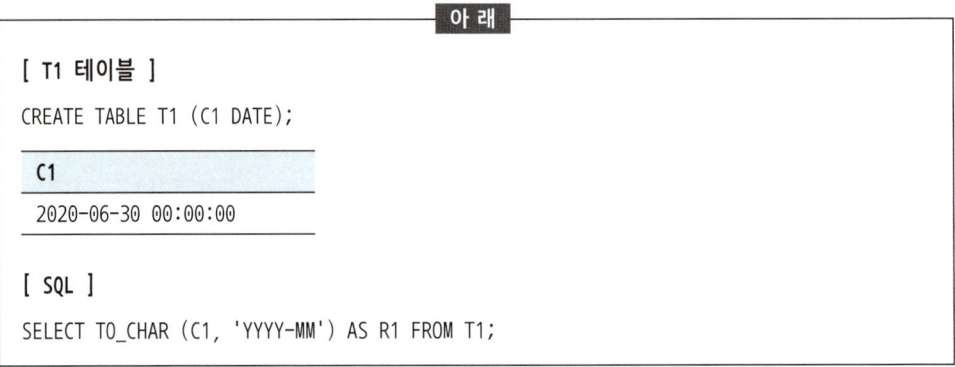

① SELECT EXTRACT (YEAR FROM C1) || '-' || TO_CHAR (C1, 'MM') AS R1 FROM T1;

② SELECT TO_CHAR (C1, 'YYYY') || '-' || TO_CHAR (C1, 'MM') AS R1 FROM T1;

③ SELECT SUBSTR (TO_CHAR (C1, 'YYYY-MM-DD'), 1, 7) AS R1 FROM T1;

④ SELECT EXTRACT (YEAR FROM C1) || '-' || EXTRACT (MONTH FROM C1) AS R1 FROM T1;

15 아래 SQL을 수행한 결과집합의 C1 값이 모두 NULL일 때, 빈칸 ㉠에 들어갈 표현식을 고르시오.

아 래

```
SELECT C1
  FROM TAB
 WHERE C1 [    ㉠    ];
```

① = NULL

② = ''

③ IS NULL

④ IN (NULL, '')

16 아래 SQL의 수행 결과를 고르시오. 단, C1의 데이터 타입은 VARCHAR2(10)이다.

아 래

[T1 테이블]

C1
ABCD
A_C%
ABC
ABBCD

[SQL]

```
SELECT SUM (LENGTH (C1)) AS R1 FROM T1 WHERE C1 LIKE 'A_C%';
```

① 8

② 11

③ 7

④ 16

17 다음 중 수행 결과가 다른 SQL을 고르시오.

아 래

[T1 테이블]

C1
3.5
4.0
5.5
6.0

① SELECT SUM (ROUND (C1)) AS R1 FROM T1;

② SELECT ROUND (SUM (C1)) AS R1 FROM T1;

③ SELECT SUM (CEIL (C1)) AS R1 FROM T1;

④ SELECT ROUND (SUM (C1), -1) AS R1 FROM T1;

18 다음 중 에러가 발생하는 SQL을 고르시오.

①
```
SELECT JOB, COUNT (*) AS CNT
  FROM EMP
 GROUP BY JOB;
```

②
```
SELECT DEPTNO, SUM (SAL) AS SAL
  FROM EMP
 GROUP BY DEPTNO, JOB;
```

③
```
SELECT TO_CHAR (HIREDATE, 'YYYY') AS HIREYEAR, COUNT (*) AS CNT
  FROM EMP
 GROUP BY HIREDATE;
```

④
```
SELECT HIREDATE, SUM (SAL) AS SAL
  FROM EMP
 GROUP BY TO_CHAR (HIREDATE, 'YYYY-MM-DD');
```

19 다음 중 아래 SQL의 수행 결과를 고르시오.

아 래

[T1 테이블]

C1	C2
1	ZA
2	BZZ
3	CZZ
4	DZZZ
5	ZZZE

[SQL]

```
SELECT C1, C2
  FROM T1
 ORDER BY CASE
              WHEN C1 <= 2 THEN 'B'
              WHEN C1 >  4 THEN 'A'
              ELSE 'C'
          END
        , RTRIM (C2, 'Z');
```

①

C1	C2
1	ZA
2	BZZ
3	CZZ
4	DZZZ
5	ZZZE

②

C1	C2
5	ZZZE
2	BZZ
1	ZA
3	CZZ
4	DZZZ

③

C1	C2
4	DZZZ
5	ZZZE
3	CZZ
1	ZA
2	BZZ

④

C1	C2
5	ZZZE
1	ZA
2	BZZ
4	DZZZ
3	CZZ

20 다음 중 아래 SQL의 수행 결과(C1 값 출력 순서)를 바르게 표시한 것을 고르시오.

아래

[T1 테이블]

C1	C2
A	900
B	2000
C	3000
D	1700
E	5000

[SQL]

```
SELECT C1
  FROM T1
 ORDER BY TO_CHAR (C2) DESC;
```

① E - C - B - D - A

② E - B - D - A - C

③ A - B - C - D - E

④ A - E - C - B - D

21 다음 중 아래 SQL의 수행 결과를 고르시오.

아 래

[T1 테이블]

C1	C2
1	A
2	B
3	C

[T2 테이블]

C1	C2
1	A
1	B
2	B
3	B
3	C

[SQL]

```
SELECT SUM (B.C1) AS R1
  FROM T1 A, T2 B
 WHERE B.C2 > A.C2;
```

① 2

② 4

③ 6

④ 12

22 아래 고객, 결제 테이블에 대해 '결제 이력이 존재하는 고객 별로 결제상품의 종류가 몇 가지인지 구하는 SQL'을 작성했다. 다음 중 아래 빈칸 ㉠, ㉡에 들어갈 표현식과 절을 고르시오.

아 래

[DDL]

```
CREATE TABLE 고객 (
    고객번호 NUMBER PRIMARY KEY
  , 고객명   VARCHAR2(100)
);

CREATE TABLE 결제 (
    결제번호     NUMBER PRIMARY KEY
  , 고객번호     NUMBER
  , 결제일시     DATE
  , 결제상품코드 VARCHAR2(4)
);
```

[SQL]

```
SELECT A.고객번호, [    ㉠    ] AS 상품종류수
  FROM 고객 A [    ㉡    ] 결제 B
    ON B.고객번호 = A.고객번호
 GROUP BY A.고객번호;
```

① ㉠ COUNT (B.결제상품코드)
   ㉡ INNER JOIN
② ㉠ COUNT (DISTINCT B.결제상품코드)
   ㉡ LEFT OUTER JOIN
③ ㉠ COUNT (DISTINCT B.결제상품코드)
   ㉡ INNER JOIN
④ ㉠ COUNT (*)
   ㉡ FULL OUTER JOIN

23 다음 중 아래 SQL과 결과가 항상 동일한 SQL을 고르시오.

아 래

[SQL]

```
SELECT *
  FROM T1 A LEFT OUTER JOIN T2 B
    ON B.C1 = A.C1
   AND B.C3 = 'B'
 WHERE A.C2 IN ('B', 'C');
```

①
```
SELECT *
  FROM T1 A, T2 B
 WHERE A.C2 IN ('B', 'C')
   AND B.C1 = A.C1
   AND B.C3 = 'B';
```

②
```
SELECT *
  FROM T1 A, T2 B
 WHERE A.C2 IN ('B', 'C')
   AND B.C1(+) = A.C1
   AND B.C3(+) = 'B';
```

③
```
SELECT *
  FROM T1 A, T2 B
 WHERE A.C2(+) IN ('B', 'C')
   AND B.C1 = A.C1(+)
   AND B.C3 = 'B';
```

④
```
SELECT *
  FROM T1 A, T2 B
 WHERE A.C2 IN ('B', 'C')
   AND B.C1(+) = A.C1
   AND B.C3 = 'B';
```

24 다음 중 아래 SQL의 결과를 고르시오.

아 래

[T1 테이블]

C1
1
2
3

[T2 테이블]

C1
1
NULL

[SQL]

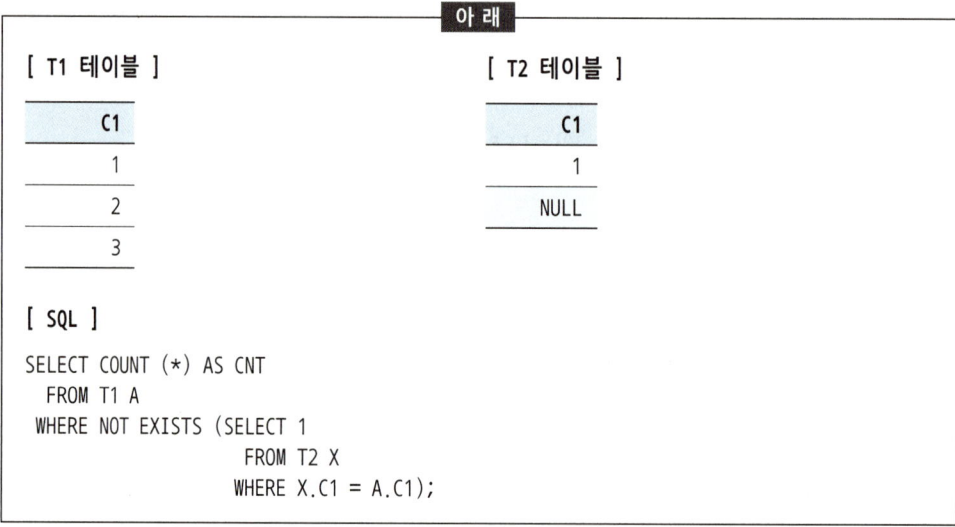

```
SELECT COUNT (*) AS CNT
  FROM T1 A
 WHERE NOT EXISTS (SELECT 1
                     FROM T2 X
                    WHERE X.C1 = A.C1);
```

① 1

② 2

③ 3

④ 0

25 아래 1, 2번 SQL은 결과가 동일하다. SQL 별로 DEPT 테이블의 조인 횟수를 고르시오. (단, EMP 테이블의 데이터는 14건이고, 쿼리변환이 발생하지 않는 것으로 가정함)

아 래

[1번 SQL]

```
SELECT   A.DEPTNO, B.DNAME
       , SUM (A.SAL) AS SAL
    FROM EMP A
       , DEPT B
   WHERE B.DEPTNO = A.DEPTNO
GROUP BY A.DEPTNO, B.DNAME;
```

[2번 SQL]

```
SELECT A.DEPTNO, B.DNAME, A.SAL
  FROM (SELECT DEPTNO
             , SUM (SAL) AS SAL
          FROM EMP
         GROUP BY DEPTNO) A
     , DEPT B
 WHERE B.DEPTNO = A.DEPTNO;
```

[결과]

```
DEPTNO DNAME        SAL
------ ---------- -----
    10 ACCOUNTING  8750
    20 RESEARCH   10875
    30 SALES       9400

3 행이 선택되었습니다.
```

① 1번: 3, 2번: 3

② 1번: 3, 2번: 14

③ 1번: 14, 2번 : 3

④ 1번: 14, 2번: 14

26 아래 1, 2번 SQL은 수행 결과가 동일하다. 2번 SQL의 빈칸 ㉠에 들어갈 집합 연산자를 고르시오.

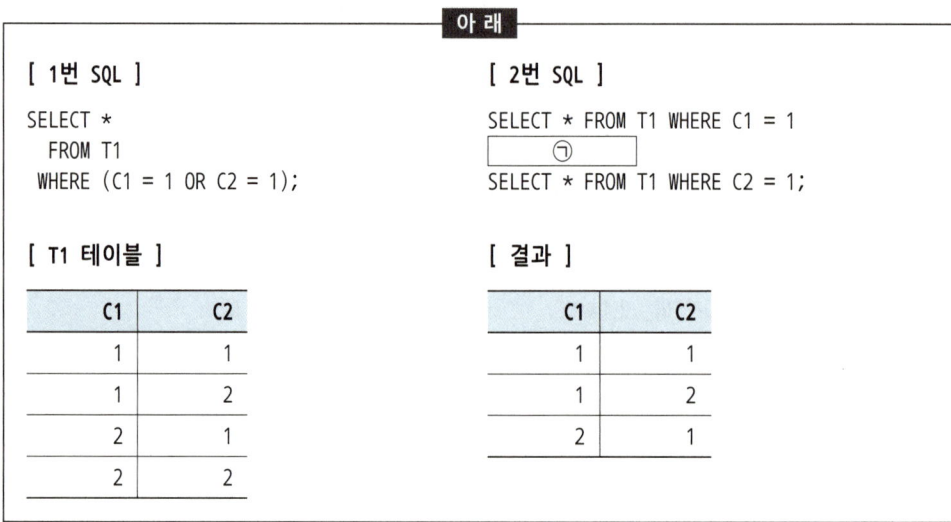

아 래

[1번 SQL]

```
SELECT *
  FROM T1
 WHERE (C1 = 1 OR C2 = 1);
```

[2번 SQL]

```
SELECT * FROM T1 WHERE C1 = 1
        ㉠
SELECT * FROM T1 WHERE C2 = 1;
```

[T1 테이블]

C1	C2
1	1
1	2
2	1
2	2

[결과]

C1	C2
1	1
1	2
2	1

① UNION ALL

② UNION

③ MINUS

④ INTERSECT

27 아래 SQL의 빈칸 ㉠에 들어갈 표현식을 고르시오.

아 래

[T1 테이블]

C1	C2	C3
A	2050-01-01	1
A	2050-01-02	1
B	2050-01-01	1
B	2050-01-02	1
C	2050-01-01	1
C	2050-01-02	1

[SQL]

```
SELECT C1
     , C2
     , SUM (C3) AS C3
  FROM T1
 GROUP BY GROUPING SETS ( ㉠ );
```

[결과]

```
C1 C2         C3
-- ---------- --
A              2
B              2
C              2
   2050-01-01  3
   2050-01-02  3
               6

6 행이 선택되었습니다.
```

① C1, C2

② C1, ()

③ C1, ROLLUP (C2)

④ C1, ROLLUP (C1, C2)

28 아래 SQL의 빈칸 ㉠에 들어갈 표현식을 고르시오.

아래

[T1 테이블]

C1	C2	C3
A	2050-01-01	1
A	2050-01-02	1
B	2050-01-01	1
B	2050-01-02	1
C	2050-01-01	1
C	2050-01-02	1

[SQL]

```
SELECT C1
     , C2
     , SUM (C3) AS C3
     , [ ㉠ ] AS GI
  FROM T1
 GROUP BY ROLLUP (C1, C2);
```

[결과]

```
C1 C2         C3 GI
-- ---------- -- --
A  2050-01-01  1  0
A  2050-01-02  1  0
A              2  2
B  2050-01-01  1  0
B  2050-01-02  1  0
B              2  2
C  2050-01-01  1  0
C  2050-01-02  1  0
C              2  2
               6  3

10 행이 선택되었습니다.
```

① GROUPING_ID (C1)

② GROUPING_ID (C2)

③ GROUPING_ID (C1, C2)

④ GROUPING_ID (C2, C1)

29 아래 SQL 수행 결과의 빈칸 ㉠에 들어갈 값을 기술하시오.

아 래

[SQL]

```
SELECT EMPNO, ENAME, JOB, SAL
     , MAX (SAL) OVER () - MIN (SAL) OVER (PARTITION BY JOB) AS C1
  FROM EMP
 WHERE DEPTNO = 20;
```

[결과]

EMPNO	ENAME	JOB	SAL	C1
7788	SCOTT	ANALYST	3000	
7902	FORD	ANALYST	3000	
7369	SMITH	CLERK	800	
7876	ADAMS	CLERK	1100	㉠
7566	JONES	MANAGER	2975	

① 25

② 300

③ 2175

④ 2200

30 아래 SQL의 빈칸 ㉠에 들어갈 WINDOWING 절을 고르시오.

아 래

[SQL]

```
SELECT EMPNO, ENAME, SAL, [    ㉠    ] OVER (ORDER BY SAL) AS C1
  FROM EMP
 WHERE DEPTNO = 20;

EMPNO ENAME  SAL   C1
----- ----- ---- ----
 7369 SMITH  800 2975
 7876 ADAMS 1100 3000
 7566 JONES 2975 3000
 7902 FORD  3000    0
 7788 SCOTT 3000    0

5 행이 선택되었습니다.
```

① LAG (SAL, 2)

② LAG (SAL, 2, 0)

③ LEAD (SAL, 2)

④ LEAD (SAL, 2, 0)

31 다음 중 가장 적절한 페이징 쿼리를 고르시오.

①
```
SELECT A.*
  FROM (SELECT EMPNO, ENAME, SAL, ROWNUM AS RN
          FROM EMP
         ORDER BY SAL DESC) A
 WHERE RN BETWEEN 6 AND 10;
```

②
```
SELECT A.*, ROWNUM AS RN
  FROM (SELECT EMPNO, ENAME, SAL
          FROM EMP
         ORDER BY SAL DESC) A
 WHERE ROWNUM BETWEEN 6 AND 10;
```

③
```
SELECT *
  FROM (SELECT A.*, ROWNUM AS RN
          FROM (SELECT EMPNO, ENAME, SAL
                  FROM EMP
                 ORDER BY SAL DESC) A)
 WHERE RN BETWEEN 6 AND 10;
```

④
```
SELECT *
  FROM (SELECT A.*, ROWNUM AS RN
          FROM (SELECT EMPNO, ENAME, SAL
                  FROM EMP
                 ORDER BY SAL DESC) A
         WHERE ROWNUM <= 10)
 WHERE RN >= 6;
```

32 아래 1, 2번 SQL은 수행 결과가 동일하다. 2번 SQL의 빈칸 ㉠, ㉡에 들어갈 값을 고르시오.

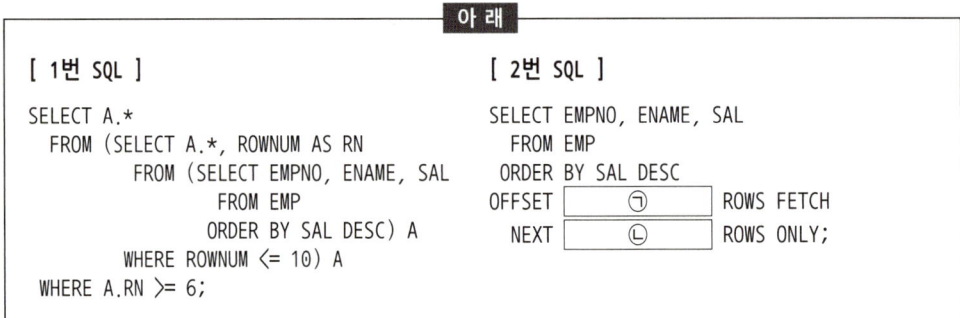

아 래

[1번 SQL]

```
SELECT A.*
  FROM (SELECT A.*, ROWNUM AS RN
          FROM (SELECT EMPNO, ENAME, SAL
                  FROM EMP
                 ORDER BY SAL DESC) A
         WHERE ROWNUM <= 10) A
 WHERE A.RN >= 6;
```

[2번 SQL]

```
SELECT EMPNO, ENAME, SAL
  FROM EMP
 ORDER BY SAL DESC
OFFSET [   ㉠   ] ROWS FETCH
  NEXT [   ㉡   ] ROWS ONLY;
```

① ㉠ 5, ㉡ 5

② ㉠ 5, ㉡ 10

③ ㉠ 10, ㉡ 5

④ ㉠ 10, ㉡ 10

33 아래 SQL의 결과를 고르시오.

아 래

[EMP 테이블]

EMPNO	ENAME	MGR
7566	JONES	7839
7788	SCOTT	7566
7876	ADAMS	7788
7902	FORD	7566
7369	SMITH	7902

[SQL]

```
 SELECT COUNT (*) AS CNT
   FROM EMP
  WHERE CONNECT_BY_ISLEAF = 1
  START WITH ENAME = 'JONES'
CONNECT BY MGR = PRIOR EMPNO;
```

① 1

② 2

③ 3

④ 4

34 아래 SQL의 빈칸 ㉠에 들어갈 표현식을 고르시오.

아 래

```
 SELECT *
   FROM T1
UNPIVOT ((SAL, CNT)
         FOR (DEPTNO, DNAME) IN (    ㉠    , …, …)
  WHERE JOB = 'CLERK'
  ORDER BY 1, 2;

JOB   DEPTNO DNAME       SAL CNT
----- ------ ---------- ---- ---
CLERK     10 ACCOUNTING 1300   1
CLERK     20 DALLAS     1900   2
CLERK     30 CHICAGO     950   1

3 행이 선택되었습니다.
```

① (D10_SAL, D10_CNT)

② (D10_SAL, D10_CNT) AS (10, 'ACCOUNTING')

③ (D10_SAL AS 10, D10_CNT AS 'ACCOUNTING')

④ ((D10_SAL AS 10), (D10_CNT AS 'ACCOUNTING'))

35 아래 SQL의 수행 결과를 고르시오.

아 래

[SQL]

```
SELECT REGEXP_SUBSTR ('ABC@EFG.COM', '[^@]+', 1, 2) AS C1 FROM DUAL;
```

① ABC

② EFG

③ EFG.COM

④ COM

36 아래 SQL의 수행 결과를 고르시오.

아 래

```
SELECT REGEXP_INSTR ('010-1234-5678', '(\d+)-(\d+)-(\d+)', 1, 1, 0, 'i', 2) AS C1
  FROM DUAL;
```

① 1

② 5

③ 10

④ 14

37 아래 SQL을 수행한 결과 ORA-01779 에러가 발생했다. 에러 발생을 방지하기 위해 생성해야 할 제약조건을 고르시오.

아 래

```
UPDATE (SELECT A.C2 AS AC2, B.C2 AS BC2
          FROM T1 A, T2 B
         WHERE B.C1 = A.C1)
   SET AC2 = BC2;

ORA-01779: 키-보존된것이 아닌 테이블로 대응한 열을 수정할 수 없습니다
```

① ALTER TABLE T1 MODIFY C2 NOT NULL;

② ALTER TABLE T2 MODIFY C2 NOT NULL;

③ ALTER TABLE T1 ADD CONSTRAINT T1_PK PRIMARY KEY (C1);

④ ALTER TABLE T2 ADD CONSTRAINT T2_PK PRIMARY KEY (C1);

38 아래 SQL을 수행한 후 T1 테이블의 C1이 1인 행의 C2 값을 고르시오.

아 래

[T1 테이블]

C1	C2
1	1
2	1
3	1

[T2 테이블]

C1	C2
2	2
3	3

[SQL]

```
MERGE
 INTO T1 T
USING T2 S
   ON (T.C1 = S.C1(+))
 WHEN MATCHED THEN
      UPDATE SET T.C2 = S.C2;
```

① 1

② 2

③ 3

④ NULL

39 아래 SQL을 순서대로 수행했을 때 T1 테이블의 전체 건수를 고르시오.

아 래

```
INSERT INTO T1 VALUES (1);
SAVEPOINT P1;
INSERT INTO T1 VALUES (2);
SAVEPOINT P2;
INSERT INTO T1 VALUES (3);
SAVEPOINT P3;
INSERT INTO T1 VALUES (4);
SAVEPOINT P4;

ROLLBACK TO SAVEPOINT P1;
ROLLBACK TO SAVEPOINT P3;
```

① 1

② 2

③ 3

④ 4

40 S1, S2 세션에서 아래 SQL을 순서대로 수행했을 때 작업을 끝까지 완료하지 못하고 에러를 발생시키는 SQL 문을 고르시오.

아 래

[T1 테이블]

```
CREATE TABLE T1 (C1 NUMBER, CONSTRAINT T1_PK PRIMARY KEY (C1));
INSERT INTO T1 VALUES (1);
INSERT INTO T1 VALUES (2);
COMMIT;
```

[SQL]

S1 세션	S2 세션
DELETE FROM T1 WHERE C1 = 1; -- ㉠ COMMIT; INSERT INTO T1 VALUES (2); -- ㉣ COMMIT;	INSERT INTO T1 VALUES (1); -- ㉡ DELETE FROM T1 WHERE C1 = 2; -- ㉢ ROLLBACK;

① ㉠

② ㉡

③ ㉢

④ ㉣

41 아래에서 에러가 발생하는 SQL 문을 고르시오.

아 래

[T1 테이블]

```
CREATE TABLE T1 (C1 VARCHAR2(2));
INSERT INTO T1 VALUES ('A');
COMMIT;
```

[SQL]

```
ALTER TABLE T1 MODIFY C1 VARCHAR2(1); -- ㉠
ALTER TABLE T1 MODIFY C1 VARCHAR2(3); -- ㉡
ALTER TABLE T1 MODIFY C1 NULL;        -- ㉢
ALTER TABLE T1 MODIFY C1 NOT NULL;    -- ㉣
```

① ㉠

② ㉡

③ ㉢

④ ㉣

42 다음 중 에러가 발생하는 SQL 문을 고르시오.

아 래

[T1 테이블]

```
CREATE TABLE T1 (C1 VARCHAR2(1 BYTE), C2 VARCHAR2(1 CHAR));
```

① INSERT INTO T1 (C1) VALUES ('A');

② INSERT INTO T1 (C2) VALUES ('A');

③ INSERT INTO T1 (C1) VALUES ('가');

④ INSERT INTO T1 (C2) VALUES ('가');

43 아래 SQL의 실행 결과를 고르시오. 단, C1의 데이터 타입은 DATE이다.

아 래

[T1 테이블]

C1
2020-09-05 00:00:00
2020-09-15 00:00:00
2020-09-30 00:00:00

[SQL]

```
SELECT C1 + 2 - TO_DATE ('2020-09-01', 'YYYY-MM-DD') AS R1 FROM T1;
```

① 50

② 51

③ 52

④ 53

44 아래와 같이 쿠폰 테이블에서 10%대(10%~19%) 할인 쿠폰을 조회하는 SQL을 작성하였을 때, 빈칸 ㉠에 알맞은 내용을 고르시오.

아 래

[쿠폰 테이블]

쿠폰번호	할인내용
1000	10% 할인
2000	10만원 DISCOUNT
3000	15% DISCOUNT
4000	12만원 가격 할인
5000	5% 할인

[SQL]

```
SELECT 쿠폰번호, 할인내용
  FROM 쿠폰
 WHERE 할인내용 LIKE '[    ㉠    ]' ESCAPE '\';
```

[결과]

쿠폰번호	할인내용
1000	10% 할인
3000	15% DISCOUNT

① 1_\%%

② 1_\%

③ 1_%

④ 1%

45 아래 SQL의 수행 결과에서 빈칸 ㉠, ㉡에 알맞은 값을 고르시오.

아 래

[T1 테이블]

C1	C2	C3
A	2020-06-30 00:00:00	2020-06-10 00:00:00
B	2020-05-31 00:00:00	2020-05-21 00:00:00
C	2020-05-01 00:00:00	2020-05-11 00:00:00
D	2020-04-20 00:00:00	2020-04-15 00:00:00

[SQL]

```
SELECT C1, R1
  FROM (SELECT C1, C2 - C3 AS R1
          FROM T1
         ORDER BY C2 - C3)
 WHERE ROWNUM <= 1;
```

[결과]

C1	R1
㉠	㉡

① ㉠ A, ㉡ 20

② ㉠ B, ㉡ 10

③ ㉠ C, ㉡ -10

④ ㉠ D, ㉡ 5

46 아래 SQL 수행 결과 값을 고르시오.

아래

[T1 테이블]

C1	C2
1	A
2	B
3	C
4	D

[T2 테이블]

C1	C2
2	B
2	B
3	C
5	C

[SQL]

```
SELECT COUNT (DISTINCT A.C1) AS CNT1
     , COUNT (B.C2) AS CNT2
  FROM T1 A CROSS JOIN T2 B;
```

① 5

② 6

③ 20

④ 32

47 아래 1, 2번 SQL은 수행 결과가 동일하다. 2번 SQL의 빈칸 ㉠에 들어갈 조건을 고르시오.

아래

[1번 SQL]

```
SELECT *
  FROM T1
 WHERE (    (    :V1 = 1
             AND C1 = :V2)
         OR (    :V1 = 2
             AND C2 = :V2));
```

[2번 SQL]

```
SELECT * FROM T1 WHERE :V1 = 1 AND C1 = :V2
UNION ALL
SELECT * FROM T1 WHERE [     ㉠     ];
```

① :V1 = 2 AND C1 = :V2

② :V1 = 2 AND C2 = :V2

③ :V2 = 2 AND C1 = :V1

④ :V2 = 2 AND C2 = :V1

48 아래 SQL의 빈칸 ㉠에 들어갈 조인 조건을 고르시오.

아 래

[EMP 테이블]

EMPNO	ENAME	MGR
7839	KING	
7566	JONES	7839
7698	BLAKE	7839
7782	CLARK	7839

[SQL]

```
SELECT EMPNO, ENAME, MGR
   FROM EMP
  START WITH ENAME = 'JONES'
CONNECT BY [    ㉠    ];

EMPNO ENAME  MGR
----- ----- ----
 7566 JONES 7839
 7839 KING

2 행이 선택되었습니다.
```

① EMPNO = MGR

② PRIOR EMPNO = PRIOR MGR

③ EMPNO = PRIOR MGR

④ PRIOR EMPNO = MGR

49 아래 SQL 수행 결과의 빈칸 ㉠에 들어갈 값을 고르시오.

아 래

[EMP 테이블]

HIREDATE	DEPTNO	JOB	SAL
1981-02-20	30	SALESMAN	1600
1981-02-22	30	SALESMAN	1250
1981-05-01	30	MANAGER	2850
1981-06-09	10	MANAGER	2450
1981-09-08	30	SALESMAN	1500
1981-09-28	30	SALESMAN	1250
1981-11-17	10	PRESIDENT	5000
1981-12-03	30	CLERK	950
1982-01-23	10	CLERK	1300

[SQL]

```
SELECT *
  FROM (SELECT TO_CHAR (HIREDATE, 'YYYY') AS YYYY, DEPTNO, JOB, SAL
          FROM EMP
         WHERE DEPTNO IN (10, 30))
 PIVOT (SUM (SAL) AS SAL
        FOR (DEPTNO, JOB) IN ((10, 'CLERK'   ) AS D10C
                            , (10, 'SALESMAN') AS D10S
                            , (30, 'CLERK'   ) AS D30C
                            , (30, 'SALESMAN') AS D30S))
 ORDER BY YYYY;
```

[결과]

YYYY	D10C_SAL	D10S_SAL	D30C_SAL	D30S_SAL
1981				㉠
1982				

① 3800

② 5600

③ 7450

④ 9400

50 아래 에러를 조치하기 위해 빈칸 ㉠에 들어갈 키워드를 고르시오.

아 래

U1 사용자	U2 사용자
GRANT ALTER ON U2.T1 TO U3; ORA-01031: 권한이 불충분합니다	GRANT ALTER ON T1 TO U1 WITH [㉠] OPTION; 권한이 부여되었습니다.

① GRANT

② REVOKE

③ DEFAULT

④ DBA

SQL 개발자 자격검정 실전 모의고사 해답

과목 I 데이터 모델링의 이해 *선택형 10문항 (1~10 / 각 2점)

01

풀이 정답 : ②

ANSI/SPARK의 데이터 독립성을 위한 3단계 스키마는 내부 스키마, 개념 스키마, 외부 스키마로 구성된다.

02

엔터티의 특징

엔터티는 아래와 같은 특징을 가진다.

- 업무에서 필요로 하는 정보여야 한다.
- 유일한 식별자로 식별 가능해야 한다.
- 영속적으로 존재하는 2개 이상의 인스턴스 집합이어야 한다.
- 업무 프로세스에 의해 이용되어야 한다.
- 속성이 존재해야 한다.
- 다른 엔터티와 1개 이상의 관계를 가져야 한다.

풀이 정답 : ③

엔터티는 인스턴스가 2개 이상 존재해야 하고, 각 인스턴스를 유일하게 구분할 수 있는 식별자가 존재해야 한다. 엔터티와 엔터티의 관계는 결국 관계 속성으로 나타나며, 관계 속성은 자식 엔터티에 생성되므로 모든 엔터티에 관계 속성이 존재하지는 않는다. 엔터티는 조회, 생성, 수정, 삭제하는 업무 프로세스가 존재해야 한다.

03

풀이 정답 : ④

다른 엔터티와의 관계에 의해 생성되는 속성은 관계 속성이다.

04

관계 및 속성 정의

바커(Barker) 표기법에서는 부모 엔터티 기준으로 자식 엔터티를 필수 관계로 정의할 때 부모 쪽 관계선을 실선으로 표기한다. 자식 엔터티를 선택 관계로 정의할 때는 부모 쪽 관계선을 점선으로 표기한다.

자식 엔터티 기준으로 부모 엔터티를 필수 관계로 정의할 때는 자식 쪽 관계선을 실선으로 표기하며, 선택 관계로 정의할 때는 자식 쪽 관계선을 점선으로 표기한다. 부모 엔터티의 식별자를 자식 엔터티의 식별자로 상속하면 '식별관계', 일반속성으로 상속하면 '비식별관계'라고 하며, 식별관계로 정의하고자 할 때 자식 쪽 관계선에 UID Bar(수직 실선)를 표시한다.

아울러 필수속성은 '*' 기호를, 선택속성은 'o' 기호를 속성명 앞에 붙인다.

풀이 정답 : ①

② 주문의 주문번호를 주문상세의 식별자로 상속하였으므로 식별관계를 표현하기 위해 관계선에 UID Bar를 표시해야 한다.

③ 관계선에 식별관계를 표현했으므로 주문상세 식별자에 주문번호를 포함해야 한다.

④ 자식 엔터티인 주문상세 기준으로 부모 엔터티인 주문을 선택 관계(자식 쪽 관계선이 점선)로 정의했으므로 주문상세의 주문번호가 널을 허용해야 한다. 즉 '*' 기호를 'o'로 변경해야 한다.

---

05 식별 관계, 비식별 관계 정의

부모 엔터티의 식별자를 자식 엔터티의 식별자로 상속하면 '식별관계', 일반속성으로 상속하면 '비식별관계'라고 한다. 식별, 비식별 관계를 표현하는 방식은 모델 표기법에 따라 다른데, IE 표기법에서는 관계선 전체를 실선으로 표시하면 식별 관계, 점선으로 표시하면 비식별 관계다.

엔터티 간의 결합성, 복합 식별자의 속성 개수, 자식 엔터티의 유무 등에 따라 식별 관계와 비식별 관계를 잘 설정해야 하는 이유를 살펴보자.

아래는 식별자를 모두 식별 관계로 상속한 데이터 모델이다. 복합 식별자의 속성 개수가 순차적으로 증가한다. 조인 횟수를 최소화할 수 있지만, 데이터 크기가 커지는 단점이 있다.

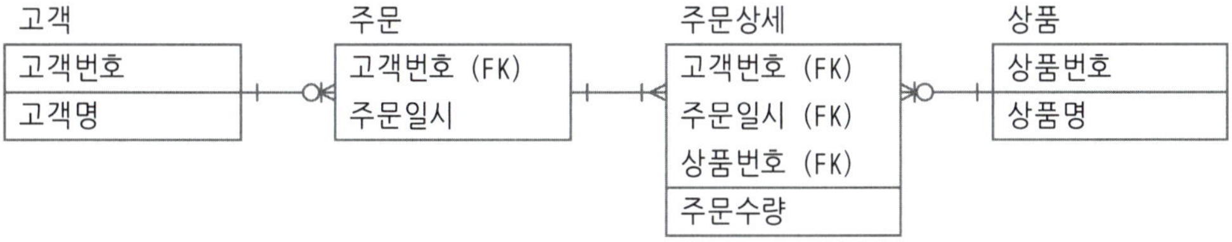

아래는 식별자는 모두 비식별 관계로 상속한 데이터 모델이다. 식별자 속성의 개수가 최소화되고 데이터 크기가 감소하는 장점이 있지만, 관계의 단절로 인해 조인의 횟수가 증가할 수 있으며 이로 인해 SQL 성능이 저하될 수 있다.

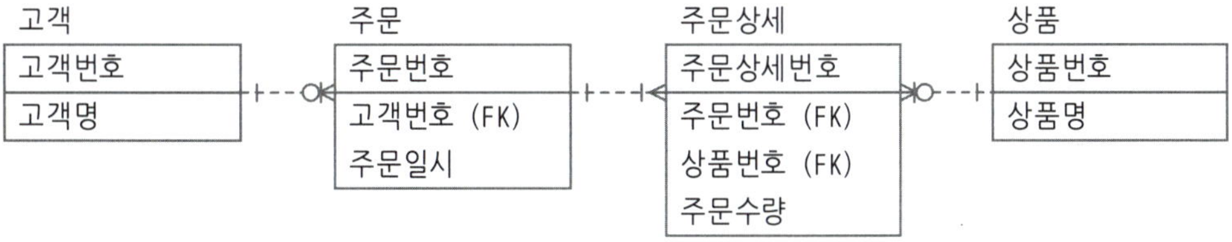

풀이 정답 : ②

㉠은 관계선이 점선이므로 비식별 관계, ㉡, ㉢은 실선이므로 식별 관계다.

---

06 정규화

1, 2, 3 정규형은 아래의 특징을 가진다.

정규형	설명
1정규형(1NF)	모든 속성은 반드시 하나의 값을 가져야 한다.
2정규형(2NF)	일반속성은 주식별자 전체에 종속적이어야 한다.
3정규형(3NF)	일반속성 간에는 종속성이 없어야 한다.

제2정규형과 3정규형에서 "종속적"이라는 표현을 쓰고 있는데, 함수 종속성(Function Dependency)이란 속성 간 대응 관계를 나타내는 개념이다. 함수 종속을 이해하려면, 결정자(Determinant)의 개념부터 이해해야 한다. "A를 알면 B를 알 수 있다"는 표현을 분석해 보면, A에 의해 B가 결정된다는 뜻이므로 A가 B의 결정자가 된다. B는 종속자(Dependent)다.

상품번호가 식별자인 상품 엔터티를 예로 들어 'ZOOM의 이해'라는 상품명이 두 개 있고, 상품번호는 각각 'A001', 'B001'이라고 하자. 상품명 하나가 여러 상품번호와 대응되는 구조다. 상품명을 안다고 상품번호를 바로 알 수는 없지만, 상품번호를 알면 상품명을 바로 알 수 있다. 상품번호가 상품명의 결정자이므로 상품명은 상품번호에 함수 종속적이다.

상품번호와 상품명 간의 함수 종속성을 도식화하고자 할 때 아래와 같이 표기한다.

풀이 정답 : ③

주문 엔터티의 고객명 속성은 일반 속성인 고객번호 속성에 종속적이다. 주식별자가 아닌 일반 속성에 종속적이므로 3정규형을 위반한 엔터티이다. 주문 엔터티는 아래와 같이 3정규화할 수 있다.

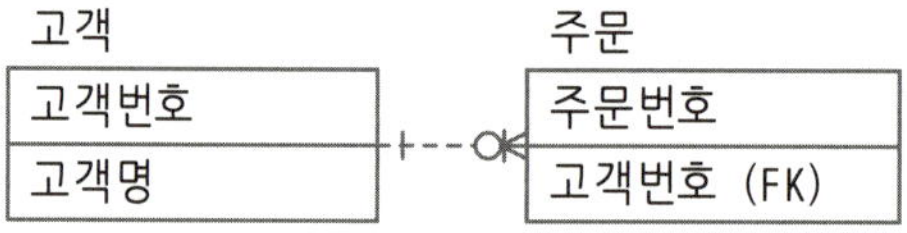

---

07 **계층형 데이터 모델**

일반적인 관계는 두 엔터티 간에 존재한다. 하지만, 한 엔터티에 속한 인스턴트끼리 관계가 존재하는 경우도 있는데, 이를 계층관계라고 한다. 순환관계, 자기참조관계, 재귀관계라고도 하며, 상품분류, 화면 메뉴, 조직도 등을 설계할 때 주로 사용한다.

상품분류를 예로 들어보자. 모든 상품을 대, 중, 소 3단계로 분류한다면, 상품대분류, 상품중분류, 상품소분류 엔터티를 따로 도출해서 이들 간의 관계를 설정해도 된다. 하지만, 상품마다 분류 단계가 다르고 단계의 깊이도 고정적이지 않다면(4단계 이상으로 늘어날 수 있다면), 상품분류 엔터티 하나만 도출해서 계층관계로 설계해야 모델이 단순해지고 확장성 측면에서 유리하다.

계층관계는 일반적으로 양쪽 선택관계(Fully Optional)이다.

풀이 정답 : ①

순환(=자기참조) 관계이고 관계차수(Cardinality)가 1:M이므로 사원 한 명이 여러 사원을 관리할 수 있다(③). 물론 한 명의 사원만 관리할 수도 있다.

관계선 양쪽에 ○ 기호가 있다. 상하 모두 선택(Optional) 관계라는 뜻이다. 상위 인스턴스(관리자) 입장에서 하위 인스턴스(사원)가 선택 관계이므로 관리하는 사원이 없을 수 있다(④). 하위 인스턴스(사원) 입장에서 상위 인스턴스(관리자)가 선택 관계이므로 담당 관리자가 없을 수 있다(②).

문제로 제시한 모델에서는 한 사원의 관리자가 여럿일 수 없다(①). 만약 한 사원이 여러 사원을 관리할 수 있고, 한 사원의 관리자가 여럿일 수 있는 다대다 관계라면, 아래와 같은 BOM 모델을 사용해야 한다.

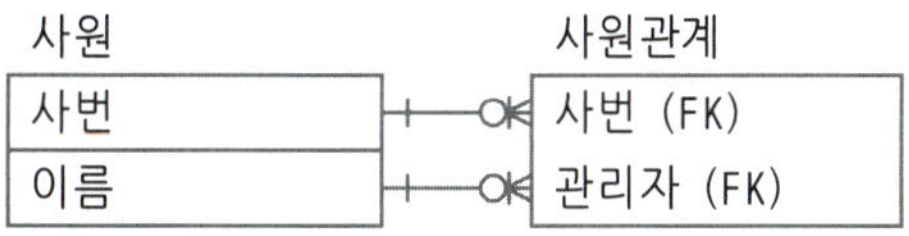

08 관계(Relationship)를 고려한 트랜잭션 구현

자식 테이블 기준으로 부모 테이블이 필수 관계라면, 부모 레코드를 먼저 입력해야 한다. 자식 레코드 입력 시, 외래 키에 부모의 식별자 값을 반드시 입력해야 하기 때문이다.

부모 엔터티 기준으로 자식 엔터티도 필수 관계라면, 부모와 자식 레코드 입력을 한 트랜잭션으로 묶어서 처리해야 한다. 부모 레코드 입력은 성공했는데 자식 레코드 입력은 실패하는 일이 생기면 안 되기 때문이다. 반드시 두 연산을 모두 성공하거나 모두 실패하도록 구현해야 한다. 부모 레코드와 함께 첫 번째 자식 레코드를 입력한 이후, 두 번째 자식 레코드부터는 개별적으로 입력할 수도 있는데, 이는 업무적인 트랜잭션 정의에 의해 결정된다.

풀이 정답 : ③

㉠, ㉡은 주문상세 기준으로 주문이 필수 관계이므로 주문상세 입력 시 반드시 관련 주문이 존재해야 한다. 외래 키에 부모의 식별자 값을 입력해야 하기 때문이다.

㉠은 주문 기준으로 주문상세도 필수 관계이므로 주문과 주문상세를 한 트랜잭션으로 묶어서 같이 입력해야 한다. 반면, ㉡은 주문 기준으로 주문상세가 선택 관계이므로 주문상세 없이 주문만 입력할 수도 있다. 따라서 주문과 주문상세 입력을 별도 트랜잭션으로 처리해도 무방하다.

㉠, ㉡ 모두 주문상세의 식별자가 주문번호+상품번호이므로 한 주문 내에서 같은 상품을 여러 번 주문할 수 없다.

09 NULL 속성의 이해

NULL은 '알 수 없는 값 또는 아직 정해지지 않은 값'을 의미한다. NULL 값을 포함한 연산 결과는 언제나 NULL이므로 연산의 인자로 사용하는 속성들의 NULL 허용여부를 반드시 확인해야 한다. 연산 과정에 NULL 값이 나타날 수 있다면, NVL 함수로 NULL을 특정 값으로 변환해 줘야 한다.

값이 NULL인지 여부를 확인하고 싶을 때는 항상 IS NULL 조건식을 사용해야 한다. 값이 NULL이 아닌지를 확인하고 싶을 때는 항상 IS NOT NULL 조건식을 사용해야 한다. '=', '<>', IN, NOT IN 등의 연산자로는 원하는 결과를 얻을 수 없다.

풀이 정답 : ③

사원 엔터티의 부서번호 속성이 널을 허용한다는 점에 주목하자.

㉠과 ㉡에서 V_부서번호 변수에 NULL을 입력하면, NVL/DECODE 함수는 부서번호 칼럼을 반환한다. 그럴 때 조건식은 '부서번호 = 부서번호'가 되므로 부서번호가 NULL인 사원은 걸러진다. NULL IS NULL은 TRUE인 반면, NULL = NULL은 TRUE가 아니기 때문이다. 결국, ㉠과 ㉡은 V_부서번호 변수에 NULL을 입력하면 전체 사원을 출력해야 한다는 요건을 만족하지 못하게 된다.

㉢과 ㉣은 V_부서번호 변수에 NULL을 입력했을 때 부서번호가 NULL인 사원도 정상적으로 출력한다. 참고로, ㉢은 부서번호에 인덱스가 있어도 인덱스를 제대로 사용하는 못하는 경우가 있어 SQL 성능에 문제를 야기할 수 있다.

10 본질식별자 vs. 인조식별자

엔터티에는 데이터를 유일하게 식별할 수 있는 속성이 반드시 존재해야 하며, 이를 식별자라고 한다. 업무 정의에 따라 엔터티를 설계하는 과정에 자연스럽게 도출된 식별자를 '본질식별자', 설계자가 어떤 필요에 의해 인위적으로 도출한 식별자를 '인조식별자'라고 한다.

인조식별자를 사용하면 데이터 모델의 식별자 구조가 단순해지고, 개발자가 SQL을 작성할 때 조인 조건식도 단순해진다. 모델의 유연성이 좋아지는 측면도 있다. 예를 들어, 주문상세 엔터티의 본질식별자가 주문번호 + 상품번호다. 한 주문 내에서 여러 상품을 선택할 수 있지만, 같은 상품은 한 번만 선택할 수 있다는 업무 정의다. 본질식별자를 PK로 사용하면 업무정의에 위배되는 데이터가 입력될 걱정을 하지 않아도 된다.

주문번호와 상품번호를 일반속성으로 내리고, 이를 대체하는 인위적인 주문상세번호를 만들어 PK로 사용할 수도 있다. 인조식별자를 사용하면 데이터 모델의 유연성이 좋아진다. '유연성이 좋다'는 말은 어떤 데이터든지 유연하게 받아들일 수 있다, 업무 확장에 유연하게 대응할 수 있다는 의미를 담는다. 그래서 '확장성이 좋다'는 말로 대신하기도 한다. 좋은 뜻이지만, 이로 인해 데이터 품질이 나빠질 수 있어서 문제다. 인조식별자를 사용하면 업무정의에 위배되는 데이터가 언제든 입력될 수 있기 때문이다. 이를 막으려면 일반속성으로 내린 본질 식별자를 대체키로 정의하고, DBMS에 Unique 제약을 생성해 줘야 한다.

풀이 정답 : ③

한 주문에서 특정 상품을 한번만 주문하도록 제한하려면 주문번호, 상품번호로 UNIQUE 제약조건을 생성해야 한다.

과목 II SQL 기본과 활용 * 선택형 40문항 (11~50 / 각 2점)

11 고정/가변 길이 문자형

CHAR 타입은 고정 길이로 데이터를 저장하기 때문에 입력한 문자열이 데이터 타입의 크기(ex. 4 Bytes)보다 작은 경우 문자열의 뒤쪽에 공백을 채워서 저장한다. 반면, VARCHAR2 타입은 가변 길이로 데이터를 저장하기 때문에 입력한 문자열을 실제 문자열 그대로 저장한다.

풀이 정답 : ②

T1 테이블에서 C1 칼럼의 데이터 유형은 고정 길이 문자형인 CHAR(4)고, C2 칼럼의 데이터 유형은 가변 길이 문자형인 VARCHAR2(4)이다. C1 칼럼에는 4자리 문자열 'A '가 저장되고, C2 칼럼에는 1자리 문자열 'A'가 저장된다. 따라서, 문자열의 길이를 반환하는 LENGTH 함수의 결과는 각각 4 와 1이다.

12 DISTINCT 키워드

SELECT 절에 DISTINCT나 UNIQUE 키워드를 기술하면 중복 행이 제거된 결과가 반환된다. ALL 키워드를 기술하면 중복 행을 제거하지 않는다. 기본값은 ALL이다.

풀이 정답 : ③

첫 번째 SQL의 경우 C1 칼럼에 대해 중복 값이 제거된 2행이 반환된다. 두 번째 SQL의 경우

DISTINCT 키워드를 기술하지 않았으므로 전체 행인 5행이 반환된다. 마지막으로 세 번째 SQL은 C1, C2 칼럼의 값이 모두 같을 때 중복 값으로 인식하므로 4행이 반환된다.

13

풀이 정답 : ③

① CONCAT 함수는 입력받은 2개의 문자열을 연결하여 1개의 문자열을 반환한다. SQL의 수행 결과는 'DBian'이다.

② SUBSTR 함수는 첫 번째 인자인 문자열 중 일부를 잘라내어 반환한다. SUBSTR 함수의 2 번째 인자는 잘라낼 시작 위치, 3 번째 인자는 잘라낼 문자의 개수다. SQL의 수행 결과는 'DBian'이다.

③ UPPER 함수는 입력받은 문자열을 모두 대문자로 변경하여 반환한다. 결합 연산자로 'DB'문자열과 UPPER 함수의 반환 값인 'IAN'을 연결했으므로, 결과는 'DBIAN'이다.

④ REPLACE 함수는 첫 번째 인자인 문자열에서 2번째 인자로 입력받은 문자열을 찾아, 3번째 인자로 입력받은 문자열로 치환하여 반환한다. 3 번째 인자 값을 생략하는 경우, NULL로 치환한다. 따라서, SQL의 수행 결과는 'DBian'이다.

14

포맷 요소

변환 함수인 TO_CHAR 함수, TO_DATE 함수에서 사용할 수 있는 주요 포맷 요소는 다음과 같다.

포맷 요소	의미
YYYYY	년도
MM	월도
DD	일자
HH	시 (12시간 기준)
HH24	시 (24시간 기준)
MI	분
SS	초
DAY	요일

풀이 정답 : ④

TO_CHAR 함수는 첫 번째 인자 값을 두 번째 인자로 지정한 포맷의 문자 유형 값으로 변환한다. EXTRACT 함수는 날짜 유형의 값으로부터 특정 날짜 정보(년도, 월도, 일자 등)를 숫자 유형 값으로 추출한다. 주어진 SQL은 변환 함수인 TO_CHAR 함수에 포맷 요소로 'YYYY-MM'을 지정했으므로, C1 값을 '4자리 년도-2자리 월도'형식의 문자 값으로 변환한다. 따라서, SQL의 수행 결과는 '2020-06'이다.

① EXTRACT (YEAR FROM C1)는 년도 값인 2020을 숫자 유형으로 반환한다. TO_CHAR (C1, 'MM')는 월도 값인 '06'을 문자 유형으로 반환한다. SQL의 수행 결과는 '2020-06'이다.

② TO_CHAR (C1, 'YYYY')는 년도 값인 '2020', TO_CHAR(C1, 'MM')는 월도 값인 '06'을 문자 유형으로 반환한다. SQL의 수행 결과는 '2020-06'이다.

③ TO_CHAR (C1, 'YYYY-MM-DD')는 '4자리 년도-2자리 월도-2자리 일자'형식인 '2020-06-30'을 반환한다. SUBSTR 함수에 의해 첫 번째 문자부터 7자리를 잘라내므로, SQL의 수행 결과는 '2020-06'이다.

④ EXTRACT (YEAR FROM C1)는 년도 값인 2020, EXTRACT (MONTH FROM C1)는 월도 값인 6을 숫자 유형으로 반환한다. SQL의 수행 결과는 '2020-6'이다.

15

널(NULL)

널(NULL)은 값이 없거나 정해지지 않은 것을 의미한다. 오라클 데이터베이스는 널과 빈 문자('')을 동일하게 처리한다. 널은 널 조건(IS NULL, IS NOT NULL)을 통해서만 비교가 가능하다. IS NULL 조건은 비교 대상 칼럼/표현식의 값이 NULL일 때 TRUE를 반환한다. IS NOT NULL 조건은 비교 대상 칼럼/표현식의 값이 NULL이 아닐 때 TRUE를 반환한다.

풀이 정답 : ③

① 널은 널 조건(IS NULL, IS NOT NULL)을 통해서만 비교가 가능하다. C1 = NULL 조건의 결과는 항상 UNKNOWN 이므로 결과는 공집합(결과 행이 0건)이다.

② 오라클은 널과 빈 문자('')을 동일하게 처리하므로 c1 = '' 조건의 결과도 항상 UNKNOWN 이며 결과는 공집합이다.

③ C1 IS NULL 조건은 C1 값이 NULL일 때 TRUE를 반환한다.

④ C1 IN (NULL, '') 조건은 (C1 = NULL OR C1 = '') 조건과 같으므로 조건의 결과는 항상 UNKNOWN이다. 따라서 결과는 공집합이다.

16

LIKE 조건

LIKE 조건은 char1이 char2 패턴과 일치하는 행을 반환한다. char1과 char2는 문자 값을 사용해야 한다. LIKE 조건을 '패턴 일치 조건(pattern-matching condition)'으로 부르기도 한다.

```
char1 [NOT] LIKE char2 [ESCAPE esc_char]
```

char2에 아래의 특수문자를 사용할 수 있다.

특수문자	설명
%	0개 이상의 문자와 일치
_	하나의 문자와 일치

풀이 정답 : ②

LIKE 조건은 문자열 패턴과 일치하는 행에 대해 TRUE를 반환하며, '%', '_'의 특수문자를 사용하여 패턴을 만든다. 주어진 SQL의 C1 LIKE 'A_C%' 조건은 첫 글자가 'A'이고 세 번째 글자가 'C'인 모든 문자열에 대해 TRUE를 반환한다. T1 테이블에서 이를 만족하는 C1 값은 'ABCD', 'A_C%', 'ABC'이며, LENGTH 함수에 의해 각 문자열의 길이인 4, 4, 3을 반환한다. SUM 함수에 의해 4, 4, 3 값에 대한 합계를 구하면 11이 된다.

17

풀이 정답 : ②

① C1 칼럼의 각 행에 ROUND 함수를 적용하여 정수 값으로 반올림하면, 각 행의 값은 4, 4, 6, 6이 된다. SUM 함수를 통해 4개 값의 합계를 구하면 SQL의 수행 결과는 20이다.

② SUM 함수를 통해 C1 칼럼 값(3.5, 4.0, 5.5, 6.0)의 합계를 구하면 19다. ROUND 함수의 2번째 인자 값이 없으므로 정수 값으로 반올림하면 SQL의 수행 결과는 19다.

③ C1 칼럼의 각 행에 CEIL 함수를 적용하여 크거나 같은 정수 값으로 가공하면, 각 행의 값은 4,

4, 6, 6이 된다. SUM 함수를 통해 4개 값의 합계를 구하면 SQL의 수행 결과는 20이다.

④ SUM 함수를 통해 C1 칼럼 값들(3.5, 4, 5.5, 6)의 합계를 구하면 19다. ROUND 함수의 2번째 인자 값이 -1이므로 반올림하여 10의 자리까지 나타내면 SQL의 수행 결과는 20이다.

18

GROUP BY 절

GROUP BY 절은 expr로 행 그룹을 생성하고, 생성된 행 그룹을 하나의 행으로 그룹핑(grouping)한다. GROUP BY 절을 사용한 쿼리는 SELECT 절과 ORDER BY 절에 GROUP BY 절의 표현식이나 집계 함수를 사용한 표현식만 기술할 수 있다. 그렇지 않으면 결과 값을 결정할 수 없기 때문에 에러가 발생한다.

```
GROUP BY expr [, expr}]…
```

풀이 정답 : ④

① GROUP BY 절에 JOB 칼럼을 기술하고, SELECT 절에도 JOB 칼럼 및 COUNT 함수(집계함수)만 기술했으므로 에러가 발생하지 않는다.

② GROUP BY 절에 DEPTNO 칼럼과 JOB 칼럼을 기술하고, SELECT 절에는 DEPTNO 칼럼 및 SUM 함수(집계함수)를 기술했다. GROUP BY 절에 기술한 JOB 칼럼을 SELECT 절에 기술하지 않더라도 에러가 발생하지 않는다.

③ GROUP BY 절에 HIREDATE 칼럼을 기술하고, SELECT 절에는 HIREDATE 칼럼을 가공한 TO_CHAR (HIREDATE, 'YYYY') 표현식 및 COUNT 함수를 기술했다. GROUP BY 절에 기술한 칼럼을 SELECT 절에서 함수 등으로 가공해도 에러가 발생하지 않는다.

④ GROUP BY 절에 TO_CHAR (HIREDATE, 'YYYY-MM-DD') 표현식을 기술하였는데, SELECT 절에는 HIREDATE 칼럼 및 SUM 함수를 기술했다. GROUP BY 절에 기술하지 않은 표현식을 SELECT 절에 기술했으므로 "ORA-00979: GROUP BY 표현식이 아닙니다." 에러가 발생한다.

19

풀이 정답 : ②

문제 SQL은 ORDER BY 절에 CASE 표현식과 RTRIM 함수로 가공한 표현식을 기술했다. 따라서 최종 결과 집합은 CASE 표현식과 함수에 의해 가공된 값을 기준으로 정렬된다.

```
SELECT C1, C2
     , CASE
         WHEN C1 <= 2 THEN 'B'
         WHEN C1 >  4 THEN 'A'
         ELSE 'C'
       END AS CASE_C1
     , RTRIM(C2, 'Z') AS RTRIM_C2
  FROM T1;
```

C1	C2	CASE_C1	RTRIM_C2
1	ZA	B	ZA
2	BZZ	B	B
3	CZZ	C	C
4	DZZZ	C	D
5	ZZZE	A	ZZZE

최종 결과 집합은 위 3번째와 4번째 열 기준으로 정렬되지만, SELECT 절에는 C1과 C2 칼럼만 기술했으므로 T1 테이블에 저장된 C1, C2 칼럼 값이 그대로 출력된다.

20

풀이 정답 : ④

문제 SQL은 ORDER BY 절에 C2 칼럼에 TO_CHAR 함수를 적용한 표현식을 기술했다. TO_CHAR 함수는 인자 값을 문자형 데이터로 변환해 준다. C2 칼럼은 숫자형(NUMBER)이지만, 문제 SQL의 결과는 문자형으로 가공된 C2 값의 내림차순으로 정렬되어 출력된다. 숫자 값은 값의 크기에 따라 정렬 순서가 정해지지만, 문자 값은 왼쪽부터 문자의 아스키 값 순서에 따라 정렬 순서가 정해진다.

```
SELECT C1, C2, TO_CHAR (C2)
  FROM T1
 ORDER BY TO_CHAR (C2) DESC;
```

C1	C2	TO_CHAR (C2)
A	900	900
E	5000	5000
C	3000	3000
B	2000	2000
D	1700	1700

21

비등가 조인

비등가 조인(nonequijoin)은 등호 외의 다른 조인 조건이 있는 조인이다.

풀이 정답 : ④

문제 SQL은 T1과 T2 테이블을 C2 칼럼 기준으로 조인했다. 조인 조건이 B.C2 > A.C2 이므로 T2 테이블의 C2 칼럼이 T1 테이블의 C2 칼럼보다 큰 행을 연결한다. 두 테이블의 조인 결과는 아래와 같으므로 SUM (B.C1) 값은 12다.

```
SELECT *
  FROM T1 A, T2 B
 WHERE B.C2 > A.C2;
```

C1	C2	C1	C2
1	A	1	B
1	A	2	B
1	A	3	B
1	A	3	C
2	B	3	C

22

풀이 정답 : ③

'결제 이력이 존재하는 고객'이 대상이므로 고객과 결제 테이블에 모두 존재하는 고객만 결과에 포함되어야 한다. 즉, 고객번호를 기준으로 조인에 성공하는 고객만 포함되어야 하므로 ㉡에는 INNER JOIN을 기술해야 한다. 또한, 고객 별로 '결제한 상품의 종류 개수'를 구해야 하므로 중복을 제거한 후 COUNT 값을 집계해야 한다. 따라서 SELECT 절의 ㉠에는 COUNT (DISTINCT B.결제상품코드)를 기술해야 한다. 만약 COUNT (B.결제상품코드)나 COUNT (*)를 기술한다면 결제한 건수가 집계된다.

23 풀이 정답 : ②

문제 SQL에 LEFT OUTER JOIN 절을 기술하였으므로 OUTER JOIN 절의 왼쪽에 있는 T1 테이블이 아우터 집합이 된다. 조인 조건은 B.C1 = A.C1 조건과 B.C3 = 'B' 조건이고, 일반 조건은 A.C2 IN ('B', 'C')이다. 주어진 SQL은 ANSI SQL 표준 문법을 사용하였고, 보기의 SQL들은 Oracle 조인 문법을 사용하였다.

① T1, T2 테이블에 대해 이너 조인을 수행한다. 조인 조건은 B.C1 = A.C1이며, 일반 조건은 A.C2 IN ('B', 'C') 조건과 B.C3 = 'B' 조건이다.

② T1 테이블을 아우터 집합으로 하여 아우터 조인을 수행한다. 조인 조건은 B.C1(+) = A.C1 조건과 B.C3(+) = 'B' 조건이고, 일반 조건은 A.C2 IN ('B', 'C')이다. 조인 조건과 일반 조건, 그리고 아우터 집합이 동일하기 때문에 문제 SQL과 항상 같은 결과를 출력한다.

③ T2 테이블을 아우터 집합으로 하여 아우터 조인을 수행한다. 조인 조건은 B.C1 = A.C1(+) 조건과 A.C2(+) IN ('B', 'C') 조건이고, 일반 조건은 B.C3 = 'B' 조건이다.

④ T1 테이블을 아우터 집합으로 하여 아우터 조인을 수행하도록 B.C1(+) = A.C1 조건을 기술하였으나, B.C3 = 'B' 조건에 의해 이너 조인으로 수행된다. 조인 조건은 B.C1 = A.C1 이며, 일반 조건은 A.C2 IN ('B', 'C') 조건과 B.C3 = 'B' 조건이다.

24 **EXISTS 조건**

EXISTS와 NOT EXISTS 서브쿼리는 메인쿼리 각 행에 대해 조인에 성공하는 데이터가 있는지를 확인한다. EXISTS는 조인에 성공하는 데이터가 있으면 TRUE를 반환하고, NOT EXISTS는 조인에 성공하는 데이터가 있으면 FALSE를 반환한다.

반면, IN과 NOT IN 서브쿼리를 사용하면 메인쿼리 각 행에 대해 서브쿼리가 반환하는 모든 값과 비교한다. IN은 일치하는 데이터가 하나라도 있으면 TRUE를 반환하고, NOT IN은 일치하는 데이터가 하나도 없으면 TRUE를 반환한다.

NOT IN 서브쿼리를 사용할 때 주의가 필요한데, 서브쿼리가 반환하는 집합에 널이 있으면 일치하는 데이터가 하나도 없는지 여부를 확인할 수 없기 때문이다. 따라서 널을 포함하는 IN 서브쿼리를 사용하면 메인쿼리 모든 데이터에 대해 참/거짓을 알 수 없는 상태가 되므로 항상 공집합을 반환한다.

풀이 정답 : ②

문제 SQL은 NOT EXISTS 조건에 서브 쿼리를 사용했다. T1에서 읽은 데이터 중 1은 조인에 성공하므로 FALSE를 반환하고, 2와 3은 조인에 성공하는 데이터가 없으므로 TRUE를 반환한다. 따라서 결과 건수로 2를 반환한다. NOT EXISTS 조건 대신 NOT IN 조건을 사용하면 서브쿼리 집합에 널을 포함하므로 항상 공집합이다. 따라서 결과 건수로 0을 반환한다.

[NOT EXISTS 조건]

```
SELECT COUNT (*) AS CNT
  FROM T1 A
```

[NOT IN 조건]

```
SELECT COUNT (*) AS CNT
  FROM T1
```

```
 WHERE NOT EXISTS
       (SELECT 1
          FROM T2 X
         WHERE X.C1 = A.C1);

CNT
---
  2

1개의 행이 선택되었습니다.
```

```
 WHERE C1 NOT IN
       (SELECT C1 FROM T2);

CNT
---
  0

1개의 행이 선택되었습니다.
```

25

풀이 정답 : ③

문제의 1번 SQL은 DEPT 테이블을 EMP 테이블의 14행과 조인한 후 집계했고, 2번 SQL은 DEPT 테이블을 EMP 테이블을 집계한 3행과 조인했다. 정답은 3번이다. 옵티마이저에 의해 내부적으로 쿼리 변환이 발생하지 않는다면 일반적으로 집계 후 조인한 2번 SQL이 성능 측면에서 효율적이다.

26

집합 연산자

- UNION ALL은 위아래 두 집합의 합집합을 반환한다.
- UNION은 위아래 두 집합의 합집합에서 중복을 제거한 고유한 집합을 반환한다.
- MINUS는 위쪽 집합에서 아래쪽 집합을 제외한 차집합을 반환한다.
- INTERSECT는 위쪽과 아래쪽 집합의 교집합을 반환한다.

풀이 정답 : ②

단일 테이블에 대한 OR 조건은 UNION ALL이나 UNION 집합 연산자로 변경할 수 있다. C1 = 1 조건을 만족하는 집합과 C2 = 1 조건을 만족하는 집합 간에는 중복 행이 존재하므로 중복을 제거하려면 UNION 집합 연산자를 사용해야 한다. 다만 테이블의 크기가 큰 경우 소트 부하가 발생할 수 있다.

27

풀이 정답 : ③

GROUPING SETS은 지정한 행 그룹으로 행을 집계한다. 행 그룹으로 ROLLUP과 CUBE를 사용할 수도 있다. 선택지의 그룹 함수는 아래와 같이 동작한다. (C1, C2)는 C1, C2의 소계, ()는 총계를 의미한다. 결과는 C1, C2, ()으로 집계했다.

① C1, C2

② C1, ()

③ C1, C2, ()

④ C1, (C1, C2), C1, ()

28

풀이 정답 : ④

GROUPING_ID 함수는 GROUPING 함수의 결과 값을 연결한 값의 비트 벡터에 해당하는 숫자 값을 반환한다. 결과의 GI 열은 BIN_TO_NUM 함수를 사용한 BN 열의 표현식과 동일하게 계산된다.

```
SELECT C1
     , C2
     , SUM (C3) AS C3
     , GROUPING (C2) AS G1
     , GROUPING (C1) AS G2
     , GROUPING_ID (C2, C1) AS GI
     , BIN_TO_NUM (GROUPING (C2), GROUPING (C1)) AS BN
  FROM T1
 GROUP BY ROLLUP (C1, C2);

C1 C2         C3 G1 G2 GI BN
-- ---------- -- -- -- -- --
A  2050-01-01 1  0  0  0  0
A  2050-01-02 1  0  0  0  0
A             2  1  0  2  2
B  2050-01-01 1  0  0  0  0
B  2050-01-02 1  0  0  0  0
B             2  1  0  2  2
C  2050-01-01 1  0  0  0  0
C  2050-01-02 1  0  0  0  0
C             2  1  0  2  2
              6  1  1  3  3

10 행이 선택되었습니다.
```

29

MIN 함수

MIN 함수는 인자로 지정한 컬럼 또는 표현식(expr)의 최저 값을 반환한다.

```
MIN (expr) OVER (analytic_clause)
```

MAX 함수

MAX 함수는 인자로 지정한 컬럼 또는 표현식(expr)의 최고 값을 반환한다.

```
MAX (expr) OVER (analytic_clause)
```

풀이 정답 : ④

문제 SQL의 MAX 함수는 파티션을 지정하지 않았으므로 전체 데이터의 최대 값 3000을 반환한다. MIN 함수는 JOB 칼럼으로 파티션을 지정했다. CLERK 파티션의 최소 값은 800이다. 표현식이 3000 - 800으로 계산되어 2200이 반환된다.

```
SELECT EMPNO, ENAME, JOB, SAL
     , MAX (SAL) OVER () - MIN (SAL) OVER (PARTITION BY JOB) AS C1
     , MAX (SAL) OVER () AS C2
     , MIN (SAL) OVER (PARTITION BY JOB) AS C3
  FROM EMP
 WHERE DEPTNO = 20;
```

```
EMPNO ENAME JOB      SAL   C1   C2   C3
----- ----- ------- ---- ---- ---- ----
 7788 SCOTT ANALYST 3000    0 3000 3000
 7902 FORD  ANALYST 3000    0 3000 3000
 7369 SMITH CLERK    800 2200 3000  800
 7876 ADAMS CLERK   1100 2200 3000  800 -- 3000 - 800
 7566 JONES MANAGER 2975   25 3000 2975

5 행이 선택되었습니다.
```

30

LEAD 함수

LEAD 함수는 현재 행에서 offset 이후 행의 컬럼 값(value_expr)을 반환한다. offset은 행 기준이며 기본값은 1이다. default에 이전 행이 없을 경우 반환할 값을 지정할 수 있다. 이전 행이 없을 때 반환할 값을 default 인자로 지정할 수 있으며, 기본값은 널이다.

```
LEAD (value_expr [, offset [, default]]) [IGNORE NULLS]
    OVER ([query_partition_clause] order_by_clause)
```

풀이 정답 : ④

쿼리 결과는 2행 이후 행의 SAL를 조회한다. 2행 이후 행이 없는 행에서 0이 반환되었으므로 default 인자에 0을 지정한 것을 알 수 있다.

31

풀이 정답 : ④

①은 잘못된 결과가 반환한다. ROWNUM 슈도 칼럼은 데이터를 출력하면서 순서대로 번호를 부여하므로 1번이 없으며 2번도 없고, 2번이 없으면 3번도 없다. 따라서 ②처럼 ROWNUM 조건을 사용하면 결과는 항상 공집합이다. ③은 결과는 정상적으로 반환되지만, 데이터 정렬 과정에 메모리를 더 많이 사용하고 디스크 I/O를 더 많이 발생시킨다. ④는 권장되는 가장 전형적인 페이징 쿼리다.

32

ROW LIMITING 절

아래는 ROW LIMITING 절의 구문이다. ROW LIMITING 절은 ORDER BY 절 다음에 기술하며, ORDER BY 절과 함께 수행된다. ROW와 ROWS는 구분하지 않아도 된다.

```
[OFFSET offset { ROW | ROWS }]
[FETCH { FIRST | NEXT } [{ rowcount | percent PERCENT }] { ROW | ROWS }
    { ONLY | WITH TIES }]
```

항목	설명
OFFSET offset	건너뛸 행의 개수를 지정
FETCH	반환할 행의 개수나 백분율을 지정
ONLY	지정된 행의 개수나 백분율만큼 행을 반환
WITH TIES	마지막 행에 대한 동순위를 포함해서 반환

풀이 정답 : ①

1번 SQL는 아래 SQL과 결과가 동일하다.

```
SELECT EMPNO, ENAME, SAL
  FROM EMP
 ORDER BY SAL DESC OFFSET 5 ROWS FETCH NEXT 5 ROWS ONLY;
```

33 풀이 정답 : ②

CONNECT_BY_ISLEAF 슈도 칼럼은 현재 노드가 리프 노드인 경우 1, 아니면 0을 반환한다. 아래와 같이 WHERE 조건절을 주석으로 막고 실행한 결과집합을 보면 리프 노드가 2개다.

```
 SELECT EMPNO, ENAME, MGR, CONNECT_BY_ISLEAF AS ISLEAF
   FROM EMP
  -- WHERE CONNECT_BY_ISLEAF = 1
  START WITH ENAME = 'JONES'
CONNECT BY MGR = PRIOR EMPNO;

EMPNO ENAME  MGR ISLEAF
----- ----- ---- ------
 7566 JONES 7839      0
 7788 SCOTT 7566      0
 7876 ADAMS 7788      1 -- 리프 노드
 7902 FORD  7566      0
 7369 SMITH 7902      1 -- 리프 노드

5 행이 선택되었습니다.
```

34 **UNPIVOT 절**

UNPIVOT 절은 열을 행으로 전환한다. UNPIVOT 절의 구문은 아래와 같다. INCLUDE NULLS 키워드를 기술하면 UNPIVOT된 열의 값이 널인 행도 결과에 포함된다. 기본값은 널을 포함하지 않는 EXCLUDE다.

```
UNPIVOT [{ INCLUDE | EXCLUDE } NULLS]
        (    { column | (column [, col]…) }
         FOR { column | (column [, col]…) }
         IN ({ column | (column [, col]…) }
                 [AS { literal | (literal [, literal]…) }]
          [, { column | (column [, col]…) }
                 [AS { literal | (literal [, literal]…) }]]…
            )
        )
```

항목	설명
UNPIVOT column	UNPIVOT된 값이 들어갈 칼럼을 지정
FOR 절	UNPIVOT된 값을 설명할 값이 들어갈 칼럼을 지정
IN 절	UNPIVOT할 칼럼과 설명할 값의 리터럴 값을 지정

풀이 정답 : ②

UNPIVOT 절의 IN 절에 (column [, col]…) AS (literal [, literal]…) 방식으로 칼럼과 설명할 값의 리터럴 값을 지정할 수 있다.

35

문자 리스트

문자 리스트(character list)는 문자를 대괄호로 묶은 표현식이다. 문자 리스트 중 한 문자만 일치하면 패턴이 일치한 것으로 처리된다. 문자 리스트에서 하이픈(-)은 범위 연산자로 동작한다.

연산자	설명
[char…]	문자 리스트 중 한 문자와 일치
[^char…]	문자 리스트에 포함되지 않은 한 문자와 일치

풀이 정답 : ③

C1 열은 @를 포함하지 않는 두 번째 문자 값을 반환한다.

36

REGEXP_INSTR 함수

REGEXP_INSTR 함수는 source_char에서 일치한 pattern의 시작 위치를 정수로 반환한다.

```
REGEXP_INSTR (source_char, pattern [, position [, occurrence [, return_opt [, match_
param [, subexpr]]]]])
```

매개변수	설명
source_char	검색 문자열
pattern	검색 패턴
position	검색 시작 위치 (기본값은 1)
occurrence	패턴 일치 횟수 (기본값은 1)
return_opt	반환 옵션 (0은 시작 위치, 1은 다음 위치, 기본값은 0)
match_param	일치 옵션
subexpr	서브 표현식 (0은 전체 패턴, 1 이상은 서브 표현식, 기본값은 0)

풀이 정답 : ②

C1 열은 두 번째 서브 표현식의 일치 위치를 반환한다. 두 번째 서브 표현식은 1234이므로 5가 반환된다.

37

UPDATE 문

UPDATE 문을 사용하면 테이블의 기존 행을 갱신할 수 있다. 조인 뷰를 이용하면, 다른 테이블(또는 가공한 결과집합)과 조인해서 얻은 값으로 갱신할 수 있다. 단, 갱신할 값을 제공하는 테이블(또는 결과집합)이 조인 컬럼 기준으로 유일성이 보장돼야 한다.

```
UPDATE { table ¦ view ¦ subquery } [t_alias]
   SET { column = { expr ¦ (subquery) ¦ DEFAULT }
       ¦ (column [, column]…) = (subquery) }
    [, {column = {expr ¦ (subquery) ¦ DEFAULT}
       ¦ (column [, column]…) = (subquery) }]…
 WHERE condition;
```

풀이 정답 : ④

T2 테이블 C1 기준으로 유일성이 보장되지 않으면 문제 SQL을 수행하는 과정에 T1 테이블 C2 값이 여러 번 갱신될 가능성이 있다. 여러 번 갱신되더라도 같은 값이면 상관이 없겠지만, 같은 값이 아닌 경우 일관성에 문제가 생길 수 있다. 그래서 오라클은 갱신할 값을 제공하는 테이블(또는 결과집합)이 조인 칼럼 기준으로 유일성이 보장되지 않으면 "ORA-01779" 에러를 발생시킨다. 조인 조건인 T2 테이블 C1 칼럼에 PK 제약이나 UNIQUE 제약을 설정하면 유일성이 보장되므로 에러가 발생하지 않는다.

---

38 MERGE 문

MERGE 문의 구문은 아래와 같다. USING 절에 지정한 소스 테이블을 INTO 절에 지정한 타깃 테이블과 ON 절의 조건으로 조인한다. 조인에 성공한 행은 MERGE UPDATE 절, 조인에 실패한 행은 MERGE INSERT 절을 수행한다. DELETE 절은 MERGE UPDATE 절로 갱신된 행을 대상으로 조건을 체크한 후 일부 데이터를 지우는 기능을 제공한다. 조건을 만족하는지 여부는 (갱신하기 이전 값이 아닌) 갱신한 이후 값을 기준으로 한다.

```
MERGE
 INTO {table ¦ view ¦ (subquery)} [t_alias]
USING {table ¦ view ¦ (subquery)} [t_alias]
   ON (condition)
 WHEN MATCHED THEN      -- MERGE UPDATE 절
      UPDATE
         SET column = {expr ¦ DEFAULT} [, column = {expr ¦ DEFAULT}]…
      [WHERE condition]
     [DELETE
       WHERE condition]
 WHEN NOT MATCHED THEN -- MERGE INSERT 절
      INSERT [(column [, column]…)]
      VALUES ({expr ¦ DEFAULT} [, {expr ¦ DEFAULT}]…)
      [WHERE condition];
```

항목	설명
INTO 절	갱신 또는 삽입할 타깃 테이블
USING 절	갱신 또는 삽입에 사용할 소스 테이블
ON 절	갱신 또는 삽입의 대상을 결정하는 조건
MERGE UPDATE 절	ON 절의 조건이 만족하는 경우 수행될 구문
MERGE INSERT 절	ON 절의 조건이 만족하지 않는 경우 수행될 구문

풀이 정답 : ④

문제 SQL은 MERGE 문의 ON 절에 아우터 조인을 사용했다. 아우터 기준이 T1 테이블이므로 조인에 실패한 T1 테이블의 C1이 1인 행의 C2 값이 널로 갱신된다.

아래 SQL은 문제 SQL과 결과가 동일하다. 문제 SQL을 사용하는 편이 성능 측면에서 유리하다.

```
UPDATE T1 T
   SET T.C2 = (SELECT S.C2 FROM T2 S WHERE T.C1 = S.C1);
```

39

SAVEPOINT 문

SAVEPOINT 문은 롤백할 수 있는 저장점을 생성한다. 특정 저장점으로 롤백하면 이후의 저장점은 자동으로 제거된다. 존재하지 않는 저장점으로 롤백을 수행하면 "ORA-01086: 저장점이 이 세션에 설정되지 않았거나 부적합합니다." 에러가 발생한다.

풀이 정답 : ①

문제 SQL에서 ROLLBACK TO SAVEPOINT P3; 구문은 "ORA-01086: 'P3' 저장점이 이 세션에 설정되지 않았거나 부적합합니다." 에러가 발생한다. P1 저장점으로 롤백되었으므로 T1 테이블의 전체 건수는 1건이다.

40

PK 제약

PK 제약이 설정된 컬럼에 여러 세션이 동시에 같은 값을 입력하려고 하면, 후행 트랜잭션이 블로킹된다. 그 상황에서 선행 트랜잭션이 COMMIT 하면 후행 트랜잭션의 입력은 에러를 만나면서 실패로 끝나고, ROLLBACK 하면 후행 트랜잭션의 입력은 성공으로 끝난다.

풀이 정답 : ④

ⓛ은 블로킹된 후 S1 세션에서 COMMIT을 수행했으므로 값 입력에 성공한다. ⓡ은 블로킹된 후 S2 세션에서 ROLLBACK을 수행했으므로 "ORA-00001: 무결성 제약 조건(SCOTT.T1_PK)에 위배됩니다" 에러가 발생한다.

41

풀이 정답 : ③

VARCHAR2 타입은 이미 값을 입력했더라도 데이터 타입의 크기를 축소할 수 있다. 단, 축소하고자 하는 크기가 가장 큰 입력 값보다 크거나 같아야 한다. NULL 허용 여부는 반대로만(NULL <-> NOT NULL) 변경할 수 있다.

ⓖ은 2 자리 이상인 문자열이 하나라도 입력돼 있다면 "ORA-01441: 일부 값이 너무 커서 열 길이를 줄일 수 없음" 에러가 발생하겠지만, 현재 1자리 문자열만 입력한 상태이므로 정상적으로 처리된다. ⓒ은 "ORA-01451: 열이 이미 NULL로 되어 있습니다" 에러가 발생한다.

42

NLS_LENGTH_SEMANTICS

CHAR 타입과 VARCHAR2 타입의 크기를 지정하는 단위는 BYTE 또는 CHAR다. BYTE는 바이트, CHAR는 글자 수로 지정한다. CHAR는 사용 중인 캐릭터 셋 문자에 허용된 최대 바이트와 입력한 문자열 수를 곱한 크기가 할당된다. 캐릭터 셋에 따라 차이가 있지만 한글은 저장에 최소 2바이트를 사용한다. 예를 들어, '가나'를 입력했고 사용 중인 캐릭터 셋 문자에 허용된 최대 크기가 2 바이트이면 4 바이트가 할당된다. 단위를 지정하지 않았을 때 기본값은 BYTE이며, 기본값은 아래와 같이 변경할 수 있다.

```
ALTER SYSTEM SET NLS_LENGTH_SEMANTICS = CHAR;
ALTER SESSION SET NLS_LENGTH_SEMANTICS = CHAR;
```

풀이 정답 : ③

③은 1바이트로 생성된 C1 칼럼에 2바이트 이상인 한글을 저장했기 때문에 " ORA-12899: "SCOTT"."T1"."C1" 열에 대한 값이 너무 큼(실제: 2, 최대값: 1)" 에러가 발생한다.

---

43 풀이 정답 : ④

날짜 데이터와 숫자 데이터 간에는 더하기(+) 연산과 빼기(-) 연산이 가능하며, 이때 숫자 1은 '하루'를 의미한다. 즉, C1 + 2는 C1 칼럼에 저장된 날짜의 2일 후 날짜가 된다. 날짜 데이터와 날짜 데이터 간에는 빼기(-) 연산만 가능하며, 두 날짜 간의 일수 차이를 반환한다.

---

44 **ESCAPE 문자**

LIKE 조건에서 '%'와 '_'는 특수 목적을 가진 문자이므로 정작 이들 문자를 포함한 문자열을 찾기가 곤란해진다. 그럴 때 ESCAPE 문자를 지정하면 '%'와 '_'를 문자 의미 그대로 사용하게 할 수 있다. 구체적인 사용법은 아래 풀이에서 보기로 하자.

풀이 정답 : ①

LIKE 조건을 사용하여 10%대 할인 쿠폰을 검색해야 하므로 검색 문자열 패턴은 '1_'로 시작해야 한다. 이어서 '%'를 포함한 문자열을 찾아야 하는데, LIKE 조건에서 '%'는 특별한 의미를 갖는 문자다. '%'를 문자 의미 그대로 사용하려면, 아래처럼 ESCAPE 기능을 활용하면 된다.

```
WHERE 할인내용 LIKE '1_\%%' ESCAPE '\'
```

ESCAPE 문자로 '\' 문자를 지정했으므로 LIKE 조건 문자열에서 '\' 바로 뒤에 붙은 문자는 특수 목적인 아닌 그 본래의 의미로 사용된다. 따라서 위 조건절은 첫 글자가 '1'이고 세 번째 글자가 '%'인 할인내용을 정확히 찾아 준다.

---

45 풀이 정답 : ③

문제 SQL은 ORDER BY 절에 C2 - C3를 기술했으므로 결과 집합을 C2 - C3 값의 오름차순으로 정렬하여 출력한다. 또한, 인라인뷰 밖의 WHERE 절에 ROWNUM <= 1 조건을 기술했으므로 정렬 순서 상 첫 번째 행만 출력된다. C2 칼럼과 C3 칼럼 모두 날짜형(DATE) 데이터이므로 빼기 연산 결과는 두 날짜 간의 일수 차이다.

```
SELECT C1, C2 - C3 AS R1, C2, C3
  FROM T1
 ORDER BY C2 - C3;
```

C1	R1	C2	C3
C	-10	2020-05-01 00:00:00	2020-05-11 00:00:00
D	5	2020-04-20 00:00:00	2020-04-15 00:00:00
B	10	2020-05-31 00:00:00	2020-05-21 00:00:00
A	20	2020-06-30 00:00:00	2020-06-10 00:00:00

위 결과 중 첫 번째 행만 출력되므로 C1 칼럼 값은 'C'이고, R1 열의 값은 -10이 된다.

---

46 **CROSS JOIN 절**

CROSS JOIN 절은 카티션 곱을 생성한다. 카티션 곱(cartesian product)은 조인 조건이 없는 조인이다. 의도적으로 카티션 곱 집합을 만들기도 하지만, 실수로 조인 조건을 누락하는 경우도 있으므로 주의해야 한다.

풀이 정답 : ③

문제 SQL은 CROSS JOIN 절을 기술했으므로 T1, T2 테이블에 대해 카티션 곱을 생성한다. 조인 결과로는 T1 테이블 4건에 T2 테이블 4건을 곱해 16개 행을 가진 집합이 생성된다. T1 테이블의 각 행이 각각 4개로 복제되었기 때문에 COUNT (DISTINCT A.C1) 값은 원래 T1 테이블의 C1 칼럼 값의 종류 개수인 4다. COUNT (B.C2) 값은 복제된 행의 개수인 16이다.

---

47 풀이 정답 : ②

문제 SQL은 아래 두 SQL을 통합해서 SQL 하나로 처리하고자 할 때 자주 활용하는 기법이다.

```
SELECT * FROM T1 WHERE C1 = :V2;
SELECT * FROM T1 WHERE C2 = :V2;
```

1번 SQL에서 V1 바인드 변수에 1을 입력하면 C1 = :V2 조건을 만족하는 행을 조회되고, 2를 입력하면 C2 = :V2 조건을 만족하는 행을 조회한다. 2번 SQL은 UNION ALL 집합 연산자를 사용했다. V1 바인드 변수에 1을 입력한 경우를 위쪽 집합에서 처리하였으므로 2를 입력한 경우는 아래쪽 집합에서 처리해야 한다. 따라서 빈칸 ㉠에 :V1 = 2 AND C2 = :V2 조건을 기술하면 된다.

---

48 **계층 쿼리**

계층 쿼리는 START WITH 절과 CONNECT BY 절로 구성된다. WHERE 절 다음에 기술하지만, 실제 실행 순서는 WHERE 절보다 앞선다. START WITH 조건을 만족하는 데이터를 시작으로 CONNECT BY 조건을 만족하는 데이터를 찾은 후 최종적으로 WHERE 조건으로 필터링한다. START WITH 절은 생략이 가능하다. PRIOR 연산자는 직전 상위 노드의 값을 반환한다.

```
[START WITH condition] CONNECT BY [NOCYCLE] condition
```

절	설명
START WITH 절	루트 노드를 생성하며 1번만 수행
CONNECT BY 절	루트 노드의 하위 노드를 생성하고 결과가 없을 때까지 반복 수행

풀이 정답 : ③

문제 SQL은 ENAME이 JONES인 사원(EMP) 데이터를 시작으로 부모 노드를 찾아 역방향 전개한 결과 집합을 출력했다. 사원번호(EMPNO)가 앞서(PRIOR) 읽은 사원의 관리자(MGR)와 일치하는 데이터를 찾아 상위 노드로 전개해야 하므로 CONNECT BY 절은 EMPNO = PRIOR MGR 조건으로 기술해야 한다. 가장 먼저 읽은 JONES의 사원번호(EMPNO)는 7566이고 관리자(MGR)는 7839이다. 사원번호(EMPNO)가 앞서 읽은 JONES의 관리자(MGR) 7839와 일치하는 사원은 KING이다.

---

49 **PIVOT 절**

PIVOT 절은 행을 열로 전환한다. PIVOT 절의 구문은 아래와 같다.

```
PIVOT [XML]
      (aggregate_function (expr) [[AS] alias]
    [, aggregate_function (expr) [[AS] alias]]…
       FOR { column ¦ (column [, column]…) }
       IN ({ {{ expr ¦ (expr [, expr]…) } [[AS] alias]}…
           ¦ subquery
           ¦ ANY [, ANY]…
           })
      )
```

항목	설명
aggregate_function	집계할 열을 지정
FOR 절	PIVOT할 열을 지정
IN 절	PIVOT할 열 값을 지정

풀이 정답 : ②

문제 SQL은 EMP 테이블의 SAL 열을 DEPTNO, JOB 열 값으로 PIVOT했다. 빈칸 ㉠은 입사연도가 1981이고, DEPTNO가 30, JOB이 SALESMAN인 SAL의 합계 값이다. 1600, 1250, 1500, 1250의 합계 값은 5600이다.

50 풀이 정답 : ①

U2.T1 테이블에 대한 ALTER 권한을 부여받은 U1 계정으로 접속해서 U3 계정에게 같은 권한을 부여하려다 ORA-01031 에러를 만났다. 부여한 오브젝트 권한을 다른 사용자에게도 부여할 수 있게 하려면 아래와 같이 WITH GRANT OPTION을 함께 사용해야 한다. WITH GRANT OPTION은 오브젝트 권한에 사용하며, WITH ADMIN OPTION은 SYSTEM 권한에 사용한다. 참고로, 오브젝트 권한을 부여할 때 WITH ADMIN OPTION을 사용하거나 SYSTEM 권한을 부여할 때 WITH GRANT OPTION을 사용하면 에러가 발생한다.

```
-- T1 테이블 소유자인 U2 사용자로 로그인
GRANT ALTER ON T1 TO U1 WITH GRANT OPTION;
```

NOTE

SQL 개발자 자격검정

실전 모의고사

< 2회 >

실전 모의고사

1 2회

과목 I 데이터 모델링의 이해 * 선택형 10문항 (1~10 / 각 2점)

01 다음 중 아래의 데이터 모델 표기법으로 적절한 것을 고르시오.

아 래

① IE

② Barker

③ Peter Chen

④ IDEF1X

02 다음 중 발생시점에 따른 엔터티 분류로 부적절한 것을 고르시오.

① 기본 엔터티

② 중심 엔터티

③ 종속 엔터티

④ 행위 엔터티

03 다음 중 아래 데이터 모델에 대한 설명으로 가장 적절한 것을 고르시오.

아 래

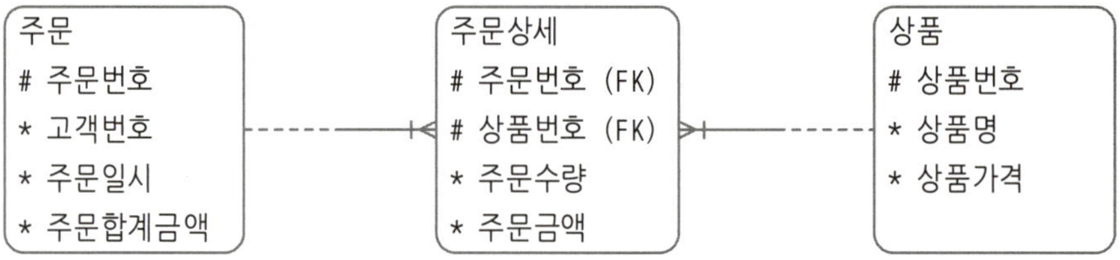

① 주문은 반드시 주문상세를 가져야 한다.

② 주문상세는 인스턴스를 유일하게 구분할 수 있는 고유번호를 별도로 생성한다.

③ 한 주문의 주문상세 내역에는 동일상품(상품번호가 동일한 상품)이 여러 번 나타날 수 있다.

④ 주문의 주문합계금액이 주문상세의 주문별 주문금액을 합산한 값을 의미한다면, 이는 성능 향상을 위해 반정규화한 파생속성이다.

04 다음 중 관계(Relationship)가 적절하게 표기된 데이터 모델을 고르시오.

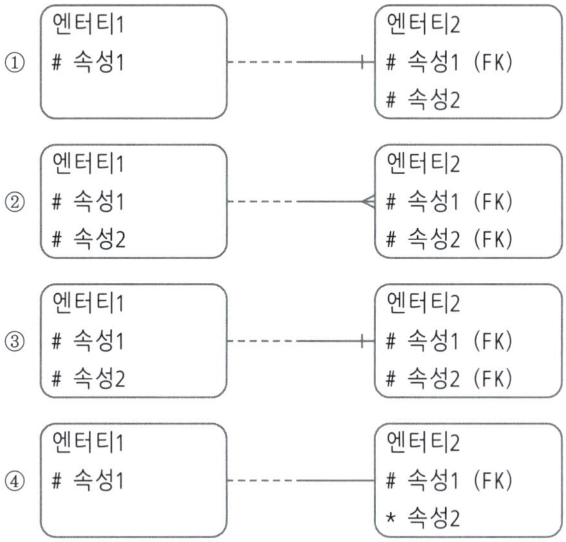

05 다음 중 주식별자의 특징으로 가장 적절한 것을 고르시오.

① 엔터티의 주식별자는 최소 1개 이상 정의할 수 있다.
② 주식별자 속성은 부모 엔터티의 식별자를 상속받아야 한다.
③ 주식별자 속성의 값은 업무적으로 변하지 않아야 한다.
④ 주식별자 속성의 값은 NULL을 포함할 수 있다.

06 다음 중 아래 데이터 모델에서 반정규화 속성으로 가장 거리가 먼 것을 고르시오.

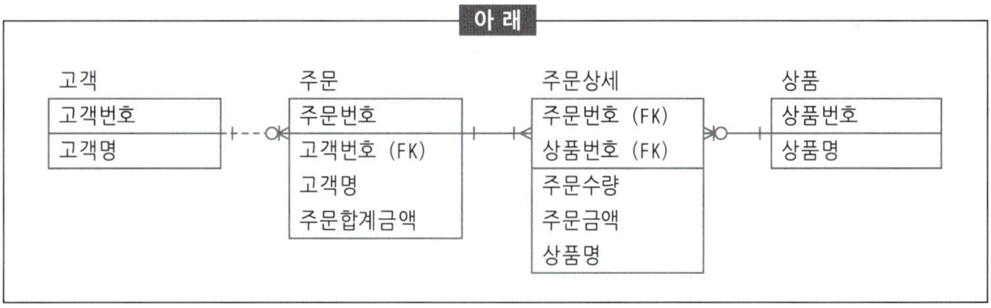

① 주문 엔터티의 고객명 속성
② 주문 엔터티의 주문합계금액 속성
③ 주문상세 엔터티의 주문수량 속성
④ 주문상세 엔터티의 상품명 속성

07 다음 중 아래 데이터 모델에 대한 SQL로 가장 효율적인 것을 고르시오.

아 래

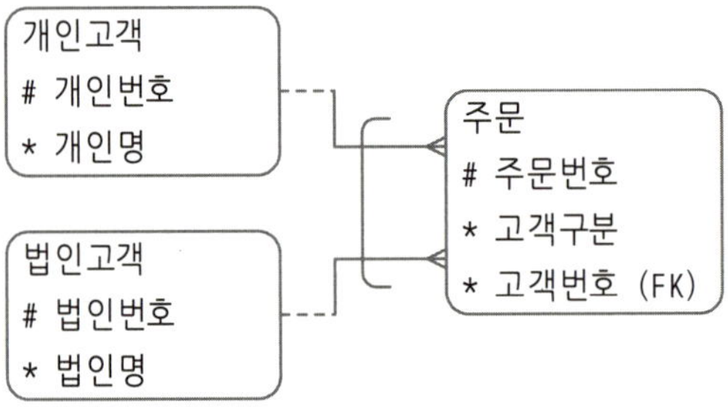

①
```
SELECT B.개인명 AS 고객명
  FROM 주문 A, 개인고객 B
 WHERE A.주문번호 = :V_주문번호
   AND A.고객구분 = '개인'
   AND B.개인번호 = A.고객번호
UNION ALL
SELECT B.법인명 AS 고객명
  FROM 주문 A, 법인고객 B
 WHERE A.주문번호 = :V_주문번호
   AND A.고객구분 = '법인'
   AND B.법인번호 = A.고객번호;
```

②
```
SELECT COALESCE (B.개인명, C.법인명) AS 고객명
  FROM 주문 A, 개인고객 B, 법인고객 C
 WHERE A.주문번호 = :V_주문번호
   AND B.개인번호 = A.고객번호
   AND C.법인번호 = A.고객번호;
```

③
```
SELECT COALESCE (B.개인명, C.법인명) AS 고객명
  FROM 주문 A, 개인고객 B, 법인고객 C
 WHERE A.주문번호 = :V_주문번호
   AND B.개인번호(+) = A.고객번호
   AND C.법인번호(+) = A.고객번호;
```

④
```
SELECT COALESCE (B.개인명, C.법인명) AS 고객명
  FROM 주문 A, 개인고객 B, 법인고객 C
 WHERE A.주문번호 = :V_주문번호
   AND B.개인번호(+) = DECODE (A.고객구분, '개인', A.고객번호)
   AND C.법인번호(+) = DECODE (A.고객구분, '법인', A.고객번호);
```

08 SQL을 순서대로 실행하는 도중에 시스템 장애가 발생하더라도 아래 데이터 모델에 표현된 데이터 발생 규칙을 절대 위배하지 않는 것을 고르시오.

아 래

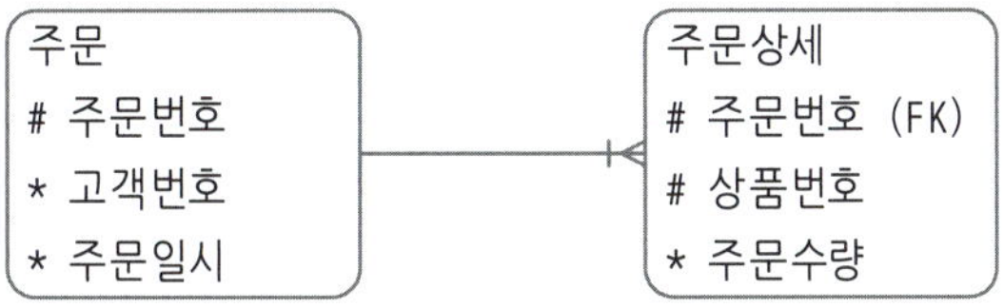

①
```
INSERT INTO 주문     (주문번호, 고객번호, 주문일시) VALUES (:V1, :V2, :V3);
COMMIT;
INSERT INTO 주문상세 (주문번호, 상품번호, 주문수량) VALUES (:V1, :V4, :V5);
COMMIT;
INSERT INTO 주문상세 (주문번호, 상품번호, 주문수량) VALUES (:V1, :V6, :V7);
COMMIT;
```

②
```
INSERT INTO 주문     (주문번호, 고객번호, 주문일시) VALUES (:V1, :V2, :V3);
COMMIT;
INSERT INTO 주문상세 (주문번호, 상품번호, 주문수량) VALUES (:V1, :V4, :V5);
INSERT INTO 주문상세 (주문번호, 상품번호, 주문수량) VALUES (:V1, :V6, :V7);
COMMIT;
```

③
```
INSERT INTO 주문상세 (주문번호, 상품번호, 주문수량) VALUES (:V1, :V2, :V3);
INSERT INTO 주문상세 (주문번호, 상품번호, 주문수량) VALUES (:V1, :V4, :V5);
COMMIT;
INSERT INTO 주문     (주문번호, 고객번호, 주문일시) VALUES (:V1, :V6, :V7);
COMMIT;
```

④
```
INSERT INTO 주문     (주문번호, 고객번호, 주문일시) VALUES (:V1, :V2, :V3);
INSERT INTO 주문상세 (주문번호, 상품번호, 주문수량) VALUES (:V1, :V4, :V5);
COMMIT;
INSERT INTO 주문상세 (주문번호, 상품번호, 주문수량) VALUES (:V1, :V6, :V7);
COMMIT;
```

09 다음 중 아래 데이터 모델과 데이터를 참고하여 SQL의 빈칸 ㉠에 들어갈 표현식으로 가장 부적절한 것을 고르시오. (단, 평균중도금은 중도금이 있는 계약을 대상으로만 계산한다)

아 래

[데이터 모델]

계약
계약번호
* 계약금
* 중도금
* 잔금

[데이터]

계약번호	계약금	중도금	잔금
1	50	100	150
2	100	100	100
3	100	0	200

[SQL]

```
SELECT MAX (계약금) AS 최고계약금, AVG (      ㉠      ) AS 평균중도금 FROM 계약;

최고계약금 평균중도금
---------- ----------
       100        100

1개의 행이 선택되었습니다.
```

① 중도금

② NULLIF (중도금, 0)

③ DECODE (중도금, 0, NULL, 중도금)

④ CASE WHEN 중도금 = 0 THEN NULL ELSE 중도금 END

10 주문상세 테이블의 데이터를 아래 SQL과 같이 생성한다고 할 때, 주문상세의 식별자(주문번호+주문순번)를 나타내는 개념으로 가장 적절한 것을 고르시오.

아 래

[데이터 모델]

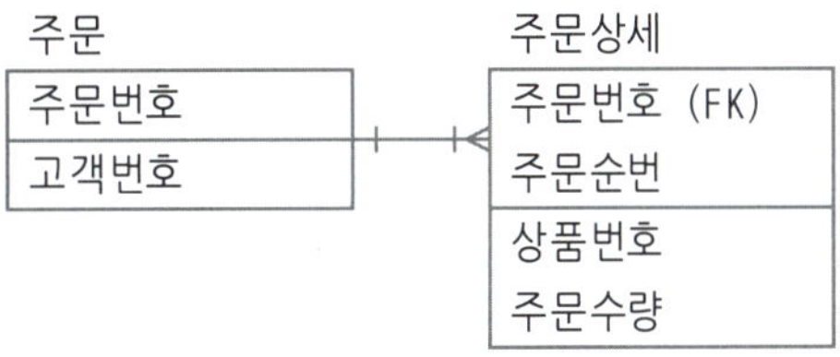

[SQL]

```
INSERT INTO 주문상세 (주문번호, 주문순번, 상품번호, 주문수량)
VALUES (V_주문번호
       , S_주문순번.NEXTVAL
       , V_상품번호
       , V_주문수량);
```

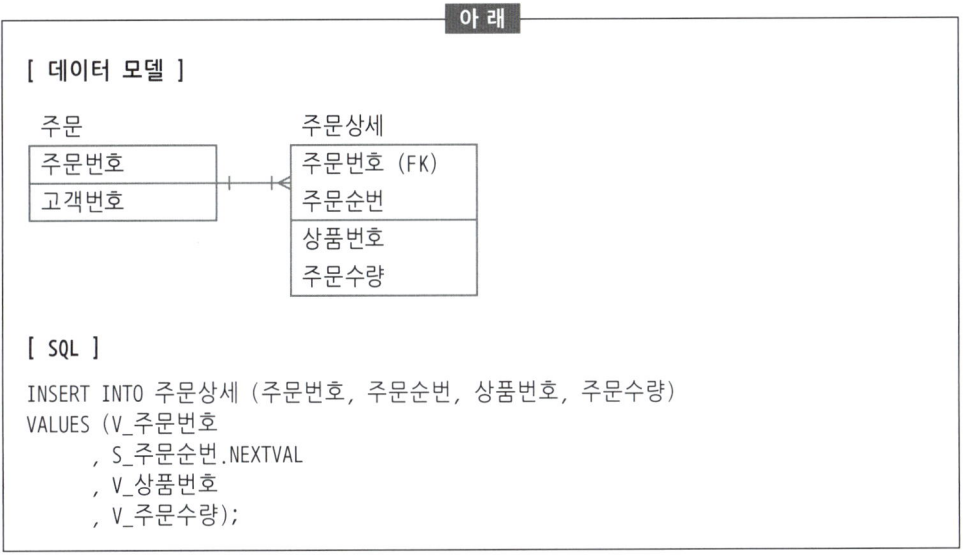

① 슈퍼 키
② 후보 키
③ 기본 키
④ 대리 키

과목 II SQL 기본과 활용

* 선택형 40문항 (11~50 / 각 2점)

11 관계형 대수의 순수 관계 연산자는 관계형 데이터베이스 상에서 각기 다른 SQL 문법으로 구현되었다. 다음 중 "SELECT 연산"이 구현된 SQL 문의 절을 고르시오.

① WHERE 절
② SELECT 절
③ HAVING 절
④ GROUP BY 절

12 다음 중 SQL 실행 결과의 데이터 유형이 다른 것을 고르시오.

① SELECT TO_DATE ('1987-10-06', 'YYYY-MM-DD') AS R1
  FROM DUAL;

② SELECT TO_DATE ('1987-10-06', 'YYYY-MM-DD') + 10 AS R1
  FROM DUAL;

③ SELECT TO_DATE ('1987-10-06', 'YYYY-MM-DD')
    - TO_DATE ('1987-10-01', 'YYYY-MM-DD') AS R1
  FROM DUAL;

④ SELECT TO_DATE ('1987-10-06', 'YYYY-MM-DD') - 1/24/60/60 AS R1
  FROM DUAL;

13 다음 중 수행 결과가 다른 SQL을 고르시오.

① SELECT LTRIM ('XXABXC', 'XX') AS R1 FROM DUAL;

② SELECT RTRIM ('ABXCXXX', 'X') AS R1 FROM DUAL;

③ SELECT TRIM ('X' FROM 'XXABXCX') AS R1 FROM DUAL;

④ SELECT TRIM (TRAILING 'X' FROM 'XXABXCX') AS R1 FROM DUAL;

14 아래 SQL이 에러 없이 정상 수행되기 위해 빈칸 ㉠에 들어갈 함수를 고르시오.

아 래

[COMMISSION 테이블]

```
CREATE TABLE COMMISSION (EMPNO NUMBER(4), COMM NUMBER);
```

EMPNO	COMM
1	1000
2	NULL
3	2000

[SQL]

```
SELECT NVL (    ㉠    (COMM), '없음') AS R1 FROM COMMISSION;
```

① TO_CHAR

② TO_NUMBER

③ ABS

④ LENGTH

15 아래 SQL과 항상 동일한 수행 결과를 반환하는 SQL을 고르시오.

아 래

```
SELECT *
  FROM EMP
 WHERE JOB IN ('CLERK', 'MANAGER')
   AND DEPTNO = 20
   AND SAL BETWEEN 1000 AND 3000;
```

①
```
SELECT *
  FROM EMP
 WHERE JOB = 'CLERK'
    OR JOB = 'MANAGER'
   AND DEPTNO = 20
   AND SAL BETWEEN 1000 AND 3000;
```

②
```
SELECT *
  FROM EMP
 WHERE JOB IN ('CLERK')
    OR JOB IN ('MANAGER')
   AND DEPTNO = 20
   AND SAL >= 1000
   AND SAL <= 3000;
```

③
```
SELECT *
  FROM EMP
 WHERE (    JOB = 'CLERK'
        OR JOB = 'MANAGER')
   AND DEPTNO = 20
   AND SAL BETWEEN 1000 AND 3000;
```

④
```
SELECT *
  FROM EMP
 WHERE JOB = 'CLERK'
    OR JOB = 'MANAGER'
   AND DEPTNO = 20
   AND (    SAL >= 1000
        AND SAL <= 3000);
```

16 아래 SQL과 항상 동일한 수행 결과를 반환하는 SQL을 고르시오.

아 래

```
SELECT *
  FROM EMP
 WHERE NOT (DEPTNO = 10 AND COMM IS NULL);
```

① SELECT *
```
  FROM EMP
 WHERE DEPTNO = 10 AND COMM IS NULL;
```

② SELECT *
```
  FROM EMP
 WHERE DEPTNO = 10 OR COMM IS NULL;
```

③ SELECT *
```
  FROM EMP
 WHERE DEPTNO <> 10 OR COMM IS NOT NULL;
```

④ SELECT *
```
  FROM EMP
 WHERE DEPTNO <> 10 AND COMM IS NOT NULL;
```

17 다음 중 수행 결과가 다른 SQL을 고르시오.

아 래

[T1 테이블]

C1
100
NULL
NULL
200
300

① SELECT AVG (C1) AS R1 FROM T1;

② SELECT AVG (C1) AS R1 FROM T1 WHERE C1 IS NOT NULL;

③ SELECT AVG (NVL (C1, 0)) AS R1 FROM T1;

④ SELECT NVL (AVG (C1), 0) AS R1 FROM T1;

18 다음 중 아래 SQL의 수행 결과를 고르시오.

아 래

[T1 테이블]

C1	C2
A	100
A	200
B	100
B	NULL
B	300
C	250
C	NULL

[SQL]

```
SELECT C1, AVG(C2) AS AVG2
  FROM T1
 GROUP BY C1
HAVING COUNT(C2) >= 2
   AND AVG(C2) >= 150;
```

①

C1	AVG2
A	150
B	200
C	250

②

C1	AVG2
A	150

③

C1	AVG2
A	150
B	200

④

C1	AVG2
B	200
C	250

19 다음 중 아래 SQL의 수행 결과(C1 값 출력 순서)를 바르게 표시한 것을 고르시오.

아 래

[T1 테이블]

C1	C2
1	9
2	9
3	7
4	7
5	8

[SQL]

```
SELECT C1
  FROM (SELECT C1, MOD (C2, 4) AS C2
          FROM T1
         ORDER BY C2 DESC, C1);
```

① 3 - 4 - 1 - 2 - 5
② 1 - 2 - 5 - 3 - 4
③ 1 - 2 - 3 - 4 - 5
④ 3 - 1 - 2 - 4 - 5

20 다음 중 아래 SQL의 수행 결과를 고르시오.

아 래

[T1 테이블]

C1	C2
1	A
2	B
3	C

[T2 테이블]

C1	C2
1	A
1	B
2	A
3	A
3	C

[SQL]

```
SELECT SUM (A.C1) AS R1
  FROM T1 A, T2 B
 WHERE B.C1 = A.C1
   AND B.C2 = A.C2;
```

① 2

② 4

③ 6

④ 10

21 다음 중 아래 SQL의 수행 결과를 고르시오.

아래

[T1 테이블]

C1	C2
1	A
2	B
3	C
4	D

[T2 테이블]

C1	C2
1	A
1	A
2	B
2	C
3	C
4	C

[SQL]

```
SELECT SUM (A.C1) AS R1
  FROM T1 A, T2 B
 WHERE B.C1(+) = A.C1
   AND B.C2(+) = A.C2;
```

① 6

② 7

③ 11

④ 12

22 다음 중 아래 SQL을 실행하고 난 후의 수행 결과가 다른 SQL을 고르시오.

아 래

[T1 테이블]

C1	C2
1	A
2	B
3	C

[T2 테이블]

C1	C3
1	A
1	B
2	B
3	C
3	A
4	B

[SQL]

```
ALTER TABLE T2 RENAME COLUMN C3 TO C2;
```

①
```
SELECT SUM (A.C1) AS R1
  FROM T1 A JOIN T2 B
    ON B.C1 = A.C1;
```

②
```
SELECT SUM (A.C1) AS R1
  FROM T1 A LEFT JOIN T2 B
    ON B.C1 = A.C1;
```

③
```
SELECT SUM (C1) AS R1
  FROM T1 A NATURAL JOIN T2 B;
```

④
```
SELECT SUM (C1) AS R1
  FROM T1 A LEFT JOIN T2 B
 USING (C1);
```

23 다음 중 아래 SQL의 수행 결과를 고르시오.

아 래

[T1 테이블]

C1	C2
1	A
2	B
3	C
4	D

[T2 테이블]

C1	C2
2	B
2	B
3	C
5	C

[SQL]

```
SELECT COUNT (A.C1) + COUNT (B.C1) AS R1
  FROM T1 A FULL OUTER JOIN T2 B
    ON B.C1 = A.C1;
```

① 6

② 7

③ 8

④ 9

24 다음 중 수행 결과가 다른 SQL을 고르시오.

아 래

[DEPT 테이블]

DEPTNO	DNAME
10	ACCOUNTING
20	RESEARCH
30	SALES
40	OPERATIONS

[EMP 테이블]

EMPNO	ENAME	DEPTNO
7782	CLARK	10
7839	KING	10
7369	SMITH	20
7566	JONES	20
7499	ALLEN	30
7521	WARD	30

①
```
SELECT *
  FROM DEPT
 WHERE DEPTNO IN (SELECT DEPTNO FROM EMP);
```

②
```
SELECT A.*
  FROM DEPT A
 WHERE EXISTS (SELECT 1 FROM EMP X WHERE X.DEPTNO = A.DEPTNO);
```

③
```
SELECT B.*
  FROM (SELECT DISTINCT DEPTNO FROM EMP) A
     , DEPT B
 WHERE B.DEPTNO = A.DEPTNO;
```

④
```
SELECT DISTINCT
       A.*
  FROM DEPT A, EMP B
 WHERE B.DEPTNO(+) = A.DEPTNO;
```

25 다음 중 아래 SQL의 수행 결과를 고르시오.

아래

[T1 테이블]

C1
1
2
3
4

[T2 테이블]

C1
1
2
2

[SQL]

```
SELECT COUNT (*) AS CNT
  FROM T1 A
 WHERE EXISTS (SELECT COUNT (*) FROM T2 X WHERE X.C1 = A.C1);
```

① 1

② 2

③ 3

④ 4

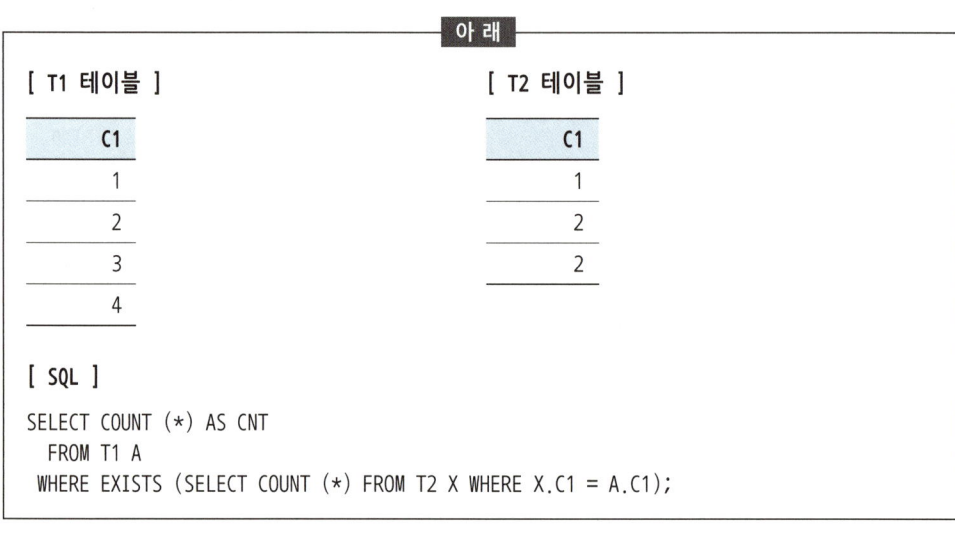

26 다음 중 소트(sort)가 발생하지 않는 집합 연산자를 고르시오.

① UNION ALL

② UNION

③ MINUS

④ INTERSECT

27 아래 1, 2번 SQL은 수행 결과가 동일하다. 2번 SQL의 빈칸 ㉠에 들어갈 표현식을 고르시오.

아 래

[1번 SQL]

```
SELECT C1, C2, SUM (C3) AS C3
  FROM T1
 GROUP BY ROLLUP (C1, C2);
```

[2번 SQL]

```
SELECT C1, C2, SUM (C3) AS C3
  FROM T1
 GROUP BY GROUPING SETS (    ㉠    );
```

① (C1, C2), C1

② (C1, C2), C2

③ (C1, C2), C1, ()

④ (C1, C2), C2, ()

28 아래 1, 2번 SQL은 수행 결과가 동일하다. 2번 SQL의 빈칸 ㉠에 들어갈 표현식을 고르시오.

아 래

[1번 SQL]

```
SELECT C1
     , C2
     , SUM (C3) AS C3
  FROM T1
 GROUP BY ROLLUP ((C1, C2));
```

[2번 SQL]

```
SELECT C1
     , C2
     , SUM (C3) AS C3
  FROM T1
 GROUP BY GROUPING SETS (    ㉠    );
```

① C1, C2

② C1, C2, ()

③ (C1, C2)

④ (C1, C2), ()

29 아래 SQL의 빈칸 ㉠에 들어갈 분석 함수를 고르시오.

아 래

[SQL]

```
SELECT EMPNO, ENAME, SAL, [    ㉠    ] () OVER (ORDER BY SAL) AS C1
  FROM EMP
 WHERE DEPTNO = 30;

EMPNO ENAME   SAL C1
----- ------ ---- --
 7900 JAMES   950  1
 7521 WARD   1250  2
 7654 MARTIN 1250  2
 7844 TURNER 1500  3
 7499 ALLEN  1600  4
 7698 BLAKE  2850  5

6 행이 선택되었습니다.
```

① RANK

② DENSE_RANK

③ PERCENT_RANK

④ ROW_NUMBER

30 아래 SQL 수행 결과의 빈칸 ㉠에 들어갈 값을 기술하시오.

아 래

[SQL]

```
SELECT EMPNO, ENAME, SAL
     , AVG (SAL) OVER (ORDER BY SAL ROWS BETWEEN 1 PRECEDING AND 1 FOLLOWING) AS C1
  FROM EMP
 WHERE DEPTNO = 20;
```

[결과]

EMPNO	ENAME	SAL	C1
7369	SMITH	800	
7876	ADAMS	1100	
7566	JONES	2975	
7788	SCOTT	3000	
7902	FORD	3000	㉠

① 2175

② 2518

③ 2992

④ 3000

31 아래 SQL 수행 결과의 빈칸 ㉠, ㉡에 들어갈 값을 고르시오.

아 래

[EMP 테이블]

EMPNO	ENAME	DEPTNO	SAL
7934	MILLER	10	1300
7782	CLARK	10	2450
7839	KING	10	5000
7369	SMITH	20	800
7876	ADAMS	20	1100
7566	JONES	20	2975
7788	SCOTT	20	3000
7902	FORD	20	3000
7900	JAMES	30	950
7521	WARD	30	1250
7654	MARTIN	30	1250
7844	TURNER	30	1500
7499	ALLEN	30	1600
7698	BLAKE	30	2850

[SQL]

```
SELECT   C1, COUNT (*) AS C2
    FROM (SELECT NTILE (2) OVER (ORDER BY
SAL) AS C1
            FROM EMP
           WHERE DEPTNO = 20)
GROUP BY C1;
```

[결과]

C1	C2
1	㉠
2	㉡

① ㉠ 1, ㉡ 4

② ㉠ 2, ㉡ 3

③ ㉠ 3, ㉡ 2

④ ㉠ 4, ㉡ 1

32 아래 SQL의 빈칸 ㉠, ㉡에 들어갈 값을 고르시오.

아 래

[EMP 테이블]

EMPNO	ENAME	SAL
7839	KING	5000
7788	SCOTT	3000
7902	FORD	3000
7566	JONES	2975
7698	BLAKE	2850
7782	CLARK	2450
7499	ALLEN	1600
7844	TURNER	1500
7934	MILLER	1300
7521	WARD	1250
7654	MARTIN	1250
7876	ADAMS	1100
7900	JAMES	950
7369	SMITH	800

[SQL]

```
SELECT A.*
  FROM (SELECT TOP ( ㉠ )
               A.*
          FROM (SELECT TOP ( ㉡ )
                       EMPNO
                     , ENAME
                     , SAL
                  FROM EMP
                 ORDER BY SAL DESC) A
         ORDER BY SAL) A
ORDER BY SAL DESC;

EMPNO ENAME  SAL
----- ------ ----
 7782 CLARK  2450
 7499 ALLEN  1600
 7844 TURNER 1500
 7934 MILLER 1300
 7521 WARD   1250

5 행이 선택되었습니다.
```

① ㉠ 5, ㉡ 10

② ㉠ 6, ㉡ 10

③ ㉠ 10, ㉡ 5

④ ㉠ 10, ㉡ 6

33 아래 1, 2번 SQL은 수행 결과가 항상 동일하다. 빈칸에 들어갈 분석 함수를 고르시오.

아 래

[1번 SQL]

```
SELECT EMPNO, ENAME, SAL
  FROM EMP
 ORDER BY SAL DESC
 FETCH FIRST 4 ROWS
  WITH TIES;
```

[2번 SQL]

```
SELECT *
  FROM (SELECT EMPNO, ENAME, SAL
             , [ ㉠ ] ()
               OVER (ORDER BY SAL DESC) AS RN
          FROM EMP)
 WHERE RN <= 4;
```

① RANK

② DENSE_RANK

③ PERCENT_RANK

④ ROW_NUMBER

34 아래 SQL의 결과를 고르시오.

아 래

[EMP 테이블]

EMPNO	ENAME	MGR
7566	JONES	7839
7788	SCOTT	7566
7876	ADAMS	7788
7902	FORD	7566
7369	SMITH	7902

[SQL]

```
SELECT MAX (LEVEL) AS C1
   FROM EMP
  START WITH ENAME = 'JONES'
CONNECT BY MGR = PRIOR EMPNO;
```

① 1

② 2

③ 3

④ 4

35 다음 중 [:alnum:] POSIX 문자 클래스와 동일한 표현식을 고르시오.

① [0-9]
② [a-z]
③ [a-zA-Z]
④ [0-9a-zA-Z]

36 아래 SQL의 수행 결과를 고르시오.

아 래

```
SELECT REGEXP_COUNT ('1,2,3,A,B,C', '[^,]+') AS C1 FROM DUAL;
```

① 1
② 5
③ 6
④ 11

37 아래 SQL을 수행한 후 T1 테이블의 건수를 고르시오.

아 래

[T1 테이블]

C1	C2
1	1
2	1
3	1

[T2 테이블]

C1	C2
1	1

[SQL]

```
DELETE
  FROM T1 A
 WHERE EXISTS (SELECT 1 FROM T2 X WHERE X.C1 = C1);
```

① 0
② 1
③ 2
④ 3

38 아래 SQL을 수행한 후 T1 테이블의 전체 건수를 고르시오.

아 래

[T1 테이블]

C1	C2
1	1
2	1
3	1

[T2 테이블]

C1	C2
3	3
4	4
5	5

[SQL]

```
MERGE
 INTO T1 T
USING T2 S
   ON (T.C1 = S.C1)
 WHEN MATCHED THEN
      UPDATE SET T.C2 = S.C2 WHERE S.C2 > 2
      DELETE WHERE T.C2 < 2
 WHEN NOT MATCHED THEN
      INSERT (T.C1, T.C2) VALUES (S.C1, S.C2) WHERE S.C2 > 4;
```

① 2

② 3

③ 4

④ 5

39 S1, S2 세션에서 아래 SQL을 순서대로 수행했을 때 에러가 발생하는 SQL 문을 고르시오.

아 래

[T1 테이블]

```
CREATE TABLE T1 (C1 NUMBER, C2 NUMBER);

INSERT INTO T1 (C1) VALUES (1);
INSERT INTO T1 (C1) VALUES (2);

COMMIT;
```

[SQL]

S1 세션	S2 세션
UPDATE T1 SET C2 = 1 WHERE C1 = 1; -- ㉠	
	UPDATE T1 SET C2 = 2 WHERE C1 = 2; -- ㉡
	UPDATE T1 SET C2 = 2 WHERE C1 = 1; -- ㉢
UPDATE T1 SET C2 = 1 WHERE C1 = 2; -- ㉣	

① ㉠

② ㉡

③ ㉢

④ ㉣

40 S1, S2 세션에서 아래 SQL을 순서대로 수행했을 때 에러가 발생하는 SQL 문을 고르시오.

아 래

[T1 테이블]

```
CREATE TABLE T1 (C1 NUMBER, CONSTRAINT T1_PK PRIMARY KEY (C1));
CREATE TABLE T2 (C1 NUMBER, CONSTRAINT T1_F1 FOREIGN KEY (C1) REFERENCES T1 (C1));
INSERT INTO T1 VALUES (1);
INSERT INTO T1 VALUES (2);
COMMIT;
```

[SQL]

S1 세션	S2 세션
DELETE FROM T1 WHERE C1 = 1; -- ㉠	
COMMIT;	INSERT INTO T2 VALUES (1); -- ㉡
INSERT INTO T2 VALUES (2); -- ㉣	UPDATE T1 SET C1 = 1 WHERE C1 = 2; -- ㉢
COMMIT;	ROLLBACK;

① ㉠

② ㉡

③ ㉢

④ ㉣

41 다음 중 테이블의 크기가 큰 경우 장시간동안 수행될 수 있는 SQL 문을 고르시오.

① ALTER TABLE T1 ADD C2 NUMBER;

② ALTER TABLE T1 MODIFY C1 NUMBER(10);

③ ALTER TABLE T1 DROP COLUMN C1;

④ ALTER TABLE T1 RENAME COLUMN C2 TO C1;

42 다음 중 에러가 발생하는 SQL 문을 고르시오.

아 래

[T1 테이블]

```
CREATE TABLE T1 (C1 NUMBER(5,2), C2 NUMBER(2,5));
```

① INSERT INTO T1 (C1) VALUES (100);

② INSERT INTO T1 (C2) VALUES (100);

③ INSERT INTO T1 (C1) VALUES (0.0001);

④ INSERT INTO T1 (C2) VALUES (0.0001);

43 고객예치금 테이블에는 고객 별로 상품을 구입하기 위해 예치한 금액이 저장되어 있다. 상품 1개당 가격이 2000원이라고 할 때, 최대로 주문할 수 있는 상품의 개수(최대주문가능개수)와 상품을 최대로 주문한 후 남는 예치금(예치금잔액)을 구하는 SQL을 작성할 때 빈칸 ㉠, ㉡에 들어갈 표현식을 고르시오. (예치금액을 상품 1개당 가격으로 나누면 "최대주문가능개수"를 구할 수 있다. 단, "최대주문가능개수"와 "예치금잔액" 모두 아래 결과처럼 정수로 출력해야 한다.)

아 래

[고객예치금 테이블]

고객번호	예치금액
1	15000
2	40000
3	23850

[SQL]

```
SELECT 고객번호
     , [    ㉠    ] AS 최대주문가능개수
     , [    ㉡    ] AS 예치금잔액
  FROM 고객예치금;
```

[결과]

고객번호	최대주문가능개수	예치금잔액
1	7	1000
2	20	0
3	11	1850

① ㉠ TRUNC (예치금액 / 2000), ㉡ MOD (예치금액, 2000)

② ㉠ TRUNC (예치금액 / 2000), ㉡ CEIL (예치금액 / 2000)

③ ㉠ ROUND (예치금액 / 2000), ㉡ MOD (예치금액, 2000)

④ ㉠ ROUND (예치금액 / 2000), ㉡ CEIL (예치금액 / 2000)

44 아래 SQL의 수행 결과에서 빈칸 ㉠, ㉡에 들어갈 값을 고르시오.

아 래

[T1 테이블]

C1	C2
A	1000
A	2000
B	1000
B	NULL
B	2000
C	NULL

[SQL]

```
SELECT C1
     , NVL (AVG (C2), 0) AS AVG1
     , AVG (NVL (C2, 0)) AS AVG2
  FROM T1
 GROUP BY C1;
```

[결과]

C1	AVG1	AVG2
A	1500	1500
B	㉠	㉡
C	0	0

① ㉠ 1000, ㉡ 1000

② ㉠ 1000, ㉡ 1500

③ ㉠ 1500, ㉡ 1000

④ ㉠ 1500, ㉡ 1500

45 아래 SQL 수행 결과의 빈칸 ㉠, ㉡에 들어갈 값을 고르시오.

아 래

[주문 테이블]

주문번호	고객번호	주문일자	주문금액
501	1	20200502	50000
612	1	20200607	80000
728	1	20200619	120000
904	1	20200630	80000
404	2	20200612	60000
603	2	20200618	40000
807	2	20200629	70000
912	2	20200715	40000

[고객등급 테이블]

등급번호	등급명	최저기준금액	최고기준금액
1	VIP	300000	999999
2	GOLD	200000	299999
3	SILVER	100000	199999
4	BRONZE	0	99999

[SQL]

```
SELECT A.고객번호, B.등급명
  FROM (SELECT 고객번호, SUM(주문금액) AS 주문합계금액
          FROM 주문
         WHERE 주문일자 LIKE '202006%'
         GROUP BY 고객번호) A
     , 고객등급 B
 WHERE A.주문합계금액 BETWEEN B.최저기준금액 AND B.최고기준금액;
```

[결과]

고객번호	등급명
1	㉠
2	㉡

① ㉠ VIP, ㉡ GOLD
② ㉠ VIP, ㉡ SILVER
③ ㉠ GOLD, ㉡ SILVER
④ ㉠ SILVER, ㉡ BRONZE

46 아래 1, 2번 SQL은 수행 결과가 동일하다. 2번 SQL의 빈칸 ㉠에 들어갈 표현식을 고르시오.

아 래

[1번 SQL]

```
SELECT *
  FROM T1
 WHERE (C1 = 1 OR C2 = 1);
```

[2번 SQL]

```
SELECT * FROM T1 WHERE C1 = 1
UNION ALL
SELECT * FROM T1 WHERE C2 = 1 AND [ ㉠ ];
```

[T1 테이블]

C1	C2
1	1
1	2
NULL	1
2	2

[결과]

C1	C2
1	1
1	2
NULL	1

① C1 != 1
② C1 != 1 OR C1 IS NULL
③ C1 != 1 AND C1 IS NULL
④ C1 IS NULL

47 아래 SQL의 빈칸 ㉠에 들어갈 조인 조건을 고르시오.

아 래

[EMP 테이블]

EMPNO	ENAME	MGR
7839	KING	
7566	JONES	7839
7698	BLAKE	7839
7782	CLARK	7839

[SQL]

```
WITH W1 (EMPNO, ENAME, MGR) AS (
SELECT EMPNO, ENAME, MGR
  FROM EMP
 WHERE ENAME = 'JONES'
UNION ALL
SELECT C.EMPNO, C.ENAME, C.MGR
  FROM W1 P, EMP C
 WHERE [ ㉠ ])
SELECT EMPNO, ENAME, MGR
FROM W1;

EMPNO ENAME  MGR
----- ----- ----
 7566 JONES 7839
 7839 KING

2 행이 선택되었습니다.
```

① C.EMPNO = P.EMPNO
② C.EMPNO = P.MGR
③ C.MGR = P.EMPNO
④ C.MGR = P.MGR

48 아래 SQL 수행 결과의 빈칸 ㉠에 들어갈 값을 고르시오.

아 래

[EMP 테이블]

JOB	DEPTNO	SAL
ANALYST	20	3000
ANALYST	20	3000
CLERK	10	1300
CLERK	20	800
CLERK	20	1100
MANAGER	10	2450
MANAGER	20	2975
PRESIDENT	10	5000

[SQL]

```
SELECT JOB
     , SUM (CASE DEPTNO WHEN 10 THEN SAL END) AS D10_SAL
     , SUM (CASE DEPTNO WHEN 20 THEN SAL END) AS D20_SAL
  FROM EMP
 WHERE DEPTNO IN (10, 20)
 GROUP BY JOB
 ORDER BY JOB;
```

[결과]

JOB	D10_SAL	D20_SAL
ANALYST		
CLERK		㉠
MANAGER		
PRESIDENT		

① 800

② 1100

③ 1300

④ 1900

49 아래 SQL 수행 결과의 빈칸 ㉠에 들어갈 값을 고르시오.

아 래

[T1 테이블]

JOB	D10_SAL	D20_SAL	D30_SAL
ANALYST		6000	
CLERK	1300	1900	950
MANAGER	2450	2975	2850
PRESIDENT	5000		
SALESMAN			5600

[SQL]

```
SELECT A.JOB
     , DECODE (B.LV, 1, 10, 2, 20, 3, 30) AS DEPTNO
     , DECODE (B.LV, 1, A.D10_SAL, 2, A.D20_SAL, 3, A.D30_SAL) AS SAL
  FROM T1 A
     , (SELECT LEVEL AS LV FROM DUAL CONNECT BY LEVEL <= 3) B
 WHERE A.JOB = 'CLERK'
 ORDER BY JOB, DEPTNO;
```

[결과]

JOB	DEPTNO	SAL
CLERK	10	
CLERK	20	㉠
CLERK	30	

① 950 ② 1300
③ 1900 ④ NULL

50 오라클에 접속하려다 아래 에러를 만난 U3 사용자의 문제를 해결하기 위해 부여할 수 있는 롤을 고르시오.

아 래

SQLPLUS U3/U3

ORA-01045: 사용자 U3는 CREATE SESSION 권한을 가지고있지 않음; 로그온이 거절되었습니다

① ACCESS ② CONNECT
③ LOGIN ④ LOGON

SQL 개발자 자격검정 실전 모의고사 해답

과목 I 데이터 모델링의 이해 * 선택형 10문항 (1~10 / 각 2점)

01

풀이 정답 : ③

Peter Chen 표기법은 1976년에 피터첸(Peter Chen)이 제안한 E-R모델 표기법이다. 실무적으로 사용되지 않지만 데이터베이스 이론을 다루는 대학교재 등에서 자주 사용된다.

02

발생시점에 따른 엔터티 분류

엔터티는 발생시점에 따라 아래의 세 가지 유형으로 구분할 수 있다.

분류	설명
기본	업무에 원래 존재하는 정보로 다른 엔터티와 관계에 의해 생성되지 않고 독립적으로 생성된다. 다른 엔터티의 부모 엔터티로 다른 엔터티로부터 식별자를 상속받지 않고 자신의 식별자를 가진다. - 사원, 부서, 고객, 상품, 자재
중심	기본 엔터티로부터 발생되며 업무에서 중심적인 역할을 한다. 많은 데이터가 발생하고 다른 엔터티와의 관계를 통해 행위 엔터티를 생성한다. - 계약, 사고, 예금원장, 청구, 주문, 매출
행위	2개 이상의 부모 엔터티로부터 발생하고, 자주 내용이 변경되거나 많은 데이터가 생성된다. - 주문목록, 사원변경이력

풀이 정답 : ③

엔터티는 발생시점에 따라 기본, 중심, 행위 엔터티로 분류할 수 있다.

3

관계(Relationship)

부모 엔터티의 식별자를 자식 엔터티의 식별자로 상속하면 '식별관계', 일반속성으로 상속하면 '비식별관계'라고 한다.

부모 엔터티 기준으로 자식 엔터티를 필수 관계(바커 표기법 기준으로 부모 쪽 관계선이 실선)로 정의한다면, 부모 인스턴스별로 자식 인스턴스를 반드시 등록해야 한다. 자식 엔터티를 선택 관계(부모 쪽 관계선이 점선)로 정의한다면, 부모 인스턴스만 등록하고 자식 인스턴스는 등록하지 않아도 된다.

자식 엔터티 기준으로 부모 엔터티를 필수 관계(자식 쪽 관계선이 실선)로 정의한다면, 부모 인스턴스를 먼저 등록한 후에 자식 인스턴스를 등록해야 한다. 부모 엔터티를 선택 관계(자식 쪽 관계선이 점선)로 정의한다면, 부모 없이 자식 인스턴스만 등록(FK 칼럼에 NULL 입력)할 수 있다.

풀이 정답 : ④

부모 엔터티인 주문 기준으로 자식 엔터티인 주문상세를 선택 관계로 정의했으므로 주문은 등록하되 주문상세는 등록하지 않을 수 있다. 주문이 반드시 주문상세를 포함해야 한다면 관계선을 모두 실선으로 표현해야 한다. 주문상세의 식별자로는 별도의 고유번호를 생성하지 않고 양쪽 부모 엔터티로부터 상속받은 주문번호와 상품번호를 그대로 사용했다. 따라서 한 주문의 주문상세에 같은 상품을 두번 이상 등록할 수 없다.

4

관계(Relationship)

부모 엔터티의 식별자를 자식 엔터티의 식별자로 상속하면 '식별관계', 일반속성으로 상속하면 '비식별관계'라고 한다. 바커(Barker) 표기법에서 두 엔터티를 식별관계로 정의하고자 할 때는 자식 쪽 관계선에 UID Bar(수직 실선)를 표시한다.

부모 엔터티 기준으로 자식 엔터티를 필수 관계로 정의할 때 부모 쪽 관계선을 실선으로 표기한다. 자식 엔터티를 선택 관계로 정의할 때는 부모 쪽 관계선을 점선으로 표기한다. 자식 엔터티 기준으로 부모 엔터티를 필수 관계로 정의할 때는 자식 쪽 관계선을 실선으로 표기하며, 선택 관계로 정의할 때는 자식 쪽 관계선을 점선으로 표기한다.

풀이 정답 : ③

① 엔터티2는 엔터티1의 식별자를 자신의 식별자로 상속했다. 상속한 속성1에 속성2를 더해 식별자를 정의했으므로 두 속성을 조합했을 때 중복 값을 허용하지 않는다. 바꿔 말하면, 속성1 값이 같더라도 속성2 값이 다른 여러 인스턴스를 입력할 수 있다는 뜻이다. 따라서 엔터티1과 엔터티2는 1:N으로 관계를 정의해야 한다.

② 엔터티2는 엔터티1의 식별자를 자신의 식별자로 상속했고, 식별자에 추가 속성도 없다. 따라서 둘 간의 관계는 1:1로 정의해야 한다.

④ 엔터티2는 엔터티1의 식별자를 자신의 식별자로 상속했다. 식별관계로 설계하려면 자식 쪽 관계선에 UID Bar(수직 실선)를 표시해야 한다.

5

식별자의 특징

엔터티의 인스턴스를 유일하게 식별할 수 있는 속성을 식별자라고 한다. 하나의 엔터티에 다수의 식별자가 존재할 수 있지만, 그 중 하나를 주식별자로 지정해야 한다. 주식별자는 아래 4가지 특징을 갖는다.

특징	설명
유일성	엔터티의 모든 인스턴스를 고유하게 식별할 수 있어야 함
최소성	고유성을 만족하는 최소의 속성으로 구성되어야 함
불변성	주식별자의 속성이 변경되지 않아야 함
존재성	주식별자의 속성에 널을 입력할 수 없음

풀이 정답 : ③

주식별자는 부모로부터 반드시 상속되지 않아도 되며, 업무적으로 변하지 않아야 하고, NULL을 포함하지 않는 필수 속성으로 정의해야 한다.

6

반정규화

정규형을 위배한 모델을 '반정규화' 또는 '역정규화' 모델이라고 한다. 반정규화 속성은 크게 다른 엔터티의 속성 값을 그대로 사용한 중복속성과 기존 값을 계산/집계/가공해서 사용하는 추출속성으로 구분할 수 있다.

정규화된 모델은 데이터 중복을 최소화함으로써 공간 사용량을 줄이는 것은 물론, 데이터 정합성을 지키는 데 유리하다. 반면, 반정규화된 모델은 데이터 중복을 허용함으로써 저장 공간을 많이 사용하고, 무엇보다 데이터 정합성을 지키는 데 불리하다. 그럼에도 모델을 반정규화하는 이유는 대개 조인과 연산을 최소화해 쿼리 성능을 향상시키려는 데 목적이 있다.

정규화된 모델 하에서 쿼리 튜닝을 최대한 실시하고, 튜닝으로 해결할 수 없다고 판단할 때 반정규화를 실시해야 한다. 정규화에 대한 이해 부족 또는 습관에 의한 반정규화는 결코 바람직하지 않다.

풀이 정답 : ③

①은 고객 엔터티의 고객명 속성을 중복 정의한 중복속성, ②는 주문상세 엔터티의 주문금액을 집계한 추출속성, ④는 상품 엔터티의 상품명 속성을 중복 정의한 중복속성이다.

7

상호배타적 관계

하나의 엔터티가 두 개 이상의 다른 엔터티와 "동시에" 관계를 갖지 않고 경우에 따라 "상호 배타적으로" 관계를 갖는 모델을 상호배타적(Exclusive OR) 관계의 모델이라고 한다. 예를 들어, 엔터티 A가 X, Y, Z 엔터티와 관계를 갖는데, 세 엔터티와 동시에 관계를 갖는 것이 아니라 상황에 따라 X 또는 Y 또는 Z와 배타적으로 관계를 갖는 경우를 말한다.

풀이 정답 : ④

문제의 데이터 모델은 상호배타적 관계다. 상호배타적 관계를 구현하는 방식이 몇 가지 있는데, 여기서는 주문 엔터티의 고객구분 속성에 따라 고객번호에 개인번호 또는 법인번호를 입력하는 방식을 사용했다.

① 주문 테이블을 두 번 읽는 비효율이 있다. (※ 고객구분 인덱스를 이용하면 같은 데이터를 한 번씩만 읽게 할 수 있지만, 지금처럼 둘 중 하나의 값(평균 50% 분포)를 조회할 때 인덱스를 사용하면 오히려 성능이 나빠진다. 좋은 성능을 위해 Full Scan 해야 하므로 결국 모든 주문 데이터를 두 번씩 읽게 된다.)

② 결과가 반환되지 않는다.

③ 주문 테이블을 1번만 조회하지만, 모든 주문에 대해 개인고객 또는 법인고객과 조인해야 한다.

④ 주문 테이블을 1번만 조회하고, DECODE 함수에 의해 개인고객 또는 법인고객 테이블을 1번만 조회한다.

8

관계(Relationship)를 고려한 트랜잭션 구현

트랜잭션은 일의 최소 단위이므로 하나의 트랜잭션으로 묶인 두 개 이상의 연산은 "동시에" 처리해야 한다. 현재의 저장 기술로는 동시 처리가 불가능하므로 DBMS는 트랜잭션의 원자성을 지원하기 위해 'All or Nothing' 방식을 사용한다. 즉, 두 개 이상의 연산을 모두 성공하거나 모두 실패하도록 처리하는 방식을 사용한다.

DB 개발자는 원자적으로 처리해야 하는 일련의 작업을 하나의 트랜잭션으로 묶어주어야 하는데, 특히 관계가 설정된 두 개 이상 테이블에 데이터를 입력할 때 모델에 표현된 관계의 선택사양(Optionality)을 정확히 해석함으로써 정합성에 문제가 생기지 않도록 구현해야 한다.

자식 테이블 기준으로 부모 테이블이 필수 관계라면, 부모 레코드를 먼저 입력한 후에 자식 레코드를 입력해야 한다. 두 연산을 하나의 트랜잭션으로 묶어서 처리할 때는 순서만 잘 맞춰주면 된다. 두 연산을 개별 트랜잭션으로 처리함으로써 처리 순서를 보장할 수 없는 상황이라면, 자식 레코드를 입력할 때 부모 레코드가 존재하는지 반드시 확인해야 한다.

부모 엔터티 기준으로 자식 엔터티도 필수 관계라면, 부모 레코드 입력은 성공했는데 자식 레코드 입력은 실패하는 일이 생겨선 안 된다. 반드시 두 연산을 모두 성공하거나 모두 실패하도록 구현해야 한다. 따라서 두 연산을 하나의 트랜잭션으로 묶어서 처리해야 한다. 부모 레코드와 함께 첫 번째 자식 레코드를 입력한 이후, 두 번째 자식 레코드부터는 개별적으로 입력할 수도 있는데, 이는 업무적인 트랜잭션 정의에 의해 결정된다.

풀이 정답 : ④

문제의 데이터 모델은 "모든 주문은 반드시 1개 이상의 주문상세를 가져야 하고, 주문 없는 주문상세가 존재해선 안 된다"는 업무규칙을 표현하고 있다.

①, ② 주문 입력 트랜잭션 성공 후 장애가 발생하면 주문상세가 없이 주문만 입력하는 결과를 초래할 수 있다. ③ 주문상세 입력 트랜잭션 성공 후 장애가 발생하면 주문 없이 주문상세만 입력하는 결과를 초래할 수 있다. ④ 첫 번째 트랜잭션 성공 후 장애가 발생하더라도, 주문은 있는데 주문상세가 없거나, 주문상세는 있는데 주문이 없는 경우는 발생하지 않는다. 데이터 모델이 표현하고 있는 정합성에는 문제가 없더라도 업무적으로 주문과 두 개의 주문상세를 원자적으로 처리해야 한다면, COMMIT은 맨 마지막에 한번만 처리해야 한다.

9

풀이 정답 : ①

계약 엔터티의 계약금, 중도금, 잔금 속성은 모두 널을 허용하지 않는다. 만약 중도금이 존재하지 않는다면 널이 아닌 0을 입력해야 한다. 업무상 중도금이 존재하는 계약에 대한 평균중도금을 집계해야 하는 경우 ②, ③, ④의 표현식을 사용해야 원하는 결과를 얻을 수 있다. 일반 속성의 널 허용 여부는 업무 요건에 따라 신중하게 결정해야 한다.

10

슈퍼 키(Super Key)

관계형 데이터베이스는 테이블마다 테이블 내의 행을 유일하게 식별할 수 있는 기본 키(Primary Key)를 설계한다. 기본 키(Primary Key)는 속성 또는 속성 집합이며, 테이블마다 단 1개만 지정할 수 있다. 기본 키(Primary Key)가 될 수 있는 자격을 갖춘 후보를 후보 키(Candidate Key)라고 한다. 후보 키(Candidate Key)는 테이블 내에 여러 개 있을 수 있다. 여러 개의 후보 키(Candidate Key) 가운데 1개를 선택해 기본 키(Primary Key)로 정의하고, 선택되지 않은 나머지 후보 키(Candidate Key)는 대리 키(Alternate Key)라고 한다.

기본 키(Primary Key)를 포함한 모든 후보 키(Candidate Key)는 불필요한 속성을 포함하지 않아야 한다. 즉, 행을 유일하게 식별하는데 필요한 최소 속성 집합으로 구성해야 한다. 불필요한 속성이 덧붙여진 후보 키(Candidate Key)를 슈퍼 키(Super Key)라고 하는데, 데이터베이스를 설계할 때 지양해야 하는 대상이다.

풀이 정답 : ①

주문상세 엔터티의 식별자는 주문번호+주문순번이다. 주문순번을 생성할 때 문제의 SQL과 같이 시퀀스를 이용하여 모든 주문상세 인스턴스에 대해서 순차적으로 번호를 부여한다면 주문번호 없이 주문순번만으로도 유일하게 인스턴스를 식별할 수 있게 된다. 식별자의 조건인 유일성과 최소성 중 유일성은 만족하지만 최소성을 만족하지 않는 조합이 되므로 이런 속성의 집합은 슈퍼 키(Super Key)에 해당한다.

11 **일반 집합 연산자**

E.F.Codd 박사의 논문에 언급된 8가지 관계형 대수 중 순수 관계 연산자는 관계형 데이터베이스에서 아래와 같은 SQL 문법으로 구현되었다.

- SELECT 연산은 SQL 문법 상에서 WHERE 절로 구현
- PROJECT 연산은 SQL 문법 상에서 SELECT 절로 구현
- JOIN 연산은 SQL 문법 상에서 INNER JOIN, OUTER JOIN, NATURAL JOIN 등 다양한 조인 문법으로 구현
- DIVIDE 연산은 SQL 문법 상에서 현재 사용되지 않음

풀이 정답 : ①

순수 관계 연산자 중 하나인 SELECT 연산은 SQL 문법 상에서 WHERE 절로 구현되었다. 보기 ②번의 SELECT 절은 순수 관계 연산자 중 PROJECT 연산을 구현한 것이다.

12 **날짜(DATE)형 데이터 산술 연산**

날짜 데이터와 숫자 데이터 간에는 더하기(+) 연산과 빼기(-) 연산이 가능하며, 이때 숫자 1은 '하루'를 의미한다. 날짜 데이터와 날짜 데이터 간에는 빼기(-) 연산만 가능하며, 연산 결과는 두 날짜 간의 일자 수(차이)가 반환된다.

풀이 정답 : ③

변환 함수인 TO_DATE 함수는 인자로 입력 받은 문자 유형의 값을 날짜 유형(DATE)의 값으로 변환한다.

① TO_DATE ('1987-10-06', 'YYYY-MM-DD')의 결과 값은 '1987-10-06 00:00:00'이고 데이터 유형은 'DATE'다.

② TO_DATE ('1987-10-06', 'YYYY-MM-DD')에 숫자 값인 10을 더하였으므로, 결과 값은 '1987-10-16 00:00:00'이고 데이터 유형은 'DATE'다.

③ TO_DATE ('1987-10-06', 'YYYY-MM-DD')에서 TO_DATE ('1987-10-01', 'YYYY-MM-DD')를 뺐으므로, 결과 값은 5이고 데이터 유형은 'NUMBER'다.

④ TO_DATE ('1987-10-06', 'YYYY-MM-DD')에서 숫자 1/24/60/60 (1초)를 뺐으므로, 결과 값은 '1987-10-05 23:59:59'이고 데이터 유형은 'DATE'다.

13 **LTRIM 함수**

LTRIM 함수는 char의 좌측부터 set에 포함된 문자를 제거한다. char는 한 문자씩 set과 비교되며, set에 포함되지 않는 문자를 만나면 제거가 중단된다. set의 기본값은 공백(' ')이다.

```
LTRIM (char [, set])
```

RTRIM 함수

RTRIM 함수는 char의 우측부터 set에 포함된 문자를 제거한다. 비교 방식은 LTRIM 함수와 동일하다. set의 기본값은 공백이다.

```
RTRIM (char [, set])
```

TRIM 함수

TRIM 함수는 trim_source의 좌측이나 우측이나 양측에서 trim_character를 제거한다. trim_character가 아닌 문자를 만나면 제거를 멈춘다. 위치의 기본값은 BOTH다. trim_character은 한 문자만 지정할 수 있으며, 기본값은 공백이다.

```
TRIM ([{{LEADING | TRAILING | BOTH}
[trim_character] | trim_character} FROM] trim_source)
```

풀이 정답 : ④

① 문자열 'XXABXC'에서 문자열 'XX'를 왼쪽부터 제거해 나가다가 문자열 'XX'가 아닌 문자를 만나면 나머지 문자열을 반환한다. SQL의 수행 결과는 'ABXC'다.

② 문자열 'ABXCXXX'에서 문자 'X'를 오른쪽부터 제거해 나가다가 문자 'X'가 아닌 문자를 만나면 나머지 문자열을 반환한다. SQL의 수행 결과는 'ABXC'다.

③ 문자열 'XXABXCX'에서 문자 'X'를 양쪽으로부터 제거해 나가다가 문자 'X'가 아닌 문자를 만나면 나머지 문자열을 반환한다. SQL의 수행 결과는 'ABXC'다.

④ TRIM 함수에 TRAILING 옵션을 지정하면, 지정된 문자를 오른쪽부터 제거하며 RTRIM 함수와 동일한 결과를 반환한다. 문자열 'XXABXCX'에서 문자 'X'를 오른쪽부터 제거해 나가다가 문자 'X'가 아닌 문자를 만나면 나머지 문자열을 반환한다. SQL의 수행 결과는 'XXABXC'다.

14

NVL 함수와 묵시적 형 변환

NVL 함수는 첫 번째 인자 값이 NULL일 경우, 두 번째 인자 값으로 치환하는 함수다. 두 인자의 데이터 유형이 서로 다르면, Oracle은 아래 규칙에 따라 묵시적으로 형을 변환한다.

- NVL 함수의 첫 번째 인자 값의 데이터 유형이 문자 형이면, Oracle은 첫 번째 인자 값을 NULL과 비교하기 전에 두 번째 인자 값을 첫 번째 인자 값의 데이터 유형으로 변환하며 함수 결과를 VARCHAR2 타입(문자 형)으로 반환한다.
- NVL 함수의 첫 번째 인자 값의 데이터 유형이 숫자 형이면, Oracle은 어느 인자 값이 더 높은 우선순위를 갖는지 알아내고, 우선순위가 더 높은 인자 값의 데이터 유형으로 다른 인자 값을 변환(묵시적 형 변환) 한다. 함수 결과 역시 우선순위가 더 높은 인자 값의 데이터 유형으로 반환한다.
- 만약 하나의 데이터 유형을 다른 데이터 유형으로 변환(묵시적 형 변환) 할 수 없다면 Oracle은 에러를 발생시킨다.

풀이 정답 : ①

NVL 함수에 입력된 두 인자 값의 데이터 유형이 서로 다를 때, Oracle은 정해진 규칙에 따라 묵시적으로 형을 변환한다. 만약 하나의 데이터 유형을 다른 데이터 유형으로 변환할 수 없다면 Oracle은 에러를 발생시킨다.

보기 ②, ③, ④번의 함수는 모두 결과를 숫자 형으로 반환한다. NVL 함수의 첫 번째 인자 값의 데이터 유형이 숫자 형이면, 우선순위에 따라 2번째 인자 값인 '없음'을 숫자 형으로 변환(묵시적 형 변환)하려고 시도한다. 하지만 문자열 '없음'을 숫자 형으로 변환할 수 없으므로 에러가 발생한다.

보기 ①번의 TO_CHAR 함수는 결과를 문자 형으로 반환하므로, NVL 함수는 에러 없이 정상 수행된다.

15

조건 우선순위

조건은 아래의 우선순위에 따라 평가된다.

우선순위	조건
1	연산자
2	비교 조건 (=, <>, >, <, >=, <=)
3	IN 조건, LIKE 조건, BETWEEN 조건, 널 조건
4	논리 조건 (NOT)
5	논리 조건 (AND)
6	논리 조건 (OR)

풀이 정답 : ③

문제에서 주어진 SQL의 JOB IN ('CLERK', 'MANAGER') 조건은 (JOB = 'CLERK' OR JOB = 'MANAGER') 조건과 동일하다. 또한, SAL BETWEEN 1000 AND 3000 조건은 (SAL >= 1000 AND SAL <= 3000) 조건과 동일하다. 조건 간 우선순위에 따라 AND 논리 조건이 OR 논리 조건보다 먼저 평가된다. 괄호를 사용하여 우선순위를 변경할 수 있다.

16

NOT 조건

NOT 조건은 아래와 같이 평가된다. NOT 조건은 조건을 부정한다.

	TRUE	FALSE	UNKNOWN
NOT	FALSE	TRUE	UNKNOWN

NOT 조건은 비교 조건과 논리 조건을 아래와 같이 변경한다.

	=	<>	>	>=	<	<=	AND	OR
NOT	<>	=	<=	<	>=	>	OR	AND

풀이 정답 : ③

NOT 조건에 의해 = 조건은 <> 조건으로, AND 조건은 OR 조건으로, IS NULL 조건은 IS NOT NULL 조건으로 변경된다. 따라서 NOT (DEPTNO = 10 AND COMM IS NULL) 조건은 (DEPTNO <> 10 OR COMM IS NOT NULL) 조건과 동일하다.

17

AVG 함수

AVG 함수는 expr의 평균 값을 반환한다.

```
AVG ([DISTINCT | ALL] expr)
```

이때 값이 NULL인 데이터는 연산 대상에서 제외된다. 예를 들어 100, 200, NULL, NULL, 300 이 저장된 C1 칼럼에 대해 AVG (C1) 값을 구하면 NULL을 제외한 3개 값의(100, 200, 300) 평균 값인 200이 반환된다. 이 특징은 COUNT, SUM, MIN, MAX 등 다른 집계함수에도 똑같이 적용된다.

풀이 정답 : ③

① AVG 함수는 NULL을 제외한 인자 값에 대해 평균 값을 반환한다. C1 칼럼에 AVG 함수를 적용하면 100, 200, 300에 대해 평균 값을 구하므로 SQL의 실행 결과는 200이다.

② C1 IS NOT NULL 조건에 의해 C1 칼럼이 NULL이 아닌 행만 포함된다. 즉, C1 칼럼 값이 100, 200, 300인 행만 포함되므로, AVG 함수를 통해 평균 값을 구하면 200이다.

③ C1 칼럼의 각 행에 NVL 함수를 적용하여 NULL을 0으로 치환한다. 그 후에 AVG 함수를 적용하면 100, 0, 0, 200, 300에 대해 평균 값을 구하므로 SQL의 실행 결과는 120이다.

④ C1 칼럼에 AVG 함수를 적용하면 100, 200, 300에 대해 평균 값을 구하므로 200이 된다. 그 후에 NVL 함수를 적용하면 NULL 값이 존재하지 않으므로, SQL의 실행 결과는 200이다.

18

HAVING 절

HAVING 절을 사용하면 조회할 행 그룹을 선택할 수 있다. WHERE 절과 유사하게 동작한다.

```
HAVING condition
```

풀이 정답 : ③

GROUP BY 절에 의해 C1 값이 같은 행들이 하나의 그룹으로 그룹핑(grouping) 된다. 각 그룹에 대해 HAVING 절 조건에 사용된 COUNT (C2) 값과 AVG (C2) 값을 구해보면 다음과 같다.

```
SELECT C1, COUNT (C2), AVG (C2)
  FROM T1
 GROUP BY C1;
```

C1	COUNT (C2)	AVG (C2)
A	2	150
B	2	200
C	1	250

HAVING 절은 조건을 만족하는 행 그룹만 선택하므로, COUNT(C2) >= 2 조건과 AVG(C2) >= 150 조건을 모두 만족하는 그룹은 C1 값이 'A'인 그룹과 'B'인 그룹이다.

문제 SQL은 아래 SQL과 정확히 같은 의미를 갖고, 실제 실행방식도 같다.

```
SELECT C1, AVG2
  FROM (SELECT C1, COUNT(C2) CNT2, AVG(C2) AS AVG2
          FROM T1
         GROUP BY C1)
 WHERE CNT2 >= 2
   AND AVG2 >= 150;
```

19

풀이 정답 : ①

SELECT 절에서 지정한 열 별칭(Column Alias)을 ORDER BY 절에서 정렬 기준으로 사용할 수 있다. 만약 열 별칭이 칼럼명과 동일하다면, 열 별칭의 우선 순위가 더 높다. 즉, 문제 SQL의 ORDER BY 절에 기술한 C2는 T1 테이블의 C2 칼럼 값이 아니라, MOD (C2, 4) 값을 의미한다. C2 칼럼 값을 기준으로 정렬하기 위해서는 T1.C2처럼 테이블이나 별칭으로 칼럼을 한정해야 한다.

```
SELECT C1, MOD (C2, 4) AS C2, C2 AS T1_C2
  FROM T1
 ORDER BY C2 DESC, C1;
```

C1	C2	T1_C2
3	3	7
4	3	7
1	1	9
2	1	9
5	0	8

```
SELECT C1, MOD (C2, 4) AS C2, C2 AS T1_C2
  FROM T1
 ORDER BY T1.C2 DESC, C1;
```

C1	C2	T1_C2
1	1	9
2	1	9
5	0	8
3	3	7
4	3	7

20 **등가 조인**

등가 조인(equijoin)은 조인 조건이 모두 등호(=)인 조인이다. 값이 동일한 경우에만 행이 반환된다.

풀이 정답 : ②

문제 SQL은 T1과 T2 테이블을 C1과 C2 칼럼 기준으로 조인했다. WHERE 절에 2개의 조인 조건을 AND 조건으로 기술했으므로 2개 조건을 모두 만족하는 행을 연결한다. 즉, 두 테이블 간에 C1과 C2 칼럼 값이 모두 같은 행만 연결한다. 두 테이블의 조인 결과는 아래와 같으므로 SUM (A.C1) 값은 4다.

```
SELECT *
  FROM T1 A, T2 B
 WHERE B.C1 = A.C1
   AND B.C2 = A.C2;
```

C1	C2	C1	C2
1	A	1	A
3	C	3	C

21 아우터 조인

아우터 조인(outer join)에서 아우터 집합은 조인 성공 여부에 상관 없이 무조건 결과 집합에 포함되며, 컬럼 값도 정상적으로 반환한다. 반대쪽 이너 집합은 조인에 성공한 데이터만 결과 집합에 포함(컬럼 값도 정상적으로 반환)되며, 조인에 실패한 이너 쪽 컬럼 값은 NULL을 반환한다. 조건절에 (+) 기호가 붙은 쪽이 이너 집합, (+) 기호가 붙지 않은 쪽이 아우터 집합이다.

풀이 정답 : ③

문제 SQL은 T1과 T2 테이블을 C1과 C2 칼럼 기준으로 아우터 조인했다. 조인 조건에서 B.C1과 B.C2 칼럼에 (+) 기호를 기술했으므로 아우터 집합은 T1 테이블이다. 따라서 T1 테이블의 행들은 조인에 실패하더라도 결과 집합에 포함된다.

두 테이블의 조인 결과는 아래와 같다.

```
SELECT *
  FROM T1 A, T2 B
 WHERE B.C1(+) = A.C1
   AND B.C2(+) = A.C2;
```

C1	C2	C1	C2
1	A	1	A
1	A	1	A
2	B	2	B
3	C	3	C
4	D	NULL	NULL

위 결과 집합을 보면, T1 테이블의 C1 칼럼 값이 4인 행은 T2 테이블에 조인 조건을 만족하는 행이 없지만 T1 테이블이 아우터 집합이기 때문에 결과에 포함되었다. 이 행에 대해 T2 테이블은 NULL을 반환한다. 위 결과 집합에 대해 SUM (A.C1) 값을 구하면 11이 된다.

22 NATURAL JOIN 절

NATURAL JOIN 절은 이름이 같은 열로 테이블을 등가 조인한다.

풀이 정답 : ③

NATURAL JOIN은 양쪽 테이블에서 이름이 같은 칼럼을 기준으로 등가 조인(EQUIJOIN)한다. 문제 SQL을 실행하기 전에는 양쪽 테이블에서 이름이 같은 칼럼은 C1 뿐이므로 C1 칼럼을 기준으로 등가 조인하며, 이는 아래 INNER JOIN을 수행한 것과 동일한 결과를 출력한다.

```
SELECT SUM (A.C1) AS R1
  FROM T1 A INNER JOIN T2 B
    ON B.C1 = A.C1;
```

R1
10

문제 SQL은 T2 테이블의 C3 칼럼의 칼럼명을 C2로 변경한다. 해당 SQL을 실행하면, 양쪽 테이블에

이름이 같은 칼럼이 2개(C1, C2)가 된다. 이 상황에서 NATURAL JOIN을 수행하면 C1, C2 칼럼을 기준으로 등가 조인되며, 이는 아래 INNER JOIN을 수행한 것과 동일한 결과를 출력한다.

```
SELECT SUM (A.C1) AS R1
  FROM T1 A INNER JOIN T2 B
    ON B.C1 = A.C1
   AND B.C2 = A.C2;
```

R1
6

23 OUTER JOIN 절

OUTER JOIN 절은 아우터 조인을 수행한다. 아우터 기준에 따라 LEFT OUTER JOIN, RIGHT OUTER JOIN, FULL OUTER JOIN을 사용할 수 있다.

풀이 정답 : ④

문제 SQL에 FULL OUTER JOIN 절을 기술하였으므로, OUTER JOIN 절의 양쪽에 있는 T1, T2 테이블이 모두 아우터 집합이 된다. 따라서 C1 칼럼을 기준으로 등가 조인을 하되, 조인에 실패하는 행들도 모두 결과에 포함된다. 단, 조인에 성공한 행들은 한번만 결과에 포함시킨다. 두 테이블의 조인 결과는 아래와 같다.

```
SELECT *
  FROM T1 A FULL OUTER JOIN T2 B
    ON B.C1 = A.C1;
```

C1	C2	C1	C2
2	B	2	B
2	B	2	B
3	C	3	C
NULL	NULL	5	C
4	D	NULL	NULL
1	A	NULL	NULL

위 결과 집합을 보면, C1 칼럼 값이 2, 3인 행들은 조인에 성공하여 두 테이블의 행들이 연결되었다. T1 테이블에서 C1 칼럼 값이 1, 4인 행들은 조인에 실패하였지만 아우터 집합이므로 결과에 포함되었다. T2 테이블에서 C1 칼럼 값이 5인 행도 조인에 실패하였지만 아우터 집합이므로 결과에 포함되었다. 위 결과 집합에 대해 COUNT(A.C1) 값을 구하면 NULL을 제외한 값의 개수인 5가 되고, COUNT (B.C1) 값을 구하면 4가 되므로 최종 결과 값은 9다.

24 서브 쿼리

1:M 관계 테이블을 조인하면, M쪽 집합에 의해 집합 레벨이 결정된다. 서브 쿼리는 결과집합을 한정하지만, 집합 레벨을 정의하는 데는 역할을 못한다. 아우터 조인할 때 아우터 쪽 테이블은 조인 성공 여부와 상관없이 모든 레코드가 선택된다. 이너 쪽 테이블은 조인에 성공된 레코드만 선택된다.

풀이 정답 : ④

DEPT 테이블과 EMP 테이블은 1:M 관계다. 1, 2번 쿼리는 메인 쿼리가 1쪽인 DEPT 테이블이므로 DEPTNO가 10, 20, 30인 행이 반환된다. 3번 쿼리는 M쪽인 EMP 테이블의 DEPTNO를 DISTINCT 키워드로 고유하게 만들어 DEPT 테이블과 조인했다. 결과는 1, 2번 쿼리와 동일하다. 4번 쿼리는 DEPT 테이블을 기준으로 EMP 테이블과 아우터 조인하였으므로 조인에 실패한 행(DEPTNO=40)이 선택된다. DISTINCT 키워드로 중복을 제거해도 DEPTNO가 40인 행은 반환된다.

[①, ②, ③]

```
DEPTNO DNAME      LOC
------ ---------- --------
    10 ACCOUNTING NEW YORK
    20 RESEARCH   DALLAS
    30 SALES      CHICAGO

3 행이 선택되었습니다.
```

[④]

```
DEPTNO DNAME      LOC
------ ---------- --------
    20 RESEARCH   DALLAS
    40 OPERATIONS BOSTON
    10 ACCOUNTING NEW YORK
    30 SALES      CHICAGO

4 행이 선택되었습니다.
```

25

풀이 정답 : ④

문제 SQL은 서브 쿼리에 COUNT 집계 함수를 사용했다. 집계 함수를 GROUP BY 절 없이 사용하면 항상 결과가 반환된다. EXISTS 조건은 결과의 유무를 검사하므로 항상 TURE로 평가되어 4가 반환된다.

26

집합 연산자

- UNION ALL은 위아래 두 집합의 합집합을 반환한다.
- UNION은 위아래 두 집합의 합집합에서 중복을 제거한 고유한 집합을 반환한다.
- MINUS는 위쪽 집합에서 아래쪽 집합을 제외한 차집합을 반환한다.
- INTERSECT는 위쪽과 아래쪽 집합의 교집합을 반환한다.

풀이 정답 : ①

UNION, MINUS, INTERSECT 연산자는 중복을 제거하고 교집합을 구하는 과정에서 소트가 발생한다. UNION ALL 연산자는 중복을 제거하거나 교집합을 구하지 않고 단순히 나열 순서대로 두 집합을 연결하므로 소트가 발생하지 않는다.

27

풀이 정답 : ③

ROLLUP은 지정한 표현식의 계층별 소계와 총계를 집계한다. 칼럼을 뒤쪽부터 하나씩 제거하는 방식이다. ROLLUP (C1, C2)는 (C1, C2), C1, ()로 집계된다. ROLLUP (C1, C2)은 GROUPING SETS ((C1, C2), C1, ())와 동일하다.

28

풀이 정답 : ④

그룹 함수에서 괄호를 조합 열이라고 한다. 조합 열은 하나의 단위로 처리된다. ROLLUP ((C1, C2))은 GROUPING SETS ((C1, C2), ())와 동일하다.

29 DENSE_RANK 함수

DENSE_RANK 함수는 이어진 ORDER BY 절(order_by_clause)에 따른 순위를 반환한다. RANK 함수와 다른 점은 동순위가 존재하더라도 다음 순위를 이어서 부여한다는 데 있다.

```
DENSE_RANK () OVER ([query_partition_clause] order_by_clause)
```

풀이 정답 : ②

결과의 SAL가 동일한 WARD, MARTIN에 동순위인 2위가 부여되었고, 다음 순위인 TURNER에 다음 순위를 이어서 3위가 부여되었으므로 DENSE_RANK 함수를 사용한 것을 알 수 있다.

```
SELECT EMPNO, ENAME, SAL, DENSE_RANK () OVER (ORDER BY SAL) AS C1
  FROM EMP
 WHERE DEPTNO = 30;

EMPNO ENAME   SAL C1
----- ------ ---- --
 7900 JAMES   950  1
 7521 WARD   1250  2 -- 동순위를 부여
 7654 MARTIN 1250  2
 7844 TURNER 1500  3 -- 다음 순위를 이어서 부여
 7499 ALLEN  1600  4
 7698 BLAKE  2850  5

6 행이 선택되었습니다.
```

30 AVG 함수

AVG 함수는 인자로 지정한 컬럼 또는 표현식(expr)의 평균 값을 반환한다.

```
AVG ([DISTINCT | ALL] expr) OVER (analytic_clause)
```

풀이 정답 : ④

문제 SQL의 ROWS BETWEEN 1 PRECEDING AND 1 FOLLOWING은 현재 행 기준으로 전후 한 행씩을 윈도우에 포함한다. ㉠행(아래 결과집합에서 맨 마지막 행)은 윈도우의 마지막 행이므로 현재 형의 1행 후 행이 없다. 윈도우가 2행이므로 평균 값이 (3000 + 3000) / 2로 계산하여 3000을 반환한다.

```
SELECT EMPNO, ENAME, SAL
     , AVG (SAL) OVER (ORDER BY SAL ROWS BETWEEN 1 PRECEDING AND 1 FOLLOWING) AS C1
  FROM EMP
 WHERE DEPTNO = 20;

EMPNO ENAME  SAL   C1
----- ----- ---- ----
 7369 SMITH  800  950
 7876 ADAMS 1100 1625
 7566 JONES 2975 2358
 7788 SCOTT 3000 2992
 7902 FORD  3000 3000 -- (3000 + 3000) / 2
```

5 행이 선택되었습니다.

31 NTILE 함수

NTILE 함수는 결과집합을 인자(expr)로 지정한 개수만큼 그룹을 생성할 때 각 행이 ORDER BY로 지정한 순서에 따라 몇 번째 그룹에 속하는지를 반환한다.

```
NTILE (expr) OVER ([query_partition_clause] order_by_clause)
```

풀이 정답 : ③

아래는 인라인 뷰의 SQL을 수행한 결과다. C1 컬럼은 결과집합 5건으로 2개 그룹을 생성할 때 각 행이 SAL 값 순서에 따라 몇 번째 그룹에 속하는지를 나타낸다. 결과집합 건수 5를 그룹 개수 2로 나누면 나머지가 1이므로 앞쪽 그룹에 행이 하나 더 할당된다.

```
SELECT EMPNO, ENAME, SAL, NTILE (2) OVER (ORDER BY SAL) AS C1
  FROM EMP
 WHERE DEPTNO = 20;

EMPNO ENAME  SAL C1
----- ----- ---- --
 7369 SMITH  800  1
 7876 ADAMS 1100  1
 7566 JONES 2975  1 -- 추가 할당
 7902 FORD  3000  2
 7788 SCOTT 3000  2

5 행이 선택되었습니다.
```

아래는 인라인 뷰를 집계한 결과다.

```
SELECT   C1, COUNT (*) AS C2
    FROM (SELECT NTILE (2) OVER (ORDER BY SAL) AS C1
            FROM EMP
           WHERE DEPTNO = 20)
GROUP BY C1;

C1 C2
-- --
 1  3
 2  2

2 행이 선택되었습니다.
```

32 TOP 절

아래는 SQL Server에서 사용할 수 있는 TOP 절의 구문이다.

```
TOP (expression) [PERCENT] [WITH TIES]
```

항목	설명
expression	반환할 행의 개수나 백분율을 지정
PERCENT	백분율만큼 행을 반환
WITH TIES	마지막 행에 대한 동순위를 포함해서 반환

풀이 정답 : ①

문제 SQL은 TOP 절로 페이징을 처리한다. 한 페이지에 5행을 기준으로 두 번째 페이지를 표시했다. 먼저 내림차순으로 정렬하여 TOP 절로 10행을 조회하고, 오름차순으로 정렬하여 TOP 절로 5행을 조회하고, 다시 결과를 내림차순으로 정렬해야 한다.

아래와 같이 ROW LIMITING 절이나 분석 함수를 사용하는 편이 성능 측면에서 바람직하다.

```
SELECT EMPNO, ENAME, SAL
  FROM EMP
 ORDER BY SAL DESC OFFSET 5 ROWS FETCH NEXT 5 ROWS ONLY;

SELECT A.*
  FROM (SELECT EMPNO, ENAME, SAL, ROW_NUMBER () OVER (ORDER BY A.SAL DESC) AS RN
          FROM EMP A) A
 WHERE A.RN BETWEEN 6 AND 10;
```

33 **ROW LIMITING 절**

아래는 ROW LIMITING 절의 구문이다. ROW LIMITING 절은 ORDER BY 절 다음에 기술하며, ORDER BY 절과 함께 수행된다. ROW와 ROWS는 구분하지 않아도 된다.

```
[OFFSET offset { ROW | ROWS }]
[FETCH { FIRST | NEXT } [{ rowcount | percent PERCENT }] { ROW | ROWS }
    { ONLY | WITH TIES }]
```

항목	설명
OFFSET offset	건너뛸 행의 개수를 지정
FETCH	반환할 행의 개수나 백분율을 지정
ONLY	지정된 행의 개수나 백분율만큼 행을 반환
WITH TIES	마지막 행에 대한 동순위를 포함해서 반환

풀이 정답 : ①

ROW LIMITING 절의 WITH TIES 절은 동순위를 RANK 분석 함수와 동일하게 처리된다.

34 풀이 정답 : ③

LEVEL 슈도 칼럼은 현재 노드의 레벨을 반환한다. 문제 SQL로 EMP 테이블을 순환 전개한 결과집합의 계층은 3 레벨이다.

35

POSIX 문자 클래스

오라클 정규 표현식은 POSIX 문자 클래스를 지원한다. POSIX 문자 클래스는 문자 리스트에 사용해야 한다.

문자 클래스	설명	동일
[:digit:]	숫자	[0-9]
[:lower:]	소문자	[a-z]
[:upper:]	대문자	[A-Z]
[:alpha:]	영문자	[a-zA-Z]
[:alnum:]	영문자와 숫자	[0-9a-zA-Z]
[:xdigit:]	16진수	[0-9a-fA-F]

풀이 정답 : ④

[:alnum:] POSIX 문자 클래스는 영문자, 숫자와 일치한다.

36

REGEXP_COUNT 함수

REGEXP_COUNT 함수는 source_char에서 일치한 pattern의 횟수를 반환한다.

```
REGEXP_COUNT (source_char, pattern [, position [, match_param]])
```

매개변수	설명
source_char	검색 문자열
pattern	검색 패턴
position	검색 시작 위치 (기본값은 1)
match_param	일치 옵션

풀이 정답 : ③

아래는 문제 SQL의 수행 결과다. C1 열은 쉼표(,)를 포함하지 않은 문자 값의 개수를 반환한다. 수행 결과로 6이 반환된다.

37

DELETE 문

DELETE 문을 사용하면 테이블의 기존 행을 삭제할 수 있다.

풀이 정답 : ①

문제 SQL은 서브 쿼리에 X.C1 = A.C1 조건이 아닌 X.C1 = C1 조건을 기술했다. 서브 쿼리 내에 테이블이나 별칭으로 한정하지 않은 칼럼이 있으면, 일차적으로 해당 서브 쿼리 내에 기술한 테이블에서 칼럼을 찾는다. 못 찾으면, 메인 쿼리 테이블에서 찾는다. 이로 인해 X.C1 = C1 조건은 X.C1 = X.C1 조건으로 해석된다. 서브 쿼리는 항상 참을 반환하게 되고, 이로 인해 T1 테이블의 전체 행이 삭제된다.

38 MERGE 문

MERGE 문의 구문은 아래와 같다. USING 절에 지정한 소스 테이블을 INTO 절에 지정한 타깃 테이블과 ON 절의 조건으로 조인한다. 조인에 성공한 행은 MERGE UPDATE 절, 조인에 실패한 행은 MERGE INSERT 절을 수행한다. DELETE 절은 MERGE UPDATE 절로 갱신된 행을 대상으로 조건을 체크한 후 일부 데이터를 지우는 기능을 제공한다. 조건을 만족하는지 여부는 (갱신하기 이전 값이 아닌) 갱신한 이후 값을 기준으로 한다.

```
MERGE
 INTO {table ¦ view ¦ (subquery)} [t_alias]
USING {table ¦ view ¦ (subquery)} [t_alias]
   ON (condition)
 WHEN MATCHED THEN     -- MERGE UPDATE 절
      UPDATE
         SET column = {expr ¦ DEFAULT} [, column = {expr ¦ DEFAULT}]…
      [WHERE condition]
     [DELETE
       WHERE condition]
 WHEN NOT MATCHED THEN -- MERGE INSERT 절
      INSERT [(column [, column]…)]
      VALUES ({expr ¦ DEFAULT} [, {expr ¦ DEFAULT}]…)
      [WHERE condition];
```

항목	설명
INTO 절	갱신 또는 삽입할 타깃 테이블
USING 절	갱신 또는 삽입에 사용할 소스 테이블
ON 절	갱신 또는 삽입의 대상을 결정하는 조건
MERGE UPDATE 절	ON 절의 조건이 만족하는 경우 수행될 구문
MERGE INSERT 절	ON 절의 조건이 만족하지 않는 경우 수행될 구문

풀이 정답 : ③

T1 테이블에서 C1이 1, 2인 데이터는 ON 절의 조인 조건을 만족하는 T2 데이터가 없으므로 기존 값을 그대로 유지한다.

T2 테이블에서 C1이 5인 데이터는 ON 절의 조인 조건을 만족하지 않으므로 MERGE INTO 절의 처리 대상이다. INSERT 조건(WHERE S.C2 > 4)을 만족하므로 T1 테이블에 입력된다.

ON 절의 조인 조건을 만족하는 데이터, 즉 T1 테이블에서 C1이 3인 데이터가 어떻게 처리될지가 관건이다. 우선 UPDATE 조건(WHERE S.C2 > 2)을 만족하므로 C2 값이 3으로 갱신된다.

이어서 생각해 볼 것은 DELETE 절이다. DELETE 절은 UPDATE 절로 갱신된 행을 대상으로 조건을 체크한 후 행을 삭제한다. 이때 갱신한 이후 값을 기준으로 삭제 여부를 판단한다. 앞서 UPDATE절에 의해 갱신된 값 3은 DELETE 조건(WHERE T.C2 < 2)을 만족하지 않으므로 삭제되지 않는다.

아래는 문제 SQL을 수행한 후 T1 테이블을 조회한 결과다.

```
SELECT * FROM T1;

C1 C2
-- --
 1  1
 2  1
 3  3
 5  5

4 행이 선택되었습니다.
```

UPDATE 절을 아래와 같이 변경하고 수행한 결과도 확인해 보자.

```
MERGE
 INTO T1 T
USING T2 S
   ON (T.C1 = S.C1)
 WHEN MATCHED THEN
      UPDATE SET T.C2 = S.C2 - 2 WHERE S.C2 > 2
      DELETE WHERE T.C2 < 2
 WHEN NOT MATCHED THEN
      INSERT (T.C1, T.C2) VALUES (S.C1, S.C2) WHERE S.C2 > 4;
```

T1 테이블에서 C1이 3인 데이터의 C2는 1(=3-2)로 갱신되며, DELETE 조건(WHERE T.C2 < 2)을 만족하므로 최종 삭제 처리된다.

```
SELECT * FROM T1;

C1 C2
-- --
 1  1
 2  1
 5  5

3 행이 선택되었습니다.
```

39

풀이 정답 : ③

ⓒ이 ㉠에 의해 블로킹된 상태에서 ⓓ을 수행하면, ⓓ도 ⓑ에 의해 블로킹된다. 둘 중 어느 한 쪽이 포기하지 않으면 절대 문제가 해소되지 않는 교착 상태(dead lock)다. 잠시 후 S2 세션에 "ORA-00060(자원 대기중 교착 상태가 검출되었습니다)" 에러가 발생한다. 프로세스를 모니터링하던 DBMS가 교착상태가 발생한 사실을 인지하고 ⓒ의 UPDATE문을 강제 종료시키기 때문이다.
S2 세션이 수행을 멈추었지만, ⓑ에서 설정한 Lock은 그대로 유지하므로 ⓓ의 블로킹 상태도 유지된다. S1 세션의 블로킹 상태는 S2 세션이 COMMIT 또는 ROLLBACK 해야 해소된다.

40

FK 제약

FK 제약이 설정된 상태에서 새로운 행을 입력하려고 하는데 다른 선행 트랜잭션에서 부모 키 컬럼(FK 제약이 참조하는 컬럼)을 갱신하거나 아예 레코드를 삭제하는 중이었다면 후행 트랜잭션의 데이터 입력은 블로킹 된다. 그 상황에서 선행 트랜잭션이 ROLLBACK 하면 후행 트랜잭션은 데이터 입력에 성공하고, COMMIT 하면 에러를 만나면서 실패로 끝난다.

풀이 정답 : ②

㉡은 블로킹된 후 S1 세션에서 COMMIT을 수행했기 때문에 "ORA-02291: 무결성 제약조건(SCOTT.T1_F1)이 위배되었습니다- 부모 키가 없습니다" 에러가 발생한다. ㉣은 블로킹된 후 S2 세션에서 ROLLBACK을 수행했기 때문에 값이 삽입된다.

41

풀이 정답 : ③

ALTER TABLE DROP COLUMN 문은 데이터를 일일이 삭제해야 한다. 테이블 크기가 큰 경우 장시간 수행될 수 있고, 이로 인해 DML 문이 블로킹되어 장애가 발생할 수 있다. 하위 버전의 경우 기본값을 지정한 ALTER TABLE ADD 문도 장시간동안 수행될 수 있다.

42

NUMBER 타입

NUMBER 타입은 가변 길이 데이터 타입이다. 길이에 따라 1 ~ 22 바이트의 저장 공간을 사용한다. 정수부는 p - s로 계산된다.

```
NUMBER [(p [, s])]
```

항목	설명
p	정수부 (범위는 1 ~ 38)
s	소수부 (범위는 -84 ~ 127, 기본값은 0)

풀이 정답 : ②

NUMBER(5,2) 타입은 -999.99 ~ 999.99, NUMBER(2,5) 타입은 -0.00099 ~ 0.00099의 범위를 가진다. ②는 "ORA-01438: 이 열에 대해 지정된 전체 자릿수보다 큰 값이 허용됩니다." 에러가 발생한다.

43

풀이 정답 : ①

고객이 예치한 금액으로 최대 주문할 수 있는 상품의 개수(최대주문가능개수)를 구하려면, "예치금액" 칼럼 값을 상품 가격인 2000원으로 나눠야 한다. 또한, 주문 가능한 상품의 개수는 정수 값이므로, TRUNC 함수를 적용해야 한다. 예치금 잔액은 고객 별 예치금을 상품 가격으로 나눈 나머지이므로, 나머지를 구하는 MOD 함수를 사용한다.

44

AVG 함수

AVG 함수는 expr의 평균 값을 반환한다.

```
AVG ([DISTINCT | ALL] expr)
```

이때 값이 NULL인 데이터는 연산 대상에서 제외된다. 예를 들어 100, 200, NULL, NULL, 300 이 저장된 C1 칼럼에 대해 AVG (C1) 값을 구하면 NULL을 제외한 3개 값의(100, 200, 300) 평균 값인 200이 반환된다. 이 특징은 COUNT, SUM, MIN, MAX 등 다른 집계함수에도 똑같이 적용된다.

풀이 정답 : ③

GROUP BY 절에 C1 칼럼을 기술했으므로 C1 칼럼 값이 같은 행을 하나의 그룹으로 그룹핑(grouping)한다. C1 칼럼이 'A'인 행의 C2 칼럼 값은 1000, 2000이므로 AVG 함수를 통해 평균 값을 구하면 1500이 된다. C2 칼럼에 NULL이 존재하지 않기 때문에, NVL 함수를 적용해도 결과는 동일하다.

C1 칼럼이 'B'인 행의 C2 칼럼 값은 1000, NULL, 2000 이다.

㉠ AVG 함수를 통해 C2 칼럼 값의 평균을 구하면, NULL을 제외한 2개 값들의 평균인 1500 이 된다. 여기에 NVL 함수를 적용하면, 결과 값은 여전히 1500이다.

㉡ 각 행의 C2 칼럼 값에 NVL 함수를 적용하면, 1000, 0, 2000 이 된다. 여기에 AVG 함수를 적용하여 평균 값을 구하면, 결과 값은 3개 값들의 평균인 1000이 된다.

45

BETWEEN 검색

아래와 같이 BETWEEN 조건으로 검색하면, ID = 2인 두 번째 행만 출력된다.

```
SELECT *
  FROM (SELECT 1 ID, 100 BEGIN_VAL, 200 END_VAL FROM DUAL
        UNION ALL
        SELECT 2 ID, 200 BEGIN_VAL, 300 END_VAL FROM DUAL
        UNION ALL
        SELECT 3 ID, 300 BEGIN_VAL, 400 END_VAL FROM DUAL)
 WHERE 250 BETWEEN BEGIN_VAL AND END_VAL;
```

BETWEEN 조인

같은 원리로 아래와 같이 BETWEEN 조건으로 조인하면, ID = 2인 두 번째 행만 출력된다.

```
SELECT A.*
  FROM (SELECT 1 ID, 150 VAL FROM DUAL
        UNION ALL
        SELECT 2 ID, 250 VAL FROM DUAL
        UNION ALL
        SELECT 3 ID, 350 VAL FROM DUAL) A
     , (SELECT 200 BEGIN_VAL, 300 END_VAL FROM DUAL) B
 WHERE A.VAL BETWEEN B.BEGIN_VAL AND B.END_VAL;
```

풀이 정답 : ③

문제 SQL은 먼저 인라인뷰 내에서 2020년 6월에 주문한 건에 대해 고객 별 주문합계금액을 구했다. 그 결과는 아래와 같다.

```
SELECT 고객번호, SUM(주문금액) AS 주문합계금액
  FROM 주문
 WHERE 주문일자 LIKE '202006%'
 GROUP BY 고객번호;
```

고객번호	주문합계금액
1	280000

2	170000

고객등급 테이블에는 각 고객등급 별로 기준금액 값의 범위가 저장되어 있다. 따라서 범위 조건에 해당하는 BETWEEN 조건으로 조인을 수행하면, 1번 고객의 주문합계금액인 280000원은 200000원 ~ 299999원 사이의 금액이므로 'GOLD' 등급이 되고, 2번 고객의 주문합계금액인 170000원은 100000원 ~ 199999원 사이의 금액이므로 'SILVER' 등급이 된다.

46

집합 연산자

- UNION ALL은 위아래 두 집합의 합집합을 반환한다.
- UNION은 위아래 두 집합의 합집합에서 중복을 제거한 고유한 집합을 반환한다.
- MINUS는 위쪽 집합에서 아래쪽 집합을 제외한 차집합을 반환한다.
- INTERSECT는 위쪽과 아래쪽 집합의 교집합을 반환한다.

풀이 정답 : ②

단일 테이블에 대한 OR 조건은 UNION ALL이나 UNION 집합 연산자로 변경할 수 있다. C1 = 1 조건을 만족하는 집합과 C2 = 1 조건을 만족하는 집합 간에는 중복 행이 존재하므로 UNION ALL 집합 연산자를 사용하는 경우 중복을 제거하기 위해 C1 <> 1 조건을 추가해야 한다. 추가로 C1 열이 널을 허용한다면 LNNVL 함수를 사용하거나 OR IS NULL 조건을 추가해야 한다.

47

CTE

CTE(Common Table Expression)은 WITH 절을 사용한다. CTE의 WITH 절은 UNION ALL 연산자로 구성된다. UNION ALL 연산자의 상단 쿼리가 START WITH 절, 하단 쿼리가 CONNECT BY 절의 역할을 수행한다. UNION ALL 상단에서 얻은 쿼리집합을 시작으로 하단 쿼리에서 WITH절을 재귀적으로 조인함으로써 START WITH, CONNECT BY 절과 같은 계층 구조를 얻을 수 있다.

풀이 정답 : ②

문제 SQL은 ENAME이 JONES인 사원(EMP) 데이터를 시작으로 부모 노드를 찾아 역방향 전개한 결과 집합을 출력했다. 사원번호(EMPNO)가 앞서 읽은 사원의 관리자(MGR)와 일치하는 데이터를 찾아 상위 노드로 전개해야 하므로 조인식을 C.EMPNO = P.MGR 로 기술해야 한다. 가장 먼저 읽은 JONES의 사원번호(EMPNO)는 7566이고 관리자(MGR)는 7839이다. 사원번호(EMPNO)가 앞서 읽은 JONES의 관리자(MGR) 7839와 일치하는 사원은 KING이다.

48

풀이 정답 : ④

문제 SQL은 SUM 함수에 CASE 표현식을 사용하여 EMP 테이블의 SAL 열을 DEPTNO 열 값으로 PIVOT했다. ㉠ 빈칸은 JOB이 CLERK, DEPTNO가 20인 SAL의 합계 값이다. 800, 1000의 합계 값은 1900이다.

```
SELECT JOB
     , DEPTNO
     , CASE DEPTNO WHEN 10 THEN SAL END AS D10_SAL
     , CASE DEPTNO WHEN 20 THEN SAL END AS D20_SAL
  FROM EMP
 WHERE DEPTNO IN (10, 20)
 ORDER BY JOB;
```

JOB	DEPTNO	D10_SAL	D20_SAL
ANALYST	20		3000
ANALYST	20		3000
CLERK	10	1300	
CLERK	20		800
CLERK	20		1100
MANAGER	10	2450	
MANAGER	20		2975
PRESIDENT	10	5000	

49 풀이 정답 : ③

문제 SQL은 행 복제와 DECODE 함수로 UNPIVOT을 수행했다. 아래 SQL은 문제 SQL에 B.LV, A.D10_SAL, A.D20_SAL, A.D30_SAL 칼럼을 추가했다. 결과의 강조한 부분을 CASE 표현식으로 선택했다. 빈칸 ㉠에 들어갈 값은 1900이다.

JOB	LV	D10_SAL	D20_SAL	D30_SAL	DEPTNO	SAL
CLERK	1	1300	1900	950	10	1300
CLERK	2	1300	1900	950	20	1900
CLERK	3	1300	1900	950	30	950

50 풀이 정답 : ②

U3 사용자의 로그인이 거절되었다. U3 사용자에게 아래와 같이 CREATE SESSION 권한을 부여하거나 CONNECT 롤을 부여하면 정상적으로 로그인할 수 있다. CONNECT 롤은 CREATE SESSION 시스템 권한을 포함하고 있다.

```
GRANT CREATE SESSION TO U3;
GRANT CONNECT TO U3;
```

SQL 개발자 자격검정

실전 모의고사

< 3회 >

SQL 개발자 자격검정

실전 모의고사

1

3회

과목 I 데이터 모델링의 이해

* 선택형 10문항 (1~10 / 각 2점)

01 다음 중 Barker 표기법으로 표현한 데이터 모델을 고르시오.

①

②
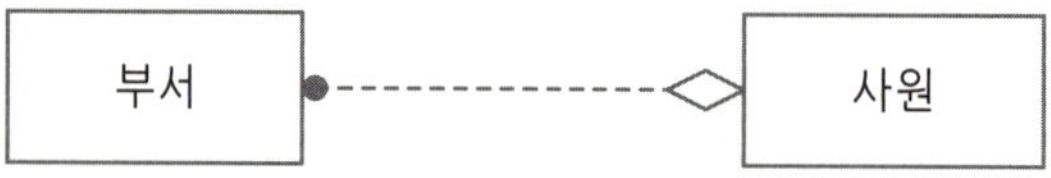

③

④

02 다음 중 아래 설명에 해당하는 엔터티 유형으로 적절한 것을 고르시오.

아 래

- 다른 엔터티와 관계에 의해 생성되지 않고 독립적으로 생성이 가능
- 다른 엔터티로부터 주식별자를 상속받지 않고 자신의 고유한 주식별자를 가짐

① 기본 엔터티
② 상세 엔터티
③ 중심 엔터티
④ 행위 엔터티

03 아래 설명에 해당하는 용어를 고르시오.

아 래

데이터 모델에서 엔터티의 속성이 가질 수 있는 값의 범위

① 엔터티
② 속성
③ 도메인
④ 관계

04 다음 중 부서와 사원 엔터티의 관계(Relationship)가 적절하게 표기된 데이터 모델을 고르시오.

①
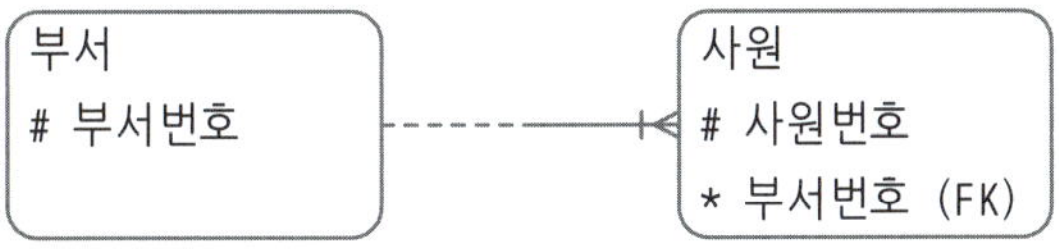

②
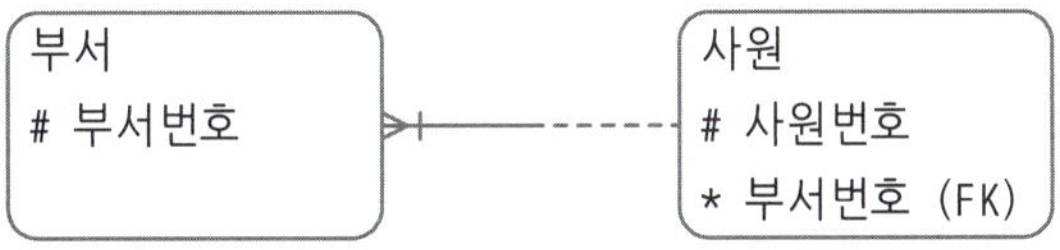

③
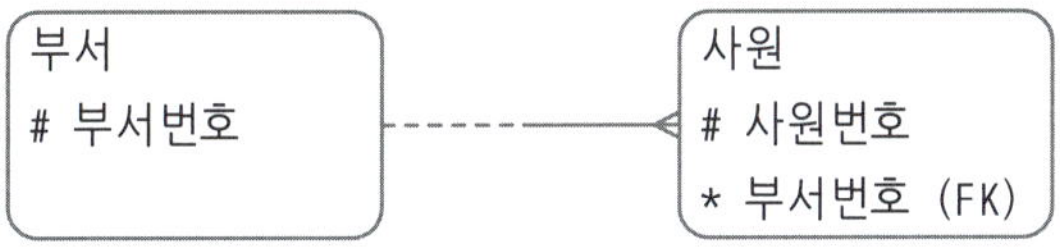

④
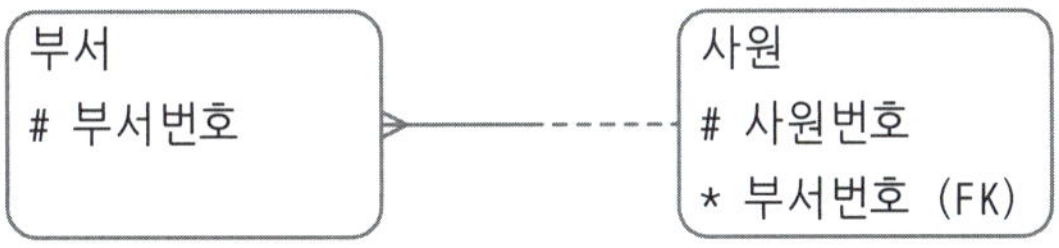

05 다음 중 아래 데이터 모델에서 엔터티3의 주식별자 속성 개수에 대한 설명으로 가장 적절한 것을 고르시오. (단, 엔터티1의 주식별자 속성은 아래와 같이 2개로 구성되어 있음)

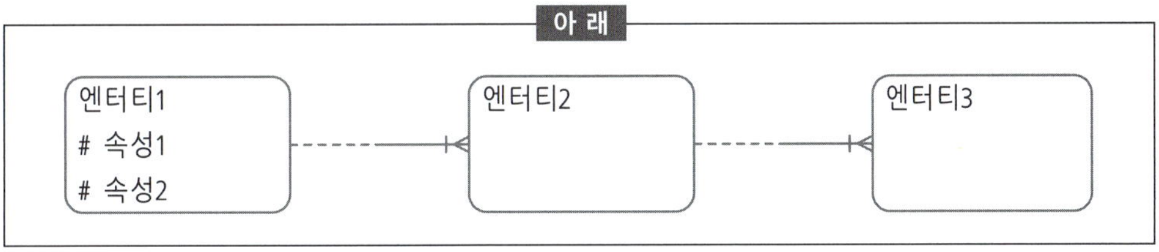

① 최소 2개 이상의 속성으로 구성된다.
② 최소 3개 이상의 속성으로 구성된다.
③ 최소 4개 이상의 속성으로 구성된다.
④ 최소 5개 이상의 속성으로 구성된다.

06 아래 SQL을 분석한 결과, 현재 상태에서는 만족할 만한 성능을 내기 어렵다는 결론을 얻었다. SQL을 단순화함으로써 성능을 개선하기 위해 데이터 모델을 반정규화하고자 할 때 다음 중 가장 적절한 방안을 고르시오.

아 래

[데이터 모델]

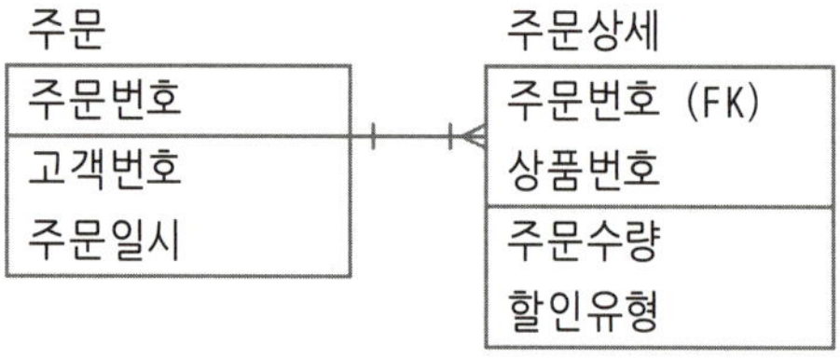

[SQL]

```
SELECT B.할인유형, SUM (B.주문수량) AS 주문수량
  FROM 주문 A, 주문상세 B
 WHERE A.주문일시 >= :V_주문일시
   AND B.주문번호 = A.주문번호
   AND B.상품번호 = :V_상품번호
 GROUP BY B.할인유형
```

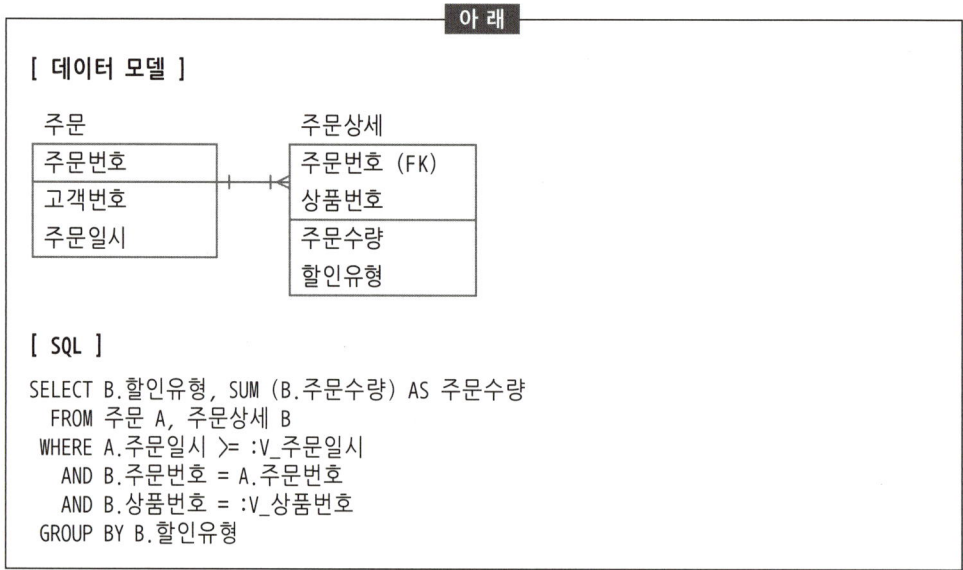

① 주문 엔터티의 고객번호 속성을 주문상세 엔터티에 추가한다.

② 주문 엔터티의 주문일시 속성을 주문상세 엔터티에 추가한다.

③ 주문상세 엔터티의 주문수량 속성을 주문 엔터티에 추가한다.

④ 주문상세 엔터티의 할인유형 속성을 주문 엔터티에 추가한다.

07 다음 중 아래 데이터 모델에 대한 설명으로 가장 부적절한 것을 고르시오.

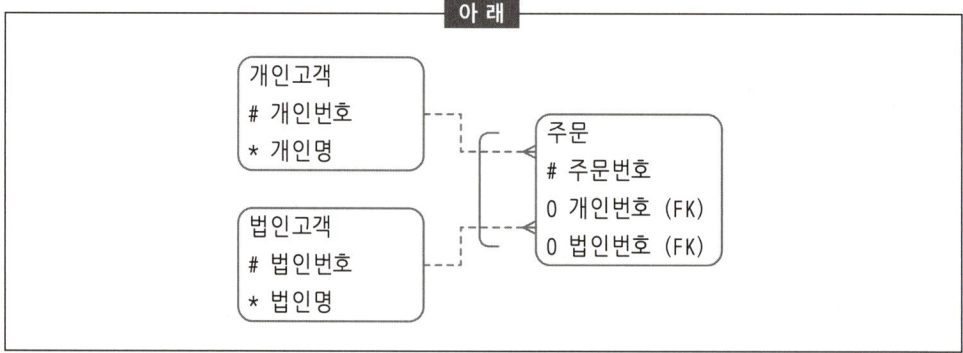

아 래

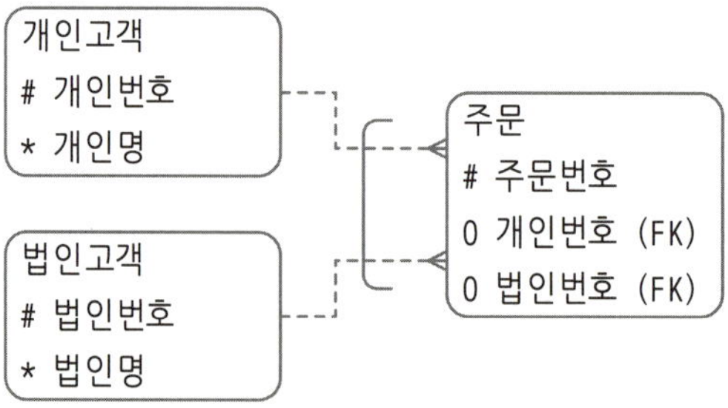

① 개인고객이나 법인고객이 주문할 수 있다.

② 주문 엔터티의 개인번호, 법인번호 속성은 널을 허용한다.

③ 주문 엔터티에 고객구분 속성을 추가할 수 있다.

④ 주문 엔터티의 특정 인스턴스는 개인번호, 법인번호 속성 모두 값이 존재할 수 있다.

08 SQL을 순서대로 실행하는 도중에 시스템 장애로 멈출 경우, 아래 데이터 모델에 표현된 데이터 발생 규칙을 위배할 수도 있는 것을 고르시오.

아 래

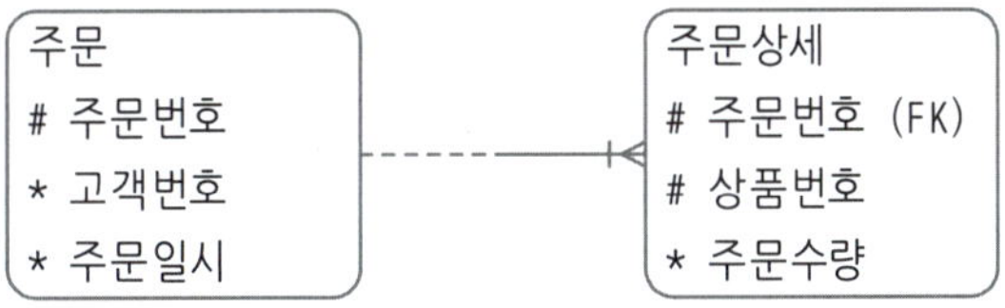

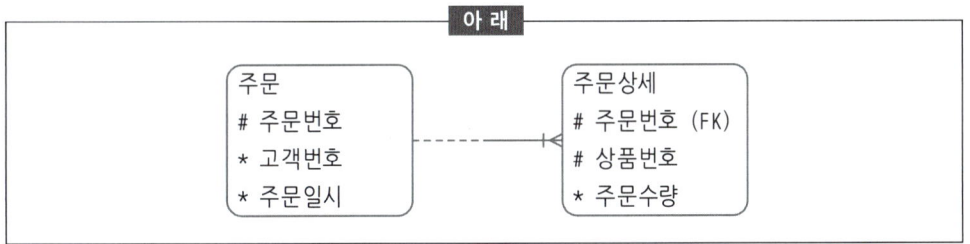

①
```
INSERT INTO 주문 (주문번호, 고객번호, 주문일시) VALUES (1, 100, '20201231');
COMMIT;
INSERT INTO 주문상세 (주문번호, 상품번호, 주문수량) VALUES (1, 'P01', 10);
COMMIT;
INSERT INTO 주문상세 (주문번호, 상품번호, 주문수량) VALUES (1, 'P02', 5);
COMMIT;
```

②
```
INSERT INTO 주문 (주문번호, 고객번호, 주문일시) VALUES (1, 100, '20201231');
COMMIT;
INSERT INTO 주문상세 (주문번호, 상품번호, 주문수량) VALUES (1, 'P01', 10);
INSERT INTO 주문상세 (주문번호, 상품번호, 주문수량) VALUES (1, 'P02', 5);
COMMIT;
```

③
```
INSERT INTO 주문상세 (주문번호, 상품번호, 주문수량) VALUES (1, 'P01', 10);
INSERT INTO 주문상세 (주문번호, 상품번호, 주무수량) VALUES (1, 'P02', 5);
COMMIT;
INSERT INTO 주문 (주문번호, 고객번호, 주문일시) VALUES (1, 100, '20201231');
COMMIT;
```

④
```
INSERT INTO 주문 (주문번호, 고객번호, 주문일시) VALUES (1, 100, '20201231');
INSERT INTO 주문상세 (주문번호, 상품번호, 주문수량) VALUES (1, 'P01', 10);
INSERT INTO 주문상세 (주문번호, 상품번호, 주문수량) VALUES (1, 'P02', 5);
COMMIT;
```

09 다음 중 주문상세 엔터티의 속성 중에서 널을 허용하는 속성을 고르시오.

아 래

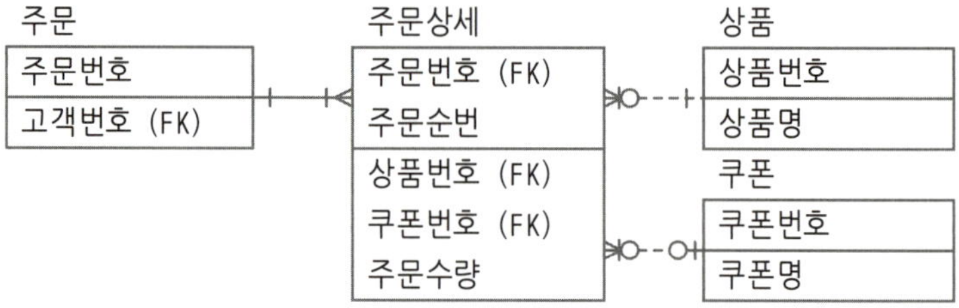

① 주문번호
② 주문순번
③ 상품번호
④ 쿠폰번호

10 다음 중 본질 식별자 대신 인조 식별자 사용을 고려해야 하는 경우에 대한 설명으로 가장 부적절한 것을 고르시오.

① 본질 식별자의 속성 값이 변경될 수 있는 경우
② 본질 식별자의 속성 값이 NULL을 허용할 경우
③ 데이터 발생규칙이 변경될 가능성이 있는 경우
④ 본질 식별자가 복잡하고 하위 엔터티가 없는 경우

과목 II SQL 기본과 활용

* 선택형 40문항 (11~50 / 각 2점)

11 아래와 같이 T1 테이블을 생성했을 때, 에러가 발생하는 SQL 문을 고르시오.

아 래

```
CREATE TABLE T1 (C1 VARCHAR2(4), C2 NUMBER(4));
```

① INSERT INTO T1 (C1, C2) VALUES ('ABCD', 1234);
② INSERT INTO T1 (C1, C2) VALUES (123, 123);
③ INSERT INTO T1 (C1, C2) VALUES (12.34, 1234);
④ INSERT INTO T1 (C1, C2) VALUES (1234, 1234.5);

12 다음 중 아래 SQL의 실행 결과로 가장 적절한 것을 고르시오.

아 래

```
SELECT '1000' || (40 - NULL) || '0' - 100 AS R1 FROM DUAL;
```

① 1000300

② 9900

③ 940

④ 오류가 발생한다.

13 다음 중 SQL의 수행 결과를 고르시오.

아 래

```
SELECT SIGN (15 - CEIL (14.5)) AS R1 FROM DUAL;
```

① 1

② -1

③ 0

④ 0.5

14 다음 중 수행 결과가 다른 SQL을 고르시오.

아 래

```
CREATE TABLE T1 (C1 NUMBER, C2 NUMBER);
```

C1	C2
1	NULL

① SELECT NVL (C2, 0) AS R1 FROM T1;

② SELECT NULLIF (C1, 1) AS R1 FROM T1;

③ SELECT DECODE (C1, 1, 0) AS R1 FROM T1;

④ SELECT COALESCE (C2, NULL, 0) AS R1 FROM T1;

15 아래 SQL의 수행 결과를 고르시오.

아 래

[T1 테이블]

C1
1
2
NULL
3
NULL

[SQL]

```
SELECT COUNT (*) AS R1 FROM T1 WHERE C1 IN (1, 2, NULL);
```

① 5
② 4
③ 3
④ 2

16 다음 중 아래 SQL의 수행 결과를 고르시오.

아 래

[T1 테이블]

C1	C2
1	100
2	NULL
3	200
4	-50

[SQL]

```
SELECT COUNT (DISTINCT SIGN (C2)) AS R1 FROM T1;
```

① 1
② 2
③ 3
④ 4

17 다음 중 아래 SQL의 수행 결과를 고르시오.

아 래

[T1 테이블]

```
CREATE TABLE T1 (C1 NUMBER, C2 NUMBER);
```

C1	C2
100	1800
200	4000
300	950

[SQL]

```
SELECT MIN (C1) AS R1, MAX (TO_CHAR (C2)) AS R2 FROM T1;
```

①

R1	R2
100	950

②

R1	R2
300	950

③

R1	R2
300	4000

④

R1	R2
100	4000

18 다음 중 아래 SQL의 수행 결과(C1 값 출력 순서)를 바르게 표시한 것을 고르시오.

아 래

[T1 테이블]

C1	C2	C3	C4
1	A	2020-06-30 00:00:00	1000
2	A	2020-05-31 00:00:00	2000
3	A	2020-04-30 00:00:00	2000
4	B	2020-03-31 00:00:00	3000

[SQL]

```
SELECT C1
  FROM T1
 ORDER BY C2, C4 DESC, C3 DESC;
```

① 1 - 2 - 3 - 4

② 2 - 1 - 3 - 4

③ 4 - 2 - 3 - 1

④ 2 - 3 - 1 - 4

19 다음 중 수행 결과의 정렬 순서가 다른 SQL을 고르시오.

①
```
SELECT EMPNO, ENAME, DEPTNO, SAL
  FROM EMP
 WHERE DEPTNO IN (10, 20)
 ORDER BY 3 DESC, 4, 1;
```

②
```
SELECT EMPNO, ENAME, DEPTNO, SAL
  FROM EMP
 WHERE DEPTNO = 10
 UNION ALL
SELECT EMPNO, ENAME, DEPTNO, SAL
  FROM EMP
 WHERE DEPTNO = 20
 ORDER BY 3 DESC, 4, 1;
```

③
```
SELECT EMPNO, ENAME, DEPTNO, SAL
  FROM (SELECT EMPNO, ENAME, DEPTNO, SAL
          FROM EMP
         WHERE DEPTNO = 10
         ORDER BY 3 DESC, 4, 1)
 UNION ALL
SELECT EMPNO, ENAME, DEPTNO, SAL
  FROM (SELECT EMPNO, ENAME, DEPTNO, SAL
          FROM EMP
         WHERE DEPTNO = 20
         ORDER BY 3 DESC, 4, 1);
```

④
```
SELECT EMPNO, ENAME, DEPTNO, SAL
  FROM (SELECT EMPNO, ENAME, DEPTNO, SAL
          FROM EMP
         WHERE DEPTNO IN (10, 20))
 ORDER BY DEPTNO DESC, SAL, EMPNO;
```

20 다음 중 아래 SQL의 수행 결과를 고르시오.

아 래

[고객 테이블]

고객번호	고객명
1	김대원
2	노영미
3	김경진

[주문 테이블]

주문번호	고객번호	주문금액
2001	1	40000
2002	2	15000
2003	2	7000
2004	2	8000
2005	2	20000
2006	3	5000
2007	3	9000

[SQL]

```
SELECT A.고객번호, AVG (B.주문금액) AS 평균주문금액
  FROM 고객 A, 주문 B
 WHERE B.고객번호 = A.고객번호
   AND B.주문금액 > 10000
 GROUP BY A.고객번호;
```

①

고객번호	평균주문금액
1	40000
2	17500

②

고객번호	평균주문금액
1	40000
2	12500
3	7000

③

고객번호	평균주문금액
1	40000
2	12500

④

고객번호	평균주문금액
1	40000
2	50000
3	14000

21 다음 중 아래 SQL의 수행 결과를 고르시오.

아래

[T1 테이블]

C1	C2
1	A
2	B
3	C
4	D
5	E

[T2 테이블]

C1	C3
1	1700
1	800
2	1200
3	900
4	2000
5	1000

[SQL]

```
SELECT SUM (A.C1) + COUNT (B.C3) AS R1
  FROM T1 A, T2 B
 WHERE A.C1 IN (1, 3, 4)
   AND B.C1(+) = A.C1
   AND B.C3(+) >= 1000;
```

① 8
② 10
③ 13
④ 19

22 다음 중 아래 SQL의 수행 결과를 고르시오.

아 래

[T1 테이블]

C1	C2
1	A
2	B
3	C
4	D

[T2 테이블]

C1	C2
1	A
2	B
2	B
2	C
3	C
4	C

[SQL]

```
SELECT SUM (A.C1) + SUM (B.C1) AS R1
  FROM T1 A LEFT OUTER JOIN T2 B
    ON B.C1 = A.C1
   AND B.C2 = A.C2;
```

① 12

② 14

③ 20

④ 25

23 아래 SQL의 수행 결과가 20일 때, SQL의 빈칸 ㉠에 들어갈 구문을 고르시오.

아 래

[T1 테이블]

C1	C2
1	A
2	B
3	C
4	D

[T2 테이블]

C1	C2
1	A
1	B
2	A
3	B
3	C

[SQL]

```
SELECT COUNT (*) AS R1
  FROM T1 A [    ㉠    ] T2 B;
```

① NATURAL JOIN

② INNER JOIN

③ FULL OUTER JOIN

④ CROSS JOIN

24 다음 중 수행 결과가 다른 SQL을 고르시오.

아 래

[DEPT 테이블]

DEPTNO	DNAME
10	ACCOUNTING
20	RESEARCH
30	SALES
40	OPERATIONS

[EMP 테이블]

EMPNO	ENAME	DEPTNO
7782	CLARK	10
7839	KING	10
7369	SMITH	20
7566	JONES	20
7499	ALLEN	30
7521	WARD	30

①
```
SELECT *
  FROM DEPT
 WHERE DEPTNO IN (SELECT DEPTNO FROM EMP);
```

②
```
SELECT *
  FROM DEPT
 WHERE DEPTNO = ALL (SELECT DEPTNO FROM EMP);
```

③
```
SELECT A.*
  FROM DEPT A
 WHERE EXISTS (SELECT 1 FROM EMP X WHERE X.DEPTNO = A.DEPTNO);
```

④
```
SELECT A.*
  FROM DEPT A
 WHERE (SELECT COUNT (*)
          FROM EMP X
         WHERE X.DEPTNO = A.DEPTNO) > 1;
```

25 아래 SQL의 빈칸 ㉠에 들어갈 가장 적합한 집합 연산자를 고르시오.

아 래

[SQL]

```
SELECT 1 AS TP, C1, C2 FROM T1 WHERE C1 = 1
[    ㉠    ]
SELECT 2 AS TP, C1, C2 FROM T1 WHERE C2 = 1;
```

[T1 테이블]

C1	C2
1	1
1	2
2	1
2	2

[결과]

TP	C1	C2
1	1	1
1	1	2
2	1	1
2	2	1

① UNION ALL

② UNION

③ MINUS

④ INTERSECT

26 아래 1, 2번 SQL은 수행 결과가 동일하다. 2번 SQL의 빈칸 ㉠에 들어갈 표현식을 고르시오.

아 래

[1번 SQL]

```
SELECT C1, C2, SUM (C3) AS C3
  FROM T1
 GROUP BY CUBE (C1, C2)
 ORDER BY 1, 2;
```

[2번 SQL]

```
SELECT C1, C2, SUM (C3) AS C3
  FROM T1
 GROUP BY GROUPING SETS ([    ㉠    ])
 ORDER BY 1, 2;
```

① (C1, C2)

② (C1, C2), C1

③ (C1, C2), C1, C2

④ (C1, C2), C1, C2, ()

27 아래 1, 2번 SQL은 수행 결과가 동일하다. 2번 SQL의 빈칸 ㉠에 들어갈 표현식을 고르시오.

아래

[1번 SQL]

```
SELECT C1
     , C2
     , SUM (C3) AS C3
  FROM T1
 GROUP BY C1, ROLLUP (C2);
```

[2번 SQL]

```
SELECT C1
     , C2
     , SUM (C3) AS C3
  FROM T1
 GROUP BY GROUPING SETS (   ㉠   );
```

① C1, C2

② C1, C2, C1

③ (C1, C2)

④ (C1, C2), C1

28 아래 SQL의 빈칸 ㉠에 들어갈 분석 함수를 고르시오.

아래

[SQL]

```
SELECT EMPNO, ENAME, SAL,    ㉠    () OVER (ORDER BY SAL) AS C1
  FROM EMP
 WHERE DEPTNO = 30;

EMPNO ENAME   SAL C1
----- ------ ---- --
 7900 JAMES   950  1
 7521 WARD   1250  2
 7654 MARTIN 1250  3
 7844 TURNER 1500  4
 7499 ALLEN  1600  5
 7698 BLAKE  2850  6

6 행이 선택되었습니다.
```

① RANK

② DENSE_RANK

③ PERCENT_RANK

④ ROW_NUMBER

29 아래 SQL의 빈칸 ㉠에 들어갈 WINDOWING 절을 고르시오.

아 래

[SQL]

```
SELECT EMPNO, ENAME, JOB, SAL
     , LAST_VALUE (SAL) OVER (PARTITION BY JOB ORDER BY SAL [    ㉠    ]) AS C1
  FROM EMP
 WHERE DEPTNO = 20;

EMPNO ENAME  JOB      SAL   C1
----- -----  ------- ---- ----
 7788 SCOTT  ANALYST 3000 3000
 7902 FORD   ANALYST 3000 3000
 7369 SMITH  CLERK    800 1100
 7876 ADAMS  CLERK   1100 1100
 7566 JONES  MANAGER 2975 2975

5 행이 선택되었습니다.
```

① RANGE UNBOUNDED PRECEDING

② RANGE UNBOUNDED FOLLOWING

③ RANGE BETWEEN UNBOUNDED PRECEDING AND CURRENT ROW

④ RANGE BETWEEN CURRENT ROW AND UNBOUNDED FOLLOWING

30 다음 중 ROWNUM 슈도 칼럼을 불필요하게 사용한 SQL을 고르시오.

①
```
SELECT *
  FROM DEPT A
 WHERE EXISTS (SELECT 1 FROM EMP X WHERE X.DEPTNO = A.DEPTNO AND ROWNUM = 1);
```

②
```
SELECT A.EMPNO, A.ENAME
     , NVL ((SELECT 'Y' FROM EMP X WHERE X.DEPTNO = A.DEPTNO AND ROWNUM = 1), 'N')
       AS YN
  FROM EMP A;
```

③
```
SELECT *
  FROM DEPT
 WHERE DEPTNO IN (SELECT DEPTNO
                    FROM (SELECT DEPTNO, AVG(SAL) AS SAL
                            FROM EMP
                           GROUP BY DEPTNO
                           ORDER BY SAL DESC)
                   WHERE ROWNUM <= 1);
```

④
```
SELECT *
  FROM (SELECT * FROM EMP ORDER BY SAL DESC)
 WHERE ROWNUM <= 1;
```

31 아래 SQL의 수행 결과를 고르시오. (단, EMP 테이블의 DEPTNO가 20번인 행은 5건임)

아 래

[SQL]

```
SELECT COUNT (*) AS CNT
  FROM (SELECT EMPNO, ENAME, SAL
          FROM EMP
         WHERE DEPTNO = 20
         ORDER BY SAL DESC OFFSET 3 ROWS);
```

① 1

② 2

③ 3

④ 4

32 아래 SQL의 결과를 고르시오.

아 래

[EMP 테이블]

EMPNO	ENAME	MGR
7839	KING	
7566	JONES	7839
7788	SCOTT	7566

[SQL]

```
 SELECT SUBSTR (MAX (SYS_CONNECT_BY_PATH (ENAME, '>')), 2) AS PATH
   FROM EMP
  START WITH ENAME = 'SCOTT'
CONNECT BY EMPNO = PRIOR MGR;
```

① KING>JONES>SCOTT

② KING>SCOTT>JONES

③ SCOTT>KING>JONES

④ SCOTT>JONES>KING

33 아래 SQL 수행 결과의 빈칸 ㉠, ㉡, ㉢, ㉣에 들어갈 열명을 고르시오.

아 래

[SQL]

```
SELECT *
  FROM (SELECT JOB, DEPTNO, SAL FROM EMP)
 PIVOT (SUM (SAL) AS SAL, COUNT (*) AS CNT FOR DEPTNO IN (10 AS D10, 20 AS D20))
 ORDER BY JOB;
```

[결과]

JOB	㉠	㉡	㉢	㉣
ANALYST				
CLERK				
MANAGER				
PRESIDENT				
SALESMAN				

① ㉠ D10_SAL, ㉡ D10_CNT, ㉢ D20_SAL, ㉣ D20_CNT

② ㉠ D10_SAL, ㉡ D20_SAL, ㉢ D10_CNT, ㉣ D20_CNT

③ ㉠ D10_CNT, ㉡ D10_SAL, ㉢ D20_CNT, ㉣ D20_SAL

④ ㉠ D10_CNT, ㉡ D20_CNT, ㉢ D10_SAL, ㉣ D20_SAL

34 아래 SQL의 빈칸 ㉠에 들어갈 표현식을 고르시오.

아 래

```
SELECT *
  FROM T1
UNPIVOT ( [    ㉠    ]
         FOR DEPTNO IN ((D10_SAL, D10_CNT) AS 10
                      , (D20_SAL, D20_CNT) AS 20
                      , (D30_SAL, D30_CNT) AS 30))
  WHERE JOB = 'CLERK'
  ORDER BY JOB, DEPTNO;

JOB   DEPTNO  SAL CNT
----- ------ ---- ---
CLERK     10 1300   1
CLERK     20 1900   2
CLERK     30  950   1

3 행이 선택되었습니다.
```

① SAL, CNT

② SUM (SAL), SUM (CNT)

③ (SAL, CNT)

④ (SUM (SAL), SUM (CNT))

35 아래 SQL의 빈칸 ㉠에 들어갈 표현식 중 수행 결과가 다른 것을 고르시오.

아 래

[SQL]

```
SELECT REGEXP_SUBSTR ('ABBBC', [    ㉠    ]) AS C1 FROM DUAL;
```

① AB{3}

② AB{1,}

③ AB{,1}

④ AB{1,3}

36 아래 우측 SQL의 수행 결과를 고르시오.

아 래

```
SELECT ENAME FROM EMP
 WHERE DEPTNO = 30
```

ENAME
ALLEN
WARD
MARTIN
BLAKE
TURNER
JAMES

```
SELECT ENAME FROM EMP
 WHERE DEPTNO = 30
   AND REGEXP_LIKE (ENAME, '(.)\1');
```

① ALLEN ② WARD ③ MARTIN ④ BLAKE

37 아래 SQL을 수행한 후 T1, T2, T3 테이블의 전체 건수를 고르시오.

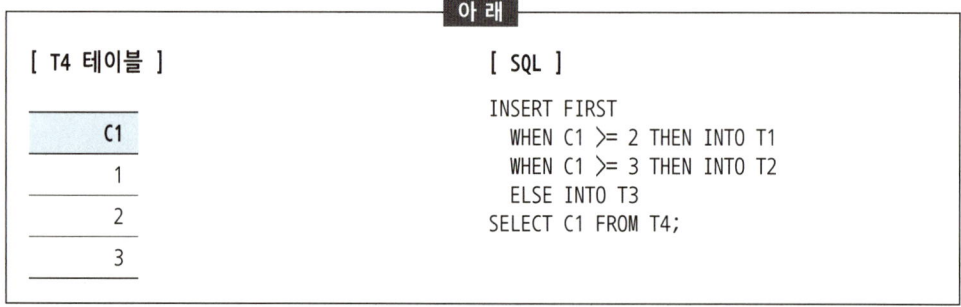

아 래

[T4 테이블]

C1
1
2
3

[SQL]

```
INSERT FIRST
  WHEN C1 >= 2 THEN INTO T1
  WHEN C1 >= 3 THEN INTO T2
  ELSE INTO T3
SELECT C1 FROM T4;
```

① T1: 0, T2: 2, T3: 1

② T1: 1, T2: 1, T3: 1

③ T1: 2, T2: 0, T3: 1

④ T1: 3, T2: 0, T3: 0

38 아래 SQL을 수행한 후 T1 테이블의 전체 건수를 고르시오.

아 래

[T1 테이블]

C1	C2	C3
1	1	1
1	1	1
1	2	1
1	2	2
1	1	3
1	1	3

[SQL]

```
DELETE
  FROM T1
 WHERE ROWID IN (SELECT ROWID
                   FROM (SELECT ROWID
                              , ROW_NUMBER () OVER (PARTITION BY C1, C2, C3
                                                        ORDER BY ROWID) AS RN
                           FROM T1)
                  WHERE RN > 1);
```

① 3

② 4

③ 5

④ 6

39 계좌이체를 아래와 같이 처리하던 중 ㉣ 단계에서 예외상황(네트워크 단절, 디스크 Fail, 정전 등)이 발생할 수 있다. 이로 인해 트랜잭션의 네 가지 특징 중 어떤 것을 위배하게 되는지 보기에서 고르시오.

아 래

[트랜잭션]

```
UPDATE 계좌 SET 잔액 = 잔액 - 10000 WHERE 계좌번호 = 100; -- ㉠
COMMIT;                                                  -- ㉡
UPDATE 계좌 SET 잔액 = 잔액 + 10000 WHERE 계좌번호 = 200; -- ㉢
COMMIT;                                                  -- ㉣
```

[결과]

```
SELECT * FROM 계좌;

계좌번호 잔액
-------- ----
     100    0
     200    0

2 행이 선택되었습니다.
```

① 원자성(Atomicity)

② 일관성(Consistency)

③ 고립성(Isolation)

④ 지속성(Durability)

40 S1, S2 세션에서 아래 SQL을 순서대로 수행했을 때 작업을 끝까지 완료하지 못하고 에러를 발생시키는 SQL 문을 고르시오.

아 래

[T1 테이블]

```
CREATE TABLE T1 (C1 NUMBER, CONSTRAINT T1_PK PRIMARY KEY (C1));
INSERT INTO T1 VALUES (1);
COMMIT;
```

[SQL]

S1 세션	S2 세션
UPDATE T1 SET C1 = 2 WHERE C1 = 1; -- ㉠	
	INSERT INTO T1 VALUES (2); -- ㉡
COMMIT;	
	INSERT INTO T1 VALUES (1); -- ㉢
UPDATE T1 SET C1 = 1 WHERE C1 = 2; -- ㉣	
	ROLLBACK;
COMMIT;	

① ㉠

② ㉡

③ ㉢

④ ㉣

41 아래 SQL을 수행했을 때 T3 테이블에 생성되는 제약조건을 고르시오.

아 래

```
CREATE TABLE T1 (C1 NUMBER, CONSTRAINT T1_PK PRIMARY KEY (C1));

CREATE TABLE T2 (C1 NUMBER NOT NULL
               , C2 NUMBER
               , CONSTRAINT T2_PK PRIMARY KEY (C1, C2)
               , CONSTRAINT T2_F1 FOREIGN KEY (C1) REFERENCES T1 (C1)
               , CONSTRAINT T2_C1 CHECK (C2 > 0));

CREATE TABLE T3 AS SELECT * FROM T2;
```

① PK 제약조건

② FK 제약조건

③ CHECK 제약조건

④ NOT NULL 제약조건

42 아래 SQL을 수행했을 때 에러의 발생 횟수를 고르시오.

아 래

[T1 테이블]

```
CREATE TABLE T1 (C1 VARCHAR2(8));

ALTER TABLE T1 ADD CONSTRAINT T1_C1 CHECK (
    C1 = TO_CHAR (TO_DATE (C1, 'YYYYMMDD'), 'YYYYMMDD'));
```

[SQL]

```
INSERT INTO T1 VALUES ('20500101');
INSERT INTO T1 VALUES ('20500132');
INSERT INTO T1 VALUES ('20500201');
INSERT INTO T1 VALUES ('20501301');
```

① 1회

② 2회

③ 3회

④ 4회

43 개별 주문 데이터가 저장되어 있는 주문 테이블을 사용하여, 주문한 년도(YEAR)-월(MONTH) 별로 주문금액 합계를 구하고자 한다. 아래 SQL의 빈칸 ㉠, ㉡에 들어갈 표현식을 고르시오.

아 래

[주문 테이블]

```
CREATE TABLE 주문 (주문번호 NUMBER PRIMARY KEY, 주문일시 DATE, 주문금액 NUMBER);
```

주문번호	주문일시	주문금액
1	2019-12-01 00:00:00	20000
2	2019-12-30 00:00:00	30000
3	2020-01-02 00:00:00	15000
4	2020-01-15 00:00:00	60000

[SQL]

```
SELECT 주문년월, SUM(주문금액) AS 주문합계금액
  FROM (SELECT [    ㉠    ] (주문일시, [    ㉡    ]) AS 주문년월, 주문금액
          FROM 주문)
 GROUP BY 주문년월;
```

[결과]

주문년월	주문합계금액
2019-12	50000
2020-01	75000

① ㉠ TO_CHAR ㉡ 'YYYY-MM'

② ㉠ EXTRACT ㉡ 'YEAR-MONTH'

③ ㉠ EXTRACT ㉡ 'MONTH'

④ ㉠ TO_DATE ㉡ 'YYYY-MM-DD'

44 아래 SQL의 수행 결과에서 빈칸 ㉠, ㉡에 들어갈 값을 고르시오.

아 래

[주문 테이블]

고객번호	주문일자	주문순번	주문금액
100	20200105	1	20000
100	20200112	1	50000
100	20200427	1	30000
100	20200427	2	15000
200	20200105	1	25000
200	20200105	2	40000
200	20200320	1	18000

[SQL]

```
SELECT 고객번호
     , MAX (주문금액) KEEP (DENSE_RANK LAST ORDER BY 주문일자) AS 최대주문금액
  FROM 주문
 GROUP BY 고객번호;
```

[결과]

고객번호	최대주문금액
100	㉠
200	㉡

① ㉠ 30000 ㉡ 18000

② ㉠ 50000 ㉡ 40000

③ ㉠ 50000 ㉡ 25000

④ ㉠ 30000 ㉡ 40000

45 아래 SQL의 빈칸 ㉠에 들어갈 표현식을 고르시오.

아 래

[T1 테이블]

C1	C2
1	A
2	B
3	C
4	D

[T2 테이블]

C1	C2	C3
1	A	100
2	B	200
3	A	100
3	B	200
3	C	300

[SQL]

```
SELECT *
  FROM T1 A LEFT OUTER JOIN T2 B
 USING (    ㉠    );
```

[결과]

C1	C2	C2	C3
1	A	A	100
2	B	B	200
3	C	A	100
3	C	B	200
3	C	C	300
4	D	NULL	NULL

① A.C1 = B.C1

② A.C1

③ C1

④ C1, C2

46 아래 SQL의 빈칸 ㉠에 들어갈 조건을 고르시오.

아 래

[SQL]

```
SELECT A.DEPTNO, A.DNAME
     , NVL ((SELECT 'Y'
               FROM EMP X
              WHERE X.DEPTNO = A.DEPTNO
                AND [ ㉠ ]), 'N') AS YN
  FROM DEPT A;
```

[수행 결과]

```
DEPTNO DNAME      YN
------ ---------- --
    10 ACCOUNTING Y
    20 RESEARCH   Y
    30 SALES      Y
    40 OPERATIONS N

4 행이 선택되었습니다.
```

① X.DEPTNO = 10
② ROWNUM <= 1
③ 1 = 1
④ LIMIT = 1

47 아래 1, 2번 SQL은 수행 결과가 동일하다. 2번 SQL의 빈칸 ㉠에 들어갈 조건을 고르시오.

아 래

[1번 SQL]

```
SELECT *
  FROM T1
 WHERE C1 = NVL (:V1, C1);
```

[2번 SQL]

```
SELECT * FROM T1 WHERE :V1 IS NULL
UNION ALL
SELECT * FROM T1 WHERE [ ㉠ ];
```

① :V1 IS NOT NULL
② C1 IS NOT NULL
③ :V1 IS NULL OR C1 = :V1
④ :V1 IS NOT NULL AND C1 = :V1

48 아래 SQL의 빈칸 ㉠에 들어갈 조인 조건을 고르시오.

아 래

[EMP 테이블]

EMPNO	ENAME	MGR
7839	KING	
7566	JONES	7839
7698	BLAKE	7839
7782	CLARK	7839

[SQL]

```
SELECT B.EMPNO, B.ENAME
  FROM EMP A, EMP B
 WHERE A.ENAME = 'JONES'
   AND [ ㉠ ];

EMPNO ENAME
----- -----
 7839 KING

1개의 행이 선택되었습니다.
```

① B.MGR = A.EMPNO
② B.ENAME = A.ENAME
③ B.EMPNO = A.EMPNO
④ B.EMPNO = A.MGR

49 아래 에러를 조치하기 위해 빈칸 ㉠에 들어갈 키워드를 고르시오.

아 래

U1 사용자	SYS 사용자
GRANT CREATE ANY TABLE TO U2; ORA-01031: 권한이 불충분합니다	GRANT CREATE ANY TABLE TO U1 WITH [㉠] OPTION; 권한이 부여되었습니다.

① GRANT

② SYSTEM

③ ADMIN

④ OWNER

50 테이블을 생성하려다 아래처럼 ORA-01031 에러를 만난 U3 사용자의 문제를 해결하고자 할 때 ㉠에 들어갈 롤을 고르시오.

아 래

U3 사용자	SYS 사용자
CREATE TABLE T1 (C1 NUMBER); ORA-01031: 권한이 불충분합니다	GRANT [㉠] TO U3; 권한이 부여되었습니다.

① RESOURCE

② CONNECT

③ CREATE SESSION

④ CREATE USER

SQL 개발자 자격검정 실전 모의고사 해답

과목 I 데이터 모델링의 이해 *선택형 10문항 (1~10 / 각 2점)

01

풀이 정답 : ④

선택지에 사용된 ER 표기법은 아래와 같다.

① Peter Chen 표기법
② IDEF1X 표기법
③ IE 표기법
④ Barker 표기법

02

발생시점에 따른 엔터티 분류

엔터티는 발생시점에 따라 아래의 세 가지 유형으로 구분할 수 있다.

분류	설명
기본	업무에 원래 존재하는 정보로 다른 엔터티와 관계에 의해 생성되지 않고 독립적으로 생성된다. 다른 엔터티의 부모 엔터티로 다른 엔터티로부터 식별자를 상속받지 않고 자신의 식별자를 가진다. - 사원, 부서, 고객, 상품, 자재
중심	기본 엔터티로부터 발생되며 업무에서 중심적인 역할을 한다. 많은 데이터가 발생하고 다른 엔터티와의 관계를 통해 행위 엔터티를 생성한다. - 계약, 사고, 예금원장, 청구, 주문, 매출
행위	2개 이상의 부모 엔터티로부터 발생하고, 자주 내용이 변경되거나 많은 데이터가 생성된다. - 주문목록, 사원변경이력

풀이 정답 : ①

엔터티는 발생시점에 따라 기본, 중심, 행위 엔터티로 분류할 수 있다. 기본 엔터티는 그 업무에 원래 존재하는 정보로서 다른 엔터티와 관계에 의해 생성되지 않고 독립적으로 생성이 가능하다. 다른 엔터티로부터 식별자를 상속받지 않고 자신의 고유한 주식별자를 가진다.

03

풀이 정답 : ③

각 속성이 가질 수 있는 값의 범위를 그 속성의 도메인(domain)이라고 한다. 도메인은 데이터 타입, CHECK 제약조건, NOT NULL 제약조건으로 구현된다.

04

관계(Relationship)

부모 엔터티의 식별자를 자식 엔터티의 식별자로 상속하면 '식별관계', 일반속성으로 상속하면 '비식별관계'라고 한다. 바커(Barker) 표기법에서 두 엔터티를 식별관계로 정의하고자 할 때는 자식 쪽 관계선에 UID Bar(수직 실선)를 표시한다.

부모 엔터티 기준으로 자식 엔터티를 필수 관계로 정의할 때 부모 쪽 관계선을 실선으로 표기한다. 자식 엔터티를 선택 관계로 정의할 때는 부모 쪽 관계선을 점선으로 표기한다. 자식 엔터티 기준으로 부모 엔터티를 필수 관계로 정의할 때는 자식 쪽 관계선을 실선으로 표기하며, 선택 관계로 정의할 때는 자식 쪽 관계선을 점선으로 표기한다.

풀이 정답 : ③

①은 두 엔터티를 식별관계로 설계했다. 관계선 의미에 맞도록 사원 엔터티 식별자에 부서번호를 포함하거나, 관계선에서 UID Bar를 제거함으로써 비식별관계로 설계해야 한다. ②와 ④는 사원 엔터티가 부서의 부서번호를 FK로 상속했다. 그렇다면 부서와 사원 관계는 M:1이 아니라 1:M이 되어야 한다. 1:1도 가능하지만, 일반적으로 한 부서에는 여러 사원이 소속된다.

05

풀이 정답 : ③

모두 식별자 상속관계이고 1:M 관계다. 엔터티2는 엔터티1으로부터 상속한 식별자 2개에 하나 이상의 속성을 더해 최소 3개 이상으로 식별자를 구성해야 한다. 엔터티3은 엔터티2로부터 상속한 식별자(최소 3개 이상)에 하나 이상의 속성을 더해 최소 4개 이상으로 식별자를 구성해야 한다.

06

반정규화

정규형을 위배한 모델을 '반정규화' 또는 '역정규화' 모델이라고 한다. 반정규화 속성은 크게 다른 엔터티의 속성 값을 그대로 사용한 중복속성과 기존 값을 계산/집계/가공해서 사용하는 추출속성으로 구분할 수 있다.

정규화된 모델은 데이터 중복을 최소화함으로써 공간 사용량을 줄이는 것은 물론, 데이터 정합성을 지키는 데 유리하다. 반면, 반정규화된 모델은 데이터 중복을 허용함으로써 저장 공간을 많이 사용하고, 무엇보다 데이터 정합성을 지키는 데 불리하다. 그럼에도 모델을 반정규화하는 이유는 대개 조인과 연산을 최소화해 쿼리 성능을 향상시키려는 데 목적이 있다.

정규화된 모델 하에서 쿼리 튜닝을 최대한 실시하고, 튜닝으로 해결할 수 없다고 판단할 때 반정규화를 실시해야 한다. 정규화에 대한 이해 부족 또는 습관에 의한 반정규화는 결코 바람직하지 않다.

풀이 정답 : ②

주문 엔터티의 본질 식별자는 고객번호+주문일시다. 인조 식별자인 주문번호를 PK로 선정했기 때문에 고객번호, 주문일시 속성이 주문상세 엔터티로 상속되지 않는다. 따라서, 주문일시에 해당하는 주문상세 인스턴스를 조회하기 위해서는 주문 엔터티와 주문상세 엔터티를 조인해야만 한다.

아래와 같이 주문 엔터티의 주문일시 속성을 주문상세 엔터티로 반정규화하고 조인 없는 SQL로 단순화한다면 성능을 크게 개선할 수 있다. (조인을 제거하지 않아도 주문상세에 주문일시를 추가하고 인덱스 구성을 최적화한다면 성능은 기존보다 개선된다. 조인하기 전에 주문상세에서 단독으로 읽는 데이터량을 줄일 수 있기 때문이다.)

[데이터 모델]

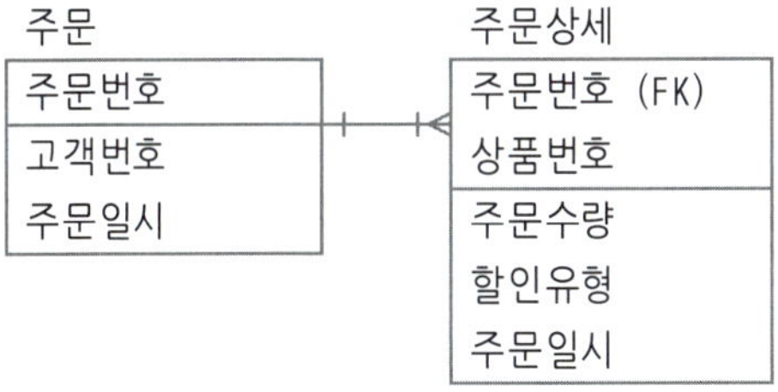

[SQL]

```
SELECT 할인유형, SUM (주문수량) AS 주문수량
  FROM 주문상세
 WHERE 주문일시 >= :V_주문일시
   AND 상품번호 = :V_상품번호
 GROUP BY 할인유형;
```

07 **상호배타적 관계**

하나의 엔터티가 두 개 이상의 다른 엔터티와 "동시에" 관계를 갖지 않고 경우에 따라 "상호 배타적으로" 관계를 갖는 모델을 상호배타적(Exclusive OR) 관계의 모델이라고 한다. 예를 들어, 엔터티 A가 X, Y, Z 엔터티와 관계를 갖는데, 세 엔터티와 동시에 관계를 갖는 것이 아니라 상황에 따라 X 또는 Y 또는 Z와 배타적으로 관계를 갖는 경우를 말한다.

풀이 정답 : ④

① 상호배타적 관계이므로 개인 또는 법인만 주문할 수 있고, 주문 인스턴스는 둘 중 어느 한쪽하고만 관계를 갖는다.

② 상호배타적 관계를 구현하는 방식이 몇 가지 있는데, 여기서는 개인번호와 법인번호 속성을 따로 두고, 경우에 따라 둘 중 하나에만 값을 입력하는 방식을 사용했다. 둘 중 하나에 배타적으로 값을 입력하므로 두 속성은 널을 허용해야 한다.

③ 둘 중 어느 속성에 고객번호가 입력됐는지를 보고 개인이 주문했는지, 법인이 주문했는지 구분할 수 있지만, 고객구분 속성을 추가함으로써 더 명확하게 관리할 수도 있다.

④ 배타적 관계로 설계했으므로 개인번호과 법인번호에 모두 값이 입력되도록 구현하면 안 된다.

08 **관계(Relationship)를 고려한 트랜잭션 구현**

트랜잭션은 일의 최소 단위이므로 하나의 트랜잭션으로 묶인 두 개 이상의 연산은 "동시에" 처리해야 한다. 현재의 저장 기술로는 동시 처리가 불가능하므로 DBMS는 트랜잭션의 원자성을 지원하기 위해 'All or Nothing' 방식을 사용한다. 즉, 두 개 이상의 연산을 모두 성공하거나 모두 실패하도록 처리하는 방식을 사용한다.

DB 개발자는 원자적으로 처리해야 하는 일련의 작업을 하나의 트랜잭션으로 묶어주어야 하는데, 특히 관계가 설정된 두 개 이상 테이블에 데이터를 입력할 때 모델에 표현된 관계의 선택사양(Optionality)을 정확히 해석함으로써 정합성에 문제가 생기지 않도록 구현해야 한다.

자식 테이블 기준으로 부모 테이블이 필수 관계라면, 부모 레코드를 먼저 입력한 후에 자식 레코드를 입력해야 한다. 두 연산을 하나의 트랜잭션으로 묶어서 처리할 때는 순서만 잘 맞춰주면 된다. 두 연산을 개별 트랜잭션으로 처리함으로써 처리 순서를 보장할 수 없는 상황이라면, 자식 레코드를 입력할 때 부모 레코드가 존재하는지 반드시 확인해야 한다.

부모 엔터티 기준으로 자식 엔터티도 필수 관계라면, 부모 레코드 입력은 성공했는데 자식 레코드 입력은 실패하는 일이 생겨선 안 된다. 반드시 두 연산을 모두 성공하거나 모두 실패하도록 구현해야 한다. 따라서 두 연산을 하나의 트랜잭션으로 묶어서 처리해야 한다. 부모 레코드와 함께 첫 번째 자식 레코드를 입력한 이후, 두 번째 자식 레코드부터는 개별적으로 입력할 수도 있는데, 이는 업무적인 트랜잭션 정의에 의해 결정된다.

풀이 정답 : ③

문제의 데이터 모델은 "주문은 1개 이상의 주문상세를 가질 수 있지만, 주문상세가 없을 수도 있다. 주문 없는 주문상세는 존재할 수 없다"는 업무규칙을 표현하고 있다.

③은 주문상세 입력 트랜잭션 성공 후 장애가 발생하면 주문 없이 주문상세만 입력하는 결과를 초래할 수 있다. ①과 ②는 주문 입력 트랜잭션 성공 후 장애가 발생하면 주문상세가 없이 주문만 입력하는 결과를 초래할 수 있지만, 제시한 데이터 모델은 그것을 허용하고 있다. 본 문제의 정답 여부를 떠나 업무적으로 주문과 두 개의 주문상세를 원자적으로 처리해야 한다면, 반드시 ④번처럼 구현해야 한다.

09

풀이 정답 : ④

주문상세의 주문번호, 주문순번은 식별자이므로 널을 허용하지 않는다. 주문상세는 상품과 필수관계이므로 주문상세의 상품번호 속성도 널을 허용하지 않는다. 주문상세와 쿠폰은 선택관계이므로 주문상세의 쿠폰번호 속성은 널을 허용한다.

10

인조식별자의 장단점

엔터티에는 데이터를 유일하게 식별할 수 있는 속성이 반드시 존재해야 하며, 이를 식별자라고 한다. 업무 정의에 따라 엔터티를 설계하는 과정에 자연스럽게 도출된 식별자를 '본질식별자', 설계자가 어떤 필요에 의해 인위적으로 도출한 식별자를 '인조식별자'라고 한다. 설계자는 본질식별자, 인조식별자 각각의 장단점을 정확히 이해한 상태에서 설계에 임해야 한다. 그렇지 않아 무분별하게 인조식별자를 남용한다면 데이터 품질 및 성능 저하 등의 문제를 야기할 수 있다.

인조식별자를 사용하면 데이터 모델의 식별자 구조가 단순해지고, 개발자가 SQL을 작성할 때 조인 조건식도 단순해진다. 이는 부정할 수 없는 인조식별자의 장점이다. 설계자가 인조식별자를 남용하고 개발자도 그것을 요구하는 이유가 여기에 있다.

인조식별자를 사용하면 모델의 유연성이 좋아지는 측면도 있다. '유연성이 좋다'는 말은 어떤 데이터든지 유연하게 받아들일 수 있다, 업무 확장에 유연하게 대응할 수 있다는 의미를 담는다. 그래서 '확장성이 좋다'는 말로 대신하기도 한다. 좋은 뜻이지만, 이로 인해 데이터 품질이 나빠질 수 있어서 문제다. 좀 더 자세히 살펴보자.

예를 들어, 주문상품 엔터티의 본질식별자가 주문번호 + 상품번호다. 한 주문 내에서 여러 상품을 선택할 수 있지만, 같은 상품은 한 번만 선택할 수 있다는 업무 정의다. 그런데 설계자가 상품번호를 일반속성으로 내리고, 이를 대체하는 인위적인 주문순번 속성을 만들어 주문번호 + 주문순번을 주 식별자로 최종 결정했다.

그렇게 시스템을 운영하던 어느 날, 한 주문 내에서 같은 상품을 여러 번 선택할 수 있게 해 달라는 업무팀 요청이 있었다. 상품 하나는 자택으로, 다른 하나는 부모님 댁으로 배송할 수 있게 하기 위해서다.

이런 업무 변화 또는 확장이 생기면 엔터티의 본질식별자도 바뀐다. 주문번호+상품번호+주문순번 또는 주문번호+상품번호+배송지코드 등으로 말이다. 앞서 본질식별자를 그대로 주 식별자로 사용했다면, 엔터티의 식별자 구조가 바뀌면서 프로그램도 많이 수정해야 할 뻔했다. (업무 변화를 예상했든 못했든) 설계자가 처음부터 주 식별자를 주문번호 + 주문순번으로 설계하는 바람에 다행히 식별자를 바꾸지 않아도 돼 다행이다. 데이터 모델의 유연성이 좋다는 의미가 바로 이것이다.

문제는 그런 업무 변화가 있기 전까지(사실 업무가 어떻게 바뀔지는 알 수 없는 일이다) 나타날 수 있는 데이터 품질의 저하다. 본질식별자를 주 식별자로 사용하면 업무정의에 위배되는 데이터가 입력될 걱정을 하지 않아도 된다. 주 식별자에 PK 제약을 생성하기 때문이다. 인조식별자를 사용하면 업무정의에 위배되는 데이터가 언제든 입력될 수 있다. 이를 막으려면 일반속성으로 내린 본질 식별자를 대체키로 정의하고, DBMS에 Unique 제약을 생성해 줘야 한다. 하지만 그렇게 하는 경우는 흔치 않다.

지금 예로 든 업무에서 모든 식별자를 일반 속성으로 내리고 주 식별자를 아예 주문상품번호 단일 속성으로 설계하면 유연성과 확장성은 더 좋아진다. 어떤 업무 규칙의 변화가 생겨도 다 받아들일 수 있기 때문이다. 하지만, 데이터 품질은 더 나빠질 가능성이 높다.

데이터 품질 문제와 더불어 알아야 할 것은 인조식별자를 많이 사용하면 SQL 성능이 느려질 수 있다는 점이다. 본질식별자를 그대로 PK로 사용하면 조인 과정에 필터 조건을 같이 처리할 수 있다. 예를 들어, 앞서 설명한 주문상품 테이블을 주문번호로 조인하는 SQL에 상품번호 조건절까지 있다면, 조인과 상품번호 필터링을 동시에 처리할 수 있다. 그런데 인조식별자를 두면 주문번호로 조인한 후에 상품번호 필터링을 따로 처리해야 한다. (정확히 이해하려면 인덱스와 조인 원리를 더 깊이 설명해야 하는데, 이는 3과목에서 다루는 주제이므로 여기서는 더 설명하지 않겠다.)

방금 설명한 성능 문제를 해결해야 하므로 인조식별자를 사용할 때는 기본적으로 인덱스를 하나 이상 더 생성하게 된다. 그로 인해 인덱스를 위한 저장 공간이 더 필요해지고, DML 성능이 기본적으로 약간 더 느려지는 측면도 있다.

식별자를 두 개 이상의 부모 엔터티로부터 상속하는 교차 엔터티라면 더 복잡해진다. 상속한 식별자를 그대로 식별자로 사용할 것인지, 인조식별자를 쓰되 양쪽 다 일반속성으로 내릴 것인지, 어느 한쪽만 내릴 것인지 등을 잘 결정해야 한다.

일반적이진 않더라도 식별자 속성 값을 가끔 변경하거나 NULL 값을 입력해야 하는 경우가 있을 수 있고, 그런 예외를 수용하게 할 목적으로 인조식별자를 설계하는 경우도 있다.

풀이 정답 : ④

본질 식별자를 주 식별자로 사용하기에 적합하지 않은 경우 인조 식별자를 고려한다. 본질 식별자에 해당하는 속성 값이 변경되거나 NULL을 허용하는 경우, 또는 데이터 발생규칙이 변경될 가능성이 있다면 임의의 인조 식별자를 생성한다.

과목 II SQL 기본과 활용

* 선택형 40문항 (11~50 / 각 2점)

11

풀이 정답 : ③

T1 테이블에서 C1 칼럼의 데이터 유형은 가변 길이 문자 데이터 유형인 VARCHAR2(4)고, C2 칼럼의 데이터 유형은 가변 길이 숫자 데이터 유형인 NUMBER(4)다. 즉, C1 칼럼에는 최대 4 Byte의 문자열 데이터를 저장할 수 있고(영문자 및 숫자 1글자는 1 Byte의 저장 공간을 차지함), C2 칼럼에는 최대 4자리 정수 데이터를 저장할 수 있다. 또한, INSERT 문 실행 시, 칼럼에 지정된 데이터 유형과 다른 유형의 데이터를 입력하면 내부적으로 묵시적 형 변환(Implicit Type Conversion)이 발생한다.

① C1, C2 칼럼에 각각 'ABCD', 1234 값이 정상적으로 입력된다.

② C1, C2 칼럼에 각각 '123'(묵시적 형 변환), 123 값이 정상적으로 입력된다.

③ C1, C2 칼럼에 각각 '12.34'(묵시적 형 변환), 1234 값을 입력하려 했지만, '12.34'는 5 Byte 문자열 값이므로 "ORA-12899: "USER"."T1"."C1" 열에 대한 값이 너무 큼(실제: 5, 최대값: 4)" 에러가 발생한다.

④ C1, C2 칼럼에 각각 '1234'(묵시적 형 변환), 1235 값이 정상적으로 입력된다. 1234.5는 자동으로 정수 값인 1235 로 반올림하여 입력된다.

12

묵시적 형 변환

데이터 유형이 다른 값들 간에 연산을 허용하지 않는 DBMS도 있지만, Oracle, SQL Server 등은 묵시적 형 변환을 통해 연산을 처리해 준다. 예를 들어, 문자열과 숫자 간 연산을 할 때 Oracle은 먼저 문자열을 숫자 형으로 변환한다.

풀이 정답 : ②

산술 연산 및 합성 연산 시, 가장 우선순위가 높은 것은 괄호()다. 따라서, 괄호 내의 (40 - NULL)을 계산하면 NULL이 된다. '1000', NULL, '0'을 합성 연산자로 연결하면 문자 값 '10000'이 된다. 문자열 '10000'과 숫자 100 간에 빼기(-) 연산을 하기 위해서는 문자 값 '10000'을 숫자 값 10000으로 변환하는 묵시적 형 변환이 발생한다. 따라서, 10000 - 100의 최종 결과는 9900이다.

13

풀이 정답 : ③

CEIL 함수는 입력된 인자 값보다 크거나 같은 정수 값을 반환한다. CEIL (14.5)는 15를 반환한다. SIGN 함수는 입력된 인자 값이 양수면 1, 음수면 -1, 0이면 0을 반환하는 함수다. 15 - 15는 0이므로, SIGN 함수는 0을 반환한다.

14

NVL 함수

NVL 함수는 expr1이 널이 아니면 expr1, 널이면 expr2를 반환한다.

```
NVL (expr1, expr2)
```

NULLIF 함수

NULLIF 함수는 expr1과 expr2가 다르면 expr1, 같으면 널을 반환한다.

```
NULLIF (expr1, expr2)
```

COALESCE 함수

COALESCE 함수는 널이 아닌 첫 번째 expr을 반환한다. NVL 함수의 기능을 확장한 함수다.

```
COALESCE (expr [, expr]…)
```

DECODE 함수

DECODE 함수는 expr과 search가 일치하면 result, 모두 일치하지 않으면 default를 반환한다.

default를 지정하지 않으면 널을 반환한다.

```
DECODE (expr, search, result [, search, result]… [, default])
```

풀이 정답 : ②

① NVL 함수는 첫 번째 인자 값이 NULL일 경우, 두 번째 인자 값으로 치환하여 반환한다. SQL의 실행 결과는 0이다.

② NULLIF 함수는 첫 번째 인자 값과 두 번째 인자 값이 동일한 경우, NULL을 반환한다. SQL의 실행 결과는 NULL이다.

③ DECODE 함수는 첫 번째 인자 값이 두 번째 인자 값과 같으면 세 번째 인자 값을 반환한다. SQL의 실행 결과는 0이다.

④ COALESCE 함수는 인자 값들 중 NULL이 아닌 첫 번째 값을 반환한다. SQL의 실행 결과는 0이다.

15

풀이 정답 : ④

문제에서 주어진 SQL의 C1 IN (1, 2, NULL) 조건은 C1 = 1 OR C1 = 2 OR C1 = NULL 조건과 동일하다. C1 = 1인 행과 C1 = 2인 행은 각각 1건씩 존재하지만, C1 = NULL 조건은 항상 UNKNOWN을 반환하므로 해당 조건을 만족하는 행은 존재하지 않는다. 따라서 최종 결과는 2 다.

만약, C1이 1, 2, NULL인 행의 개수를 모두 COUNT하고 싶으면, 아래와 같이 SQL을 작성할 수 있다.

```
SELECT COUNT (*) AS R1
  FROM T1
 WHERE C1 IN (1, 2)
    OR C1 IS NULL;

SELECT COUNT (*) AS R1
  FROM T1
 WHERE NVL (C1, 1) IN (1, 2);
```

16

COUNT 함수

COUNT 함수는 전체 행의 개수나 expr의 개수를 반환한다. 행이 없거나 expr이 모두 널이면 0을 반환한다. 아래의 세 가지 유형으로 사용할 수 있다.

```
COUNT ({* ¦ [DISTINCT ¦ ALL] expr})
```

유형	설명
COUNT (*)	전체 행의 개수를 반환
COUNT (expr)	널이 아닌 expr의 개수를 반환
COUNT (DISTINCT expr)	널이 아닌 expr의 고유한 개수를 반환

풀이 정답 : ②

집계함수 안의 연산이나 함수는 집계 전에 개별 행 단위로 먼저 수행된다.
SIGN 함수는 인자 값이 양수면 1, 음수면 -1, 0이면 0을 반환한다.

SELECT SIGN (C2) AS R1 FROM T1;

R1
1
NULL
1
-1

DISTINCT 키워드를 기술하면 중복 행이 제거된 결과가 반환된다.

SELECT DISTINCT SIGN (C2) AS R1 FROM T1;

R1
1
NULL
-1

COUNT 함수는 NULL이 아닌 인자 값의 개수를 반환한다. NULL이 아닌 값은 1과 -1 뿐이다.

SELECT COUNT (DISTINCT SIGN (C2)) AS R1 FROM T1;

R1
2

17

풀이 정답 : ①

T1 테이블의 C1, C2 칼럼은 모두 NUMBER 타입 칼럼이다. MIN (C1)은 C1 칼럼 값들(100, 200, 300) 중 최저 값을 반환하므로 숫자 값 100이 된다. 또한, MAX (C2)는 C2 칼럼 값들(1800, 4000, 950) 중 최대 값을 반환하므로 숫자 값 4000이 될 것이다. 하지만, 주어진 문제에서는 MAX (TO_CHAR (C2)) 값을 구해야 한다. 따라서 C2 칼럼에 TO_CHAR 함수를 적용하여 문자 데이터 유형으로 변환하면, 각 행의 값들은 '1800', '4000', '950'이 된다. 여기에 MAX 함수를 적용하여 최대 값을 구하면, 맨 왼쪽 문자가 '9'인 '950'이 반환된다. SQL의 최종 결과 값은 100, '950'이다.

18

ORDER BY 절

ORDER BY 절을 사용하면 SELECT 문의 결과를 정렬할 수 있다. ORDER BY 절을 기술하지 않으면 임의의 순서로 결과가 반환된다. ORDER BY 절의 구문은 아래와 같다.

```
ORDER BY {expr | position | c_alias} [ASC | DESC] [NULLS FIRST | NULLS LAST]
      [, {expr | position | c_alias} [ASC | DESC] [NULLS FIRST | NULLS LAST]]…
```

항목	설명
ASC	오름차순으로 정렬 (기본값)
DESC	내림차순으로 정렬

풀이 정답 : ④

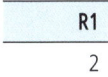

ORDER BY 절에는 정렬 기준이 되는 표현식을 기술한다. 또한, ASC 또는 DESC 키워드를 생략하면, 기본값인 ASC가 적용되어 오름차순으로 정렬된다. 따라서 T1 테이블의 모든 행들을 ORDER BY 절에 기술한 C2(오름차순), C4 DESC(내림차순), C3 DESC(내림차순) 순서로 정렬한 결과는 아래와 같다.

```
SELECT C1, C2, C4, C3
  FROM T1
 ORDER BY C2 ASC, C4 DESC, C3 DESC;
```

C1	C2	C4	C3
2	A	2000	2020-05-31 00:00:00
3	A	2000	2020-04-30 00:00:00
1	A	1000	2020-06-30 00:00:00
4	B	3000	2020-03-31 00:00:00

19

풀이 정답 : ③

① ORDER BY 절에 기술한 3 DESC, 4, 1은 SELECT 절에 기술한 3번째 열의 내림차순(DESC), 4번째 열의 오름차순, 1번째 열의 오름차순으로 정렬하라는 의미다.

② 집합 연산자를 포함한 SQL의 경우, 집합 연산(ex. UNION ALL)을 마친 결과 집합을 ORDER BY 절에 기술한 순서로 정렬하여 출력한다. ORDER BY 절에 기술한 3 DESC, 4, 1의 의미는 보기 ①번과 같다.

③ 인라인뷰 내에 있는 쿼리 결과를 각각 ORDER BY 절에 기술한 대로 정렬한 후, UNION ALL 연산자로 합집합 연산한 결과를 출력한다. 즉, 각 부서의 사원들을 정렬한 후에 합집합 연산하여 출력하므로 다른 보기들과 정렬 순서가 다르다.

④ 인라인뷰 내에서 구한 중간 집합을 인라인뷰 밖에 있는 ORDER BY 절에 기술한 대로 정렬하여 출력한다. 즉, DEPTNO 칼럼의 내림차순, SAL 칼럼의 오름차순, EMPNO 칼럼의 오름차순으로 정렬한 결과가 출력된다.

20

등가 조인

등가 조인(equijoin)은 조인 조건이 모두 등호(=)인 조인이다. 값이 동일한 경우에만 행이 반환된다.

풀이 정답 : ①

문제 SQL은 고객과 주문 테이블을 고객번호 칼럼 기준으로 조인했다. 따라서 두 테이블 간의 고객번호가 같은 행을 연결한다. 단, B.주문금액 > 10000 조건을 만족하는 행만 최종 결과 집합에 포함된다. 따라서 두 테이블을 조인한 결과는 아래와 같다.

```
SELECT *
  FROM 고객 A, 주문 B
 WHERE B.고객번호 = A.고객번호
   AND B.주문금액 > 10000;
```

고객번호	고객명	주문번호	고객번호	주문금액
1	김대원	2001	1	40000
2	노영미	2005	2	20000

2	노영미	2002	2	15000

위 집합을 GROUP BY 절에 기술한 고객번호를 기준으로 그룹핑하면, 고객별 평균주문금액을 구할 수 있다.

21 **아우터 조인**

아우터 조인(outer join)에서 아우터 집합은 조인 성공 여부에 상관 없이 무조건 결과 집합에 포함되며, 컬럼 값도 정상적으로 반환한다. 반대쪽 이너 집합은 조인에 성공한 데이터만 결과 집합에 포함(컬럼 값도 정상적으로 반환)되며, 조인에 실패한 이너 쪽 컬럼 값은 NULL을 반환한다.
조건절에 (+) 기호가 붙은 쪽이 이너 집합, (+) 기호가 붙지 않은 쪽이 아우터 집합이다.

풀이 정답 : ②

문제 SQL은 T1과 T2 테이블을 C1 칼럼 기준으로 아우터 조인했다. 조인 조건에서 B.C1과 B.C3 칼럼에 (+) 기호를 기술했으므로 아우터 집합은 T1 테이블이다. 아우터 집합인 T1에서는 조인 성공 여부에 상관없이 A.C1 IN (1, 3, 4) 조건을 만족하는 행은 무조건 결과 집합에 포함된다. 이너 집합인 T2에서는 B.C1 = A.C1 조건과 B.C3 >= 1000 조건을 모두 만족하는 행만 결과 집합에 포함된다.

두 테이블의 조인 결과는 아래와 같다.

```
SELECT *
  FROM T1 A, T2 B
 WHERE A.C1 IN (1, 3, 4)
   AND B.C1(+) = A.C1
   AND B.C3(+) >= 1000;
```

C1	C2	C1	C3
1	A	1	1700
4	D	4	2000
3	C	NULL	NULL

위 결과 집합에서 SUM(A.C1) 값은 8이고, COUNT(B.C3) 값은 2다. 따라서 최종 결과는 8 + 2 = 10이 된다.

22 **OUTER JOIN 절**

OUTER JOIN 절은 아우터 조인을 수행한다. 아우터 기준에 따라 LEFT OUTER JOIN, RIGHT OUTER JOIN, FULL OUTER JOIN을 사용할 수 있다.

풀이 정답 : ③

문제 SQL에 LEFT OUTER JOIN 절을 기술했으므로 OUTER JOIN 절의 왼쪽에 있는 T1 테이블이 아우터 기준 집합이 된다. 따라서 C1 및 C2 칼럼을 기준으로 등가 조인을 하되, T1 테이블의 데이터는 조인에 실패하더라도 결과에 포함된다. 두 테이블의 조인 결과는 아래와 같다.

```
SELECT *
  FROM T1 A LEFT OUTER JOIN T2 B
    ON B.C1 = A.C1
```

```
AND B.C2 = A.C2;
```

C1	C2	C1	C2
1	A	1	A
2	B	2	B
2	B	2	B
3	C	3	C
4	D	NULL	NULL

위 결과 집합을 보면, T1 테이블의 C1 칼럼 값이 4인 행은 T2 테이블에 조인 조건을 만족하는 행이 없지만 T1 테이블이 아우터 기준 테이블이기 때문에 결과에 포함되었다. 이 행에 대해 T2 테이블은 NULL을 반환한다. 위 결과 집합에 대해 SUM (A.C1) 값을 구하면 12가 되고, SUM (B.C1) 값을 구하면 8이 되므로 최종 결과 값은 20이다.

23

CROSS JOIN 절

CROSS JOIN 절은 카티션 곱을 생성한다. 카티션 곱(cartesian product)은 조인 조건이 없는 조인이다. 의도적으로 카티션 곱 집합을 만들기도 하지만, 실수로 조인 조건을 누락하는 경우도 있으므로 주의해야 한다.

풀이 정답 : ④

① 빈칸에 NATURAL JOIN 을 기술하면 C1과 C2 칼럼을 기준으로 등가 조인을 수행한다. 결과는 2다.

② 빈칸에 INNER JOIN 을 기술하면 ON 절이 없으므로 "ORA-00905: 누락된 키워드" 에러가 발생한다.

③ 빈칸에 FULL OUTER JOIN 을 기술하면 ON 절이 없으므로 역시 "ORA-00905: 누락된 키워드" 에러가 발생한다.

④ 빈칸에 CROSS JOIN 을 기술하면 T1, T2 테이블에 대해 카티션 곱을 생성한다. 즉, T1 테이블 4건에 T2 테이블 5건을 곱해 20개의 행을 가진 집합이 생성된다.

24

ANY 조건과 ALL 조건

ANY 조건은 서브 쿼리 결과의 일부, ALL 조건은 서브 쿼리 결과의 전체를 비교하여 조건에 만족하는 행을 반환한다. ANY 조건과 ALL 조건은 아래 표와 같이 집계 함수를 사용하는 단일 행 서브 쿼리나 IN 조건을 사용하는 다중 행 서브 쿼리로 변경할 수 있다.

조건	ANY 조건	ALL 조건
=	IN (subquery)	
<>		NOT IN (subquery)
>	> (SELECT MIN … subquery)	> (SELECT MAX … subquery)
<	< (SELECT MAX … subquery)	< (SELECT MIN … subquery)

풀이 정답 : ②

아래는 쿼리를 수행한 결과다. 1번 쿼리는 IN 조건 서브 쿼리, 3번 쿼리는 EXISTS 조건 서브 쿼리를 사용했다. 2번 쿼리는 = ALL 서브 쿼리를 사용하여 결과가 반환되지 않는다. = ANY 조건을 사용해야 동일한 결과를 얻을 수 있다. 다만 ANY, ALL 조건은 실무에서 사용하지 않는다. 4번 쿼리는 1, 2번 쿼리와 결과가 동일하지만 성능 저하가 발생할 수 있으므로 사용하지 않는 편이 바람직하다.

[①, ③, ④]

```
DEPTNO DNAME LOC
------ ---------- --------
10 ACCOUNTING NEW YORK
20 RESEARCH DALLAS
30 SALES CHICAGO

3 행이 선택되었습니다.
```

[②]

선택된 레코드가 없습니다

25

풀이 정답 : ①

문제 SQL은 집합 연산자를 사용한 쿼리에 상이한 리터럴(TP 칼럼)을 기술했다. 이런 경우 위아래 집합 간에 중복이 존재할 수 없으므로 UNION ALL 집합 연산자를 사용할 수 있다. 예시한 데이터에서는 UNION 연산자를 사용해도 결과는 동일하지만 불필요한 소트가 발생한다. (위쪽 또는 아래쪽 집합 내에 중복이 있을 수 있고, 그럴 경우 UNION ALL과 UNION은 결과가 다를 수 있음)

26

풀이 정답 : ④

CUBE는 지정한 표현식의 모든 조합을 집계한다. CUBE (C1, C2)은 GROUPING SETS ((C1, C2), C1, C2, ())와 동일하다.

27

풀이 정답 : ④

GROUP BY 절의 표현식과 그룹 함수를 함께 사용하는 것을 연결 그룹이라고 한다. C1, ROLLUP (C2)은 GROUPING SETS ((C1, C2), C1)와 동일하다.

28

ROW_NUMBER 함수

ROW_NUMBER 함수는 이어진 ORDER BY 절(order_by_clause)로 지정한 순서에 따른 고유한 순번을 반환한다. 정렬 값이 동일하더라도 임의의 순서로 다른 순번을 부여하기 때문에 정렬 값이 동일한 행의 저장 순서가 변경될 경우 순번이 변경될 수 있다.

```
ROW_NUMBER () OVER ([query_partition_clause] order_by_clause)
```

풀이 정답 : ④

결과의 SAL가 동일한 WARD, MARTIN에 다른 순번이 부여되었으므로 ROW_NUMBER 함수를 사용한 것을 알 수 있다.

```
SELECT EMPNO, ENAME, SAL, ROW_NUMBER () OVER (ORDER BY SAL) AS C1
  FROM EMP
 WHERE DEPTNO = 30;

EMPNO ENAME   SAL C1
----- ------ ---- --
```

```
 7900 JAMES   950  1
 7521 WARD   1250  2 -- 동일한 SAL에 다른 순번 부여
 7654 MARTIN 1250  3 -- 동일한 SAL에 다른 순번 부여
 7844 TURNER 1500  4
 7499 ALLEN  1600  5
 7698 BLAKE  2850  6

6 행이 선택되었습니다.
```

29

LAST_VALUE 함수

LAST_VALUE 함수는 윈도우 끝 행의 칼럼 값(expr)을 반환한다. IGNORE NULLS 키워드를 기술하면 널이 무시된다.

```
LAST_VALUE (expr) [IGNORE NULLS] OVER (analytic_clause)
```

풀이 정답 : ④

WINDOWING 절의 기본값은 RANGE UNBOUNDED PRECEDING이므로 LAST_VALUE 함수에 WINDOWING 절을 지정하지 않으면 표현식과 동일한 값이 반환된다. WINDOWING 절을 RANGE BETWEEN CURRENT ROW AND UNBOUNDED FOLLOWING으로 기술해야 의도한 결과를 얻을 수 있다.

```
SELECT EMPNO, ENAME, JOB, SAL
     , LAST_VALUE (SAL) OVER (PARTITION BY JOB ORDER BY SAL
          RANGE BETWEEN CURRENT ROW AND UNBOUNDED FOLLOWING) AS C1
     , LAST_VALUE (SAL) OVER (PARTITION BY JOB ORDER BY SAL) AS C2
  FROM EMP
 WHERE DEPTNO = 20;

EMPNO ENAME JOB       SAL   C1   C2
----- ----- ------- ----- ---- ----
 7788 SCOTT ANALYST  3000 3000 3000
 7902 FORD  ANALYST  3000 3000 3000
 7369 SMITH CLERK     800 1100  800
 7876 ADAMS CLERK    1100 1100 1100
 7566 JONES MANAGER  2975 2975 2975

5 행이 선택되었습니다.
```

30

풀이 정답 : ①

①번과 ②번 서브 쿼리는 조건을 만족하는 데이터를 만나면 멈추도록 하기 위해 ROWNUM 조건을 사용했다.

① 존재 여부를 확인하는 EXISTS 연산자는 메인쿼리로부터 전달받은 값(조인 조건)과 일치하는 데이터를 찾는 순간, 더 진행하지 않고 바로 멈추는 특성을 갖는다. 따라서 EXISTS 서브쿼리에 사용한 ROWNUM은 논리적으로 불필요하다. 옵티마이저의 쿼리 변환을 방해하므로 성능 측면에서도 좋지 않다.

② ROWNUM을 제거하면 2건 이상의 결과를 반환할 때 에러가 발생하므로 반드시 사용해야 한다.

③ 평균 급여가 가장 큰 부서 하나만 선택하기 위해 ROWNUM 조건을 사용했다.

④ 급여(SAL)가 가장 큰 사원 하나만 선택하기 위해 ROWNUM 조건을 사용했다.

31

ROW LIMITING 절

아래는 ROW LIMITING 절의 구문이다. ROW LIMITING 절은 ORDER BY 절 다음에 기술하며, ORDER BY 절과 함께 수행된다. ROW와 ROWS는 구분하지 않아도 된다.

```
[FETCH { FIRST ¦ NEXT } [{ rowcount ¦ percent PERCENT }] { ROW ¦ ROWS }
    { ONLY ¦ WITH TIES }]
```

항목	설명
OFFSET offset	건너뛸 행의 개수를 지정
FETCH	반환할 행의 개수나 백분율을 지정
ONLY	지정된 행의 개수나 백분율만큼 행을 반환
WITH TIES	마지막 행에 대한 동순위를 포함해서 반환

풀이 정답 : ②

EMP 테이블의 DEPTNO가 20번인 행은 5건이므로 인라인 뷰에서 3건 이후의 2건이 반환된다.

32

풀이 정답 : ④

SYS_CONNECT_BY_PATH 함수는 최초 읽은 노드에서 현재 노드까지의 경로를 반환한다. 문제 SQL은 계층을 SCOTT, JONES, KING 순서로 역전개했다.

```
 SELECT EMPNO, ENAME, MGR, SYS_CONNECT_BY_PATH (ENAME, '>') AS PATH
   FROM EMP
  START WITH ENAME = 'SCOTT'
CONNECT BY EMPNO = PRIOR MGR;

EMPNO ENAME  MGR PATH
----- ----- ---- -----------------
 7788 SCOTT 7566 >SCOTT
 7566 JONES 7839 >SCOTT>JONES
 7839 KING       >SCOTT>JONES>KING

3 행이 선택되었습니다.
```

위 결과집합으로 MAX(PATH)를 구하면, 문자열이 가장 긴 PATH를 선택함으로써 역전개한 전체 경로를 얻을 수 있다. 역전개이므로 최초 읽은 노드로부터 최상위 노드까지 거슬러 올라간 경로를 출력한다.

역전개한 순서대로 출력하지 않고 맨 마지막에 읽은 노드(최상위 노드)부터 시작해 최초 읽은 노드(최하위 노드)까지의 경로를 순방향으로 출력하려면 아래와 같이 쿼리하면 된다.

```
 SELECT LISTAGG (ENAME, '>') WITHIN GROUP (ORDER BY LEVEL DESC) AS PATH
   FROM EMP
  START WITH ENAME = 'SCOTT'
CONNECT BY EMPNO = PRIOR MGR;

PATH
----------------
KING>JONES>SCOTT

1개의 행이 선택되었습니다.
```

33

풀이 정답 : ①

문제 SQL은 PIVOT 절에 다수의 열(집계 함수)과 열 값(표현식)을 사용했다. 이런 경우 열 값과 열이 순서대로 반복하여 출력된다.

34

UNPIVOT 절

UNPIVOT 절은 열을 행으로 전환한다. UNPIVOT 절의 구문은 아래와 같다. INCLUDE NULLS 키워드를 기술하면 UNPIVOT된 열의 값이 널인 행도 결과에 포함된다. 기본값은 널을 포함하지 않는 EXCLUDE다.

```
UNPIVOT [{ INCLUDE ¦ EXCLUDE } NULLS]
        (    { column ¦ (column [, col]…) }
         FOR { column ¦ (column [, col]…) }
         IN ({ column ¦ (column [, col]…) }
                [AS { literal ¦ (literal [, literal]…) }]
           [, { column ¦ (column [, col]…) }
                [AS { literal ¦ (literal [, literal]…) }]]…
            )
        )
```

항목	설명
UNPIVOT column	UNPIVOT된 값이 들어갈 칼럼을 지정
FOR 절	UNPIVOT된 값을 설명할 값이 들어갈 칼럼을 지정
IN 절	UNPIVOT할 칼럼과 설명할 값의 리터럴 값을 지정

풀이 정답 : ③

UNPIVOT 절에 (column [, col]…) 방식으로 다수의 칼럼을 지정할 수 있다.

35

수량사

수량사(quantifier)는 선행 표현식의 일치 횟수를 지정한다. 패턴을 최대로 일치시키는 탐욕적(greedy) 방식으로 동작한다.

연산자	설명
?	0회 또는 1회 일치
*	0회 또는 그 이상의 횟수로 일치

+	1회 또는 그 이상의 횟수로 일치
{m}	m회 일치
{m,}	최소 m회 일치
{,m}	최대 m회 일치
{m,n}	최소 m회, 최대 n회 일치

풀이 정답 : ③

1번은 B가 3회 일치, 2번은 B가 최소 1회 일치, 4번은 B가 최소 1회, 최대 3회 일치하므로 결과가 ABBB로 동일하다. 3번은 B가 최대 1회 일치하므로 AB가 일치한다.

36 REGEXP_LIKE 조건

REGEXP_LIKE 조건은 source_char가 pattern과 일치하면 TRUE, 일치하지 않으면 FALSE를 반환한다.

```
REGEXP_LIKE (source_char, pattern [, match_param])
```

매개변수	설명
source_char	검색 문자열
pattern	검색 패턴
match_param	일치 옵션

풀이 정답 : ①

아래는 문제 SQL의 수행 결과다. '(.)\1' 패턴은 동일한 문자가 2번 반복된 문자열을 검색한다. ALLEN만 L이 2번 반복된다.

37 조건부 INSERT 문

조건부(conditional) INSERT 문은 서브 쿼리의 결과에서 condition을 만족하는 행을 INTO 절에 지정한 테이블에 삽입한다. 모든 condition을 만족하지 않은 행은 ELSE 절에 지정한 테이블에 삽입되고, ELSE 절이 기술되지 않았다면 무시된다.

```
INSERT [ALL ¦ FIRST]
  WHEN condition THEN
  INTO table [(column [, column]…)] [VALUES ({expr ¦ DEFAULT} [,…)]
 [WHEN condition THEN
  INTO table [(column [, column]…)] [VALUES ({expr ¦ DEFAULT} [,…)]]
 [ELSE
  INTO table [(column [, column]…)] [VALUES ({expr ¦ DEFAULT} [,…)]]
subquery
```

조건부 INSERT 문은 ALL 방식과 FIRST 방식을 사용할 수 있다.

항목	설명
ALL	조건을 만족하는 모든 테이블에 행을 삽입 (기본값)
FIRST	조건을 만족하는 첫 번째 테이블에 행을 삽입

풀이 정답 : ③

문제 SQL은 조건부 INSERT 문이다. FIRST 방식을 사용했으므로 조건을 만족하는 첫 번째 테이블에 행을 삽입한다. T1 테이블에는 2, 3이 입력되고, T2 테이블에는 행이 입력되지 않는다. T3 테이블에는 1이 입력된다.

38

DELETE 문

DELETE 문을 사용하면 테이블의 기존 행을 삭제할 수 있다.

```
DELETE
  FROM {table ¦ view ¦ subquery} [t_alias]
 WHERE condition;
```

풀이 정답 : ②

문제 SQL은 오라클에서 중복 행을 삭제하고자 할 때 흔히 사용하는 DELETE 문이다 (1, 1, 1), (1, 1, 3) 행에 중복이 있으므로 중복 행이 삭제되고 고유한 행이 각각 1건만 남는다.

39

ACID

트랜잭션은 ACID(Atomicity, Consistency, Isolation, Durability)라는 네 가지 특징을 가지고 있다.

특징	설명
원자성	트랜잭션의 작업은 모두 수행되거나 모두 수행되지 않아야 함
일관성	트랜잭션이 완료되면 데이터 무결성이 일관되게 보장되어야 함
고립성	트랜잭션이 다른 트랜잭션으로부터 고립된 상태로 수행되어야 함
지속성	트랜잭션이 완료되면 장애가 발생하더라도 변경 내용이 지속되어야 함

풀이 정답 : ①

계좌 이체를 문제에서 제시한 방식으로 처리하면, 100번 계좌로부터 출금만 성공하고 200번 계좌로 입금은 실패하는 경우가 생길 수 있다.

아래와 같이 출금과 입금을 하나의 트랜잭션으로 정의해야 원자적(atomic) 처리를 보장할 수 있다.

```
UPDATE 계좌 SET 잔액 = 잔액 - 10000 WHERE 계좌번호 = 100;
UPDATE 계좌 SET 잔액 = 잔액 + 10000 WHERE 계좌번호 = 200;
COMMIT;
```

40

PK 제약

PK 제약이 설정된 컬럼에 여러 세션이 동시에 같은 값을 입력하려고 하면, 후행 트랜잭션이 블로킹된다. 그 상황에서 선행 트랜잭션이 COMMIT 하면 후행 트랜잭션의 입력은 에러를 만나면서 실패로 끝나고, ROLLBACK 하면 후행 트랜잭션의 입력은 성공으로 끝난다.

풀이 정답 : ②

ⓛ이 블로킹된 후 S1 세션에서 COMMIT을 수행했으므로 S2 세션에서는 "ORA-00001: 무결성 제약 조

건(SCOTT.T1_PK)에 위배됩니다" 에러가 발생한다. ㉣은 블로킹된 후 S2 세션에서 ROLLBACK을 수행했으므로 값이 입력된다.

41

풀이 정답 : ④

CTAS(Create Table As Select)로 테이블 생성하면 명시적으로 생성한 NOT NULL 제약조건만 함께 생성된다. 아래는 T3 테이블의 제약조건을 조회한 결과다. 명시적으로 생성한 C1 칼럼의 NOT NULL 제약조건만 생성된 것을 확인할 수 있다.

```
SELECT CONSTRAINT_NAME, CONSTRAINT_TYPE, SEARCH_CONDITION
  FROM USER_CONSTRAINTS
 WHERE TABLE_NAME = 'T3';

CONSTRAINT_NAME CONSTRAINT_TYPE SEARCH_CONDITION
--------------- --------------- ----------------
SYS_C00213218   C               "C1" IS NOT NULL

1개의 행이 선택되었습니다.
```

42

풀이 정답 : ②

CHECK 제약 조건은 열에 저장된 값이 지정한 조건을 만족하는 것을 보장한다. T1 테이블에 날짜 CHECK 제약 조건을 추가했다. 문제 SQL 중 ㉠은 "ORA-01847: 달의 날짜는 1에서 말일 사이어야 합니다", ㉡은 "ORA-01843: 지정한 월이 부적합합니다." 에러가 발생한다.

```
INSERT INTO T1 VALUES ('20500101');
INSERT INTO T1 VALUES ('20500132'); -- ㉠
INSERT INTO T1 VALUES ('20500201');
INSERT INTO T1 VALUES ('20501301'); -- ㉡
```

43

TO_CHAR (datetime) 함수

TO_CHAR (datetime) 함수는 datetime, interval 값을 fmt 형식의 문자 값으로 변환한다.

```
TO_CHAR ({datetime | interval} [, fmt [, 'nlsparam']])
```

아래는 자주 사용되는 포맷 요소다.

포맷 요소	설명	범위
YYYY	년	
MM	월	01 ~ 12
DD	일	01 ~ 31
HH	시(12시간)	01 ~ 12
HH24	시(24시간)	00 ~ 23
MI	분	00 ~ 59
SS	초	00 ~ 59
AM, PM	오전, 오후	

- / , . ; :	문장부호	

풀이 정답 : ①

주문 테이블에는 '년도'나 '월' 정보가 따로 저장되어 있지 않으므로, 주문일시 칼럼을 가공하여 '년도' 및 '월' 정보를 추출하여야 한다. DATE 유형의 칼럼에서 년도, 월 정보를 추출하기 위해서는 변환 함수인 TO_CHAR 함수나 날짜 함수인 EXTRACT 함수를 사용해야 한다.

EXTRACT 함수는 EXTRACT(YEAR FROM 주문일시), EXTRACT(MONTH FROM 주문일시)의 형식으로 기술해야 하므로, 이 문제에서는 TO_CHAR 함수를 사용해야 한다. TO_CHAR 함수는 첫 번째 인자 값에 데이터 유형을 변환하려는 값을 기술하고, 두 번째 인자 값으로는 포맷 형식을 지정한다. SQL의 실행 결과에서 '주문년월' 열을'4자리 년도-2자리 월도'형식으로 출력하고 있으므로, 포맷 형식에는 'YYYY-MM'을 기술해야 한다.

44

KEEP 키워드

KEEP 키워드를 사용하면 행 그룹의 최저 또는 최고 순위 행으로 집계를 수행할 수 있다. 기본 함수와 일부 통계 함수에 사용할 수 있다.

```
aggregate_function KEEP (DENSE_RANK {FIRST | LAST} ORDER BY expr)
```

항목	설명
DENSE_RANK FIRST	정렬된 행 그룹에서 최저 순위 행을 지정
DENSE_RANK LAST	정렬된 행 그룹에서 최고 순위 행을 지정

풀이 정답 : ①

KEEP 키워드를 사용하였으므로 정렬된 행 그룹의 최고 순위(DENSE_RANK LAST) 행들 간에 집계를 수행한다. 즉, 주어진 SQL의 GROUP BY 절에 의해 고객 별로 행 그룹이 생성되고, 각 행 그룹 내에서 "주문일자"로 정렬하였을 때 최고 순위인 행들이 집계 대상이 된다. 고객번호가 100인 고객의 집계 대상 행은 주문일자가 '20200427'인 2건이다. 이 2건에 대해 최대 "주문금액" 칼럼 값을 구하면 30000이 된다. 고객번호가 200인 고객의 집계 대상 행은 주문일자가 '20200320'인 1건이다. 집계 대상이 1건밖에 없으므로, 최대 "주문금액" 칼럼 값은 18000이다.

45

USING 절

USING 절은 지정한 열로 테이블을 등가 조인한다. 지정한 열은 조인할 테이블에 동일한 이름으로 존재해야 한다.

풀이 정답 : ③

USING 절을 사용하면 USING 절에 지정한 칼럼을 기준으로 두 테이블을 등가 조인(EQUIJOIN)한다. USING 절에 기술하기 위해서는 양쪽 테이블에 칼럼명이 동일하게 존재해야 하므로 C3 칼럼은 사용할 수 없다. 또한, SQL의 실행 결과 중에서 조인에 성공한 행을 봤을 때 C2 칼럼 값이 서로 다르므로 C2 칼럼은 조인 기준 칼럼이 아닌 것을 알 수 있다. 따라서 USING 절에 기술할 칼럼은 C1이며, 이를 ON 절로 나타내면 아래와 같다.

```
SELECT A.C1, A.C2, B.C2, B.C3
  FROM T1 A LEFT OUTER JOIN T2 B
```

```
    ON (B.C1 = A.C1);

SELECT *
  FROM T1 A LEFT OUTER JOIN T2 B
 USING (C1);
```

46 풀이 정답 : ②

문제 SQL의 YN 열은 부서에 사원이 존재하면 Y, 존재하지 않으면 N를 반환한다. 스칼라 서브 쿼리는 다중 행이 반환되면 에러가 발생한다. ROWNUM 슈도 칼럼을 사용하면 단일 행을 반환할 수 있다. ROWNUM 슈도 컬럼을 사용하지 않고 아래와 같이 EXISTS 문을 사용해도 같은 결과를 얻을 수 있다.

```
SELECT A.DEPTNO, A.DNAME
     , CASE
           WHEN EXISTS (
             SELECT 1
               FROM EMP X
              WHERE X.DEPTNO = A.DEPTNO)
           THEN 'Y'
           ELSE 'N'
       END AS YN
  FROM DEPT A;
```

아래 쿼리도 결과는 동일하지만, 성능 측면에서 비효율적이다.

```
SELECT A.DEPTNO, A.DNAME
     , CASE
           WHEN (SELECT COUNT (*)
                    FROM EMP X
                   WHERE X.DEPTNO = A.DEPTNO) >= 1
           THEN 'Y'
           ELSE 'N'
       END AS YN
  FROM DEPT A;
```

47 풀이 정답 : ④

문제 SQL은 아래 두 SQL을 통합해서 SQL 하나로 처리하고자 할 때 자주 활용하는 기법이다.

```
SELECT * FROM T1;
SELECT * FROM T1 WHERE C1 = :V1;
```

1번 SQL에서 V1 바인드 변수에 널을 입력하면 전체 행이 조회되고, 값을 입력하면 C1 = :V1 조건을 만족하는 행이 조회된다. 2번 SQL은 UNION ALL 집합 연산자를 사용했다. V1 바인드 변수에 널을 입력한 경우를 위쪽 집합에서 처리하였으므로 널이 아닌 값을 입력한 경우는 아래쪽 집합에서 처리해야 한다. 따라서 빈칸 ㉠에 :V1 IS NOT NULL AND C1 = :V1 조건을 기술하면 된다.

48 순환 관계 모델

한 테이블 내 레코드끼리 관계(relationship)을 갖는 데이터 모델을 순환 관계 모델이라고 한다. 문제의 EMP 테이블에서는 관리자(MGR)가 7839인 JONES, BLAKE, CLARK 세 명의 사원(EMP)은 사원번호(EMPNO)가 7839인 KING 사원과 관계를 갖는다. 순환 관계 테이블은 셀프 조인을 통해 부모 노드나 자식 노드를 조회할 수 있다.

풀이 정답 : ④

문제 SQL은 JONES의 부모 노드인 KING을 역방향 조회했다. JONES의 MGR를 EMPNO로 가진 행을 조회해야 하므로 B.EMPNO = A.MGR 조인 조건을 기술해야 한다.

---

49 풀이 정답 : ③

CREATE ANY TABLE 시스템 권한을 부여받은 U1 계정으로 접속해서 U2 계정에게 같은 권한을 부여하려다 ORA-01031 에러를 만났다. 다른 사용자에서 권한을 부여하려면 아래와 같이 WITH ADMIN OPTION으로 권한을 부여받아야 한다. SYSTEM 권한에는 WITH ADMIN OPTION을 사용하며, 오브젝트 권한에는 WITH GRANT OPTION을 사용한다. 오브젝트 권한을 부여할 때 WITH ADMIN OPTION을 사용하거나 SYSTEM 권한을 부여할 때 WITH GRANT OPTION을 사용하면 에러가 발생한다.

```
-- SYS 또는 SYSTEM 계정으로 로그인
GRANT CREATE ANY TABLE TO U1 WITH ADMIN OPTION;
```

---

50 풀이 정답 : ①

U3 사용자의 테이블 생성이 거절되었다. 아래와 같이 CREATE TABLE 권한을 부여받거나 RESOURCE 롤을 부여받으면, U3 사용자도 테이블을 생성할 수 있게 된다. RESOURCE 롤은 CREATE TABLE 시스템 권한을 포함하고 있다. 단, 롤은 재접속한 이후부터 유효하다.

```
GRANT CREATE TABLE TO U3;
GRANT RESOURCE TO U3;
```

국가공인 SQLD 자격검정
핵심노트

부록

A. 오라클 설치

실습을 위해 설치 가이드에 따라 윈도우에 오라클 데이터베이스 19.0 버전을 설치하자.

ORACLE 홈페이지에 회원으로 가입하고, 아래 주소로 접속하여 설치 파일을 다운로드하자.

- https://www.oracle.com/technetwork/database/enterprise-edition/downloads/index.html
- Oracle Database 19c Microsoft Windows x64 (64-bit) (WINDOWS.X64_193000_db_home.zip)

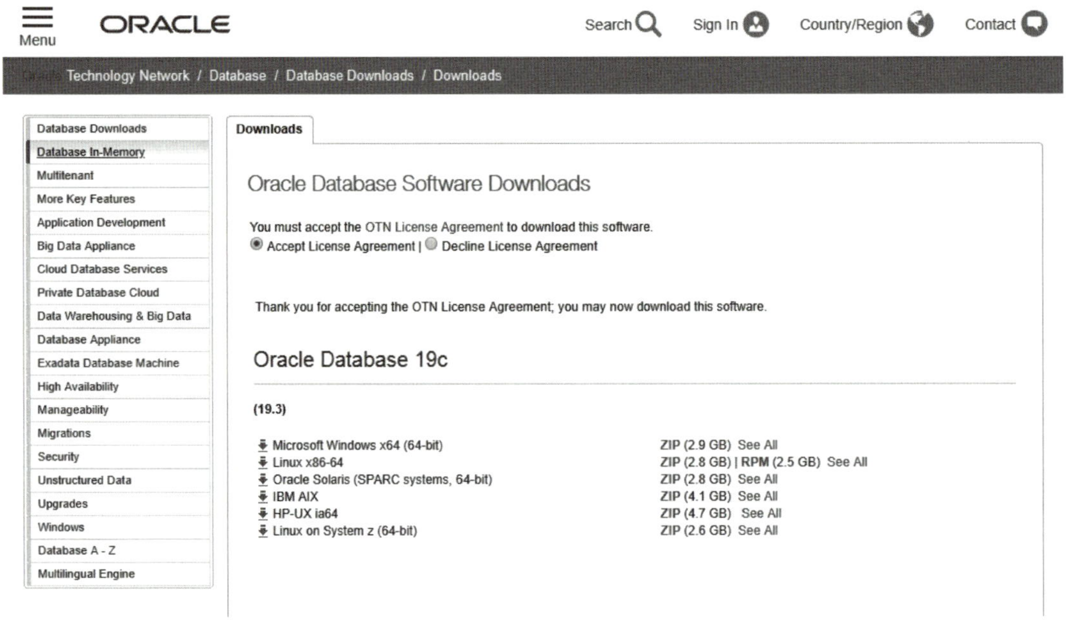

아래 경로에 압축을 해제하고, setup.exe 파일을 실행하자.

- 압축 해제: C:\app\ora19c\product\19.3.0\dbhome_1
- 실행 파일: C:\app\ora19c\product\19.3.0\dbhome_1\setup.exe

1) "단일 인스턴스 데이터베이스 생성 및 구성"을 선택하고, [다음] 버튼을 누르자.

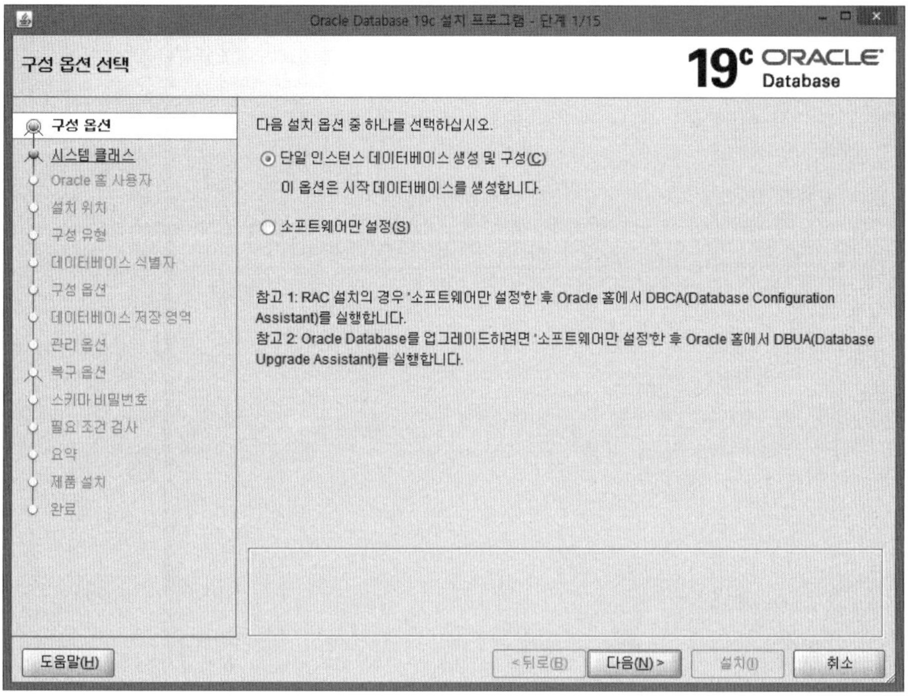

2) "서버 클래스"를 선택하고, [다음] 버튼을 누르자.

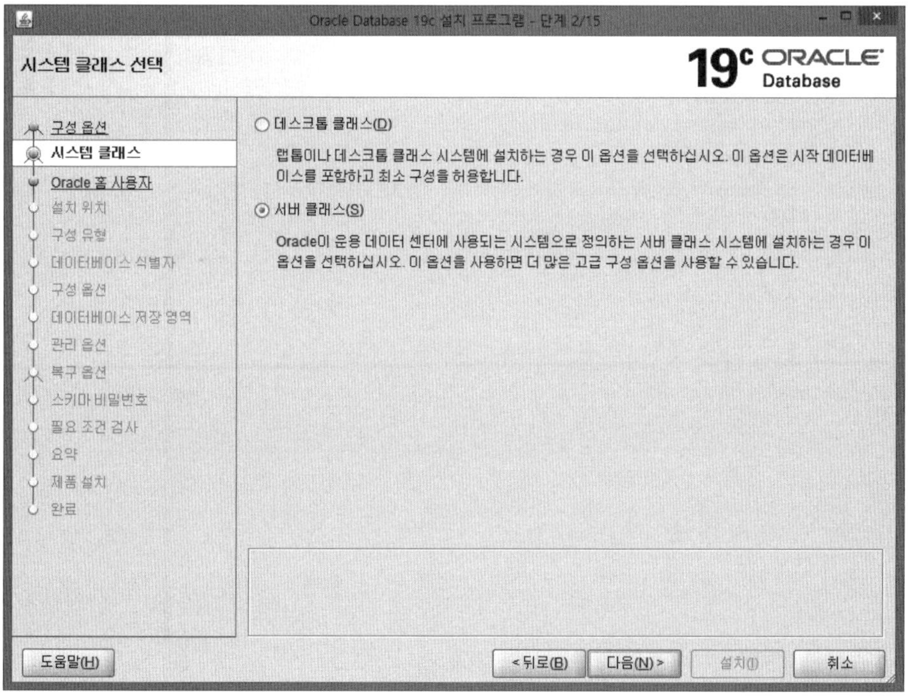

3) "고급 설치"를 선택하고, [다음] 버튼을 누르자.

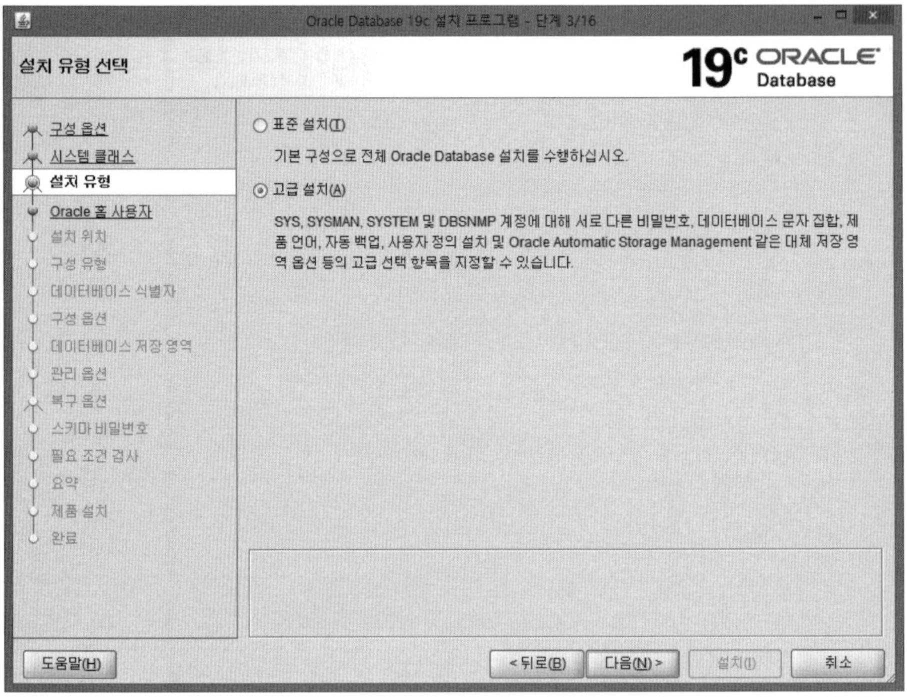

4) "Enterprise Edition"를 선택하고, [다음] 버튼을 누르자.

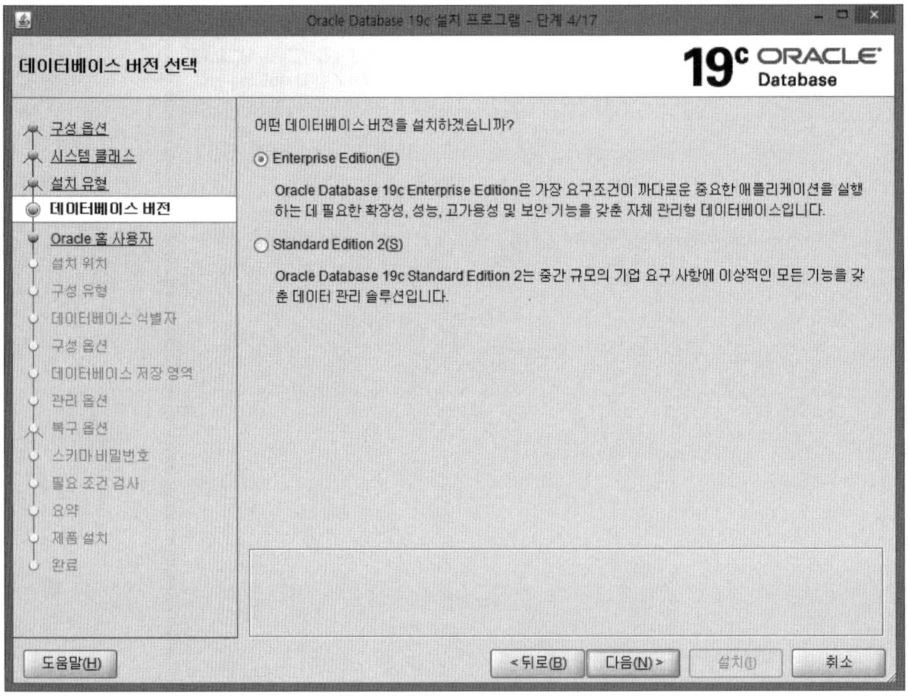

5) "가상 계정 사용"를 선택하고, [다음] 버튼을 누르자.

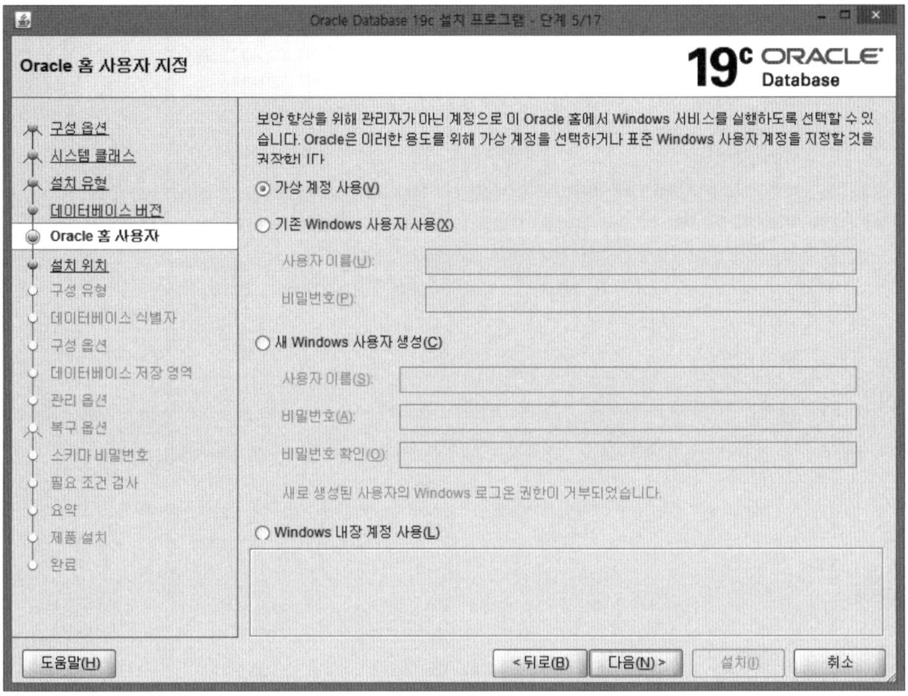

6) "Oracle Base"에 'C:₩app₩ora19c'를 입력하고, [다음] 버튼을 누르자.

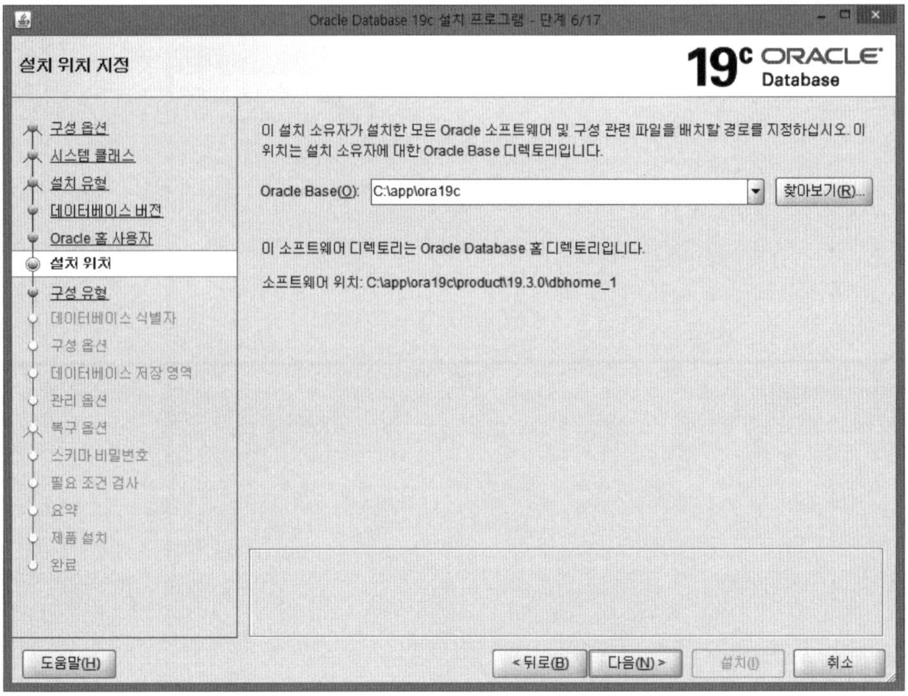

7) "일반용/트랜잭션 처리"를 선택하고, [다음] 버튼을 누르자.

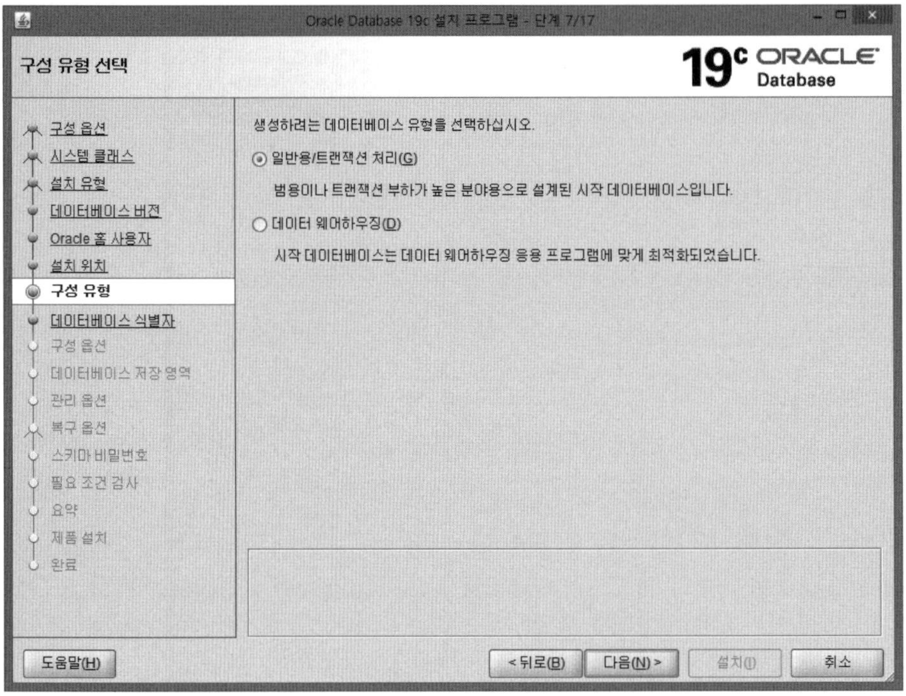

8) "전역 데이터베이스 이름"과 "Oracle SID"에 'ora19c'를 입력하고, "컨테이너 데이터베이스로 생성"을 체크 해제한 후, [다음] 버튼을 누르자.

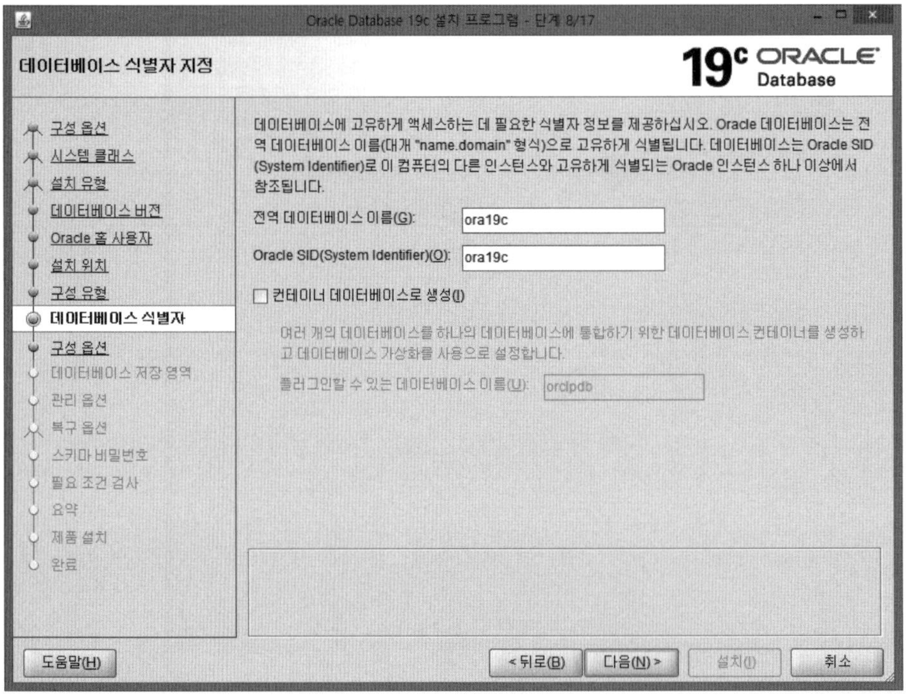

9-1) [메모리] 탭에서 "메모리 할당"을 '1024'로 입력하고, "자동 메모리 관리를 사용으로 설정"을 체크 해제하자.

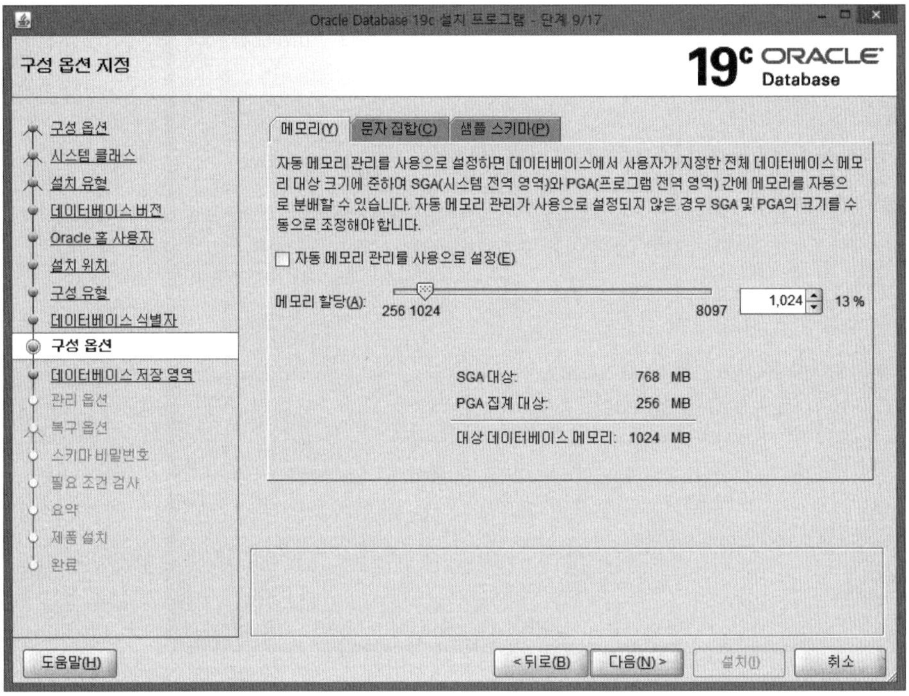

9-2) [문자 집합] 탭에서 "다음 문자 집합 목록에서 선택"을 선택하고, "KO16MSWIN949 – MS Windows 코드 페이지 949 한국어"를 고르자.

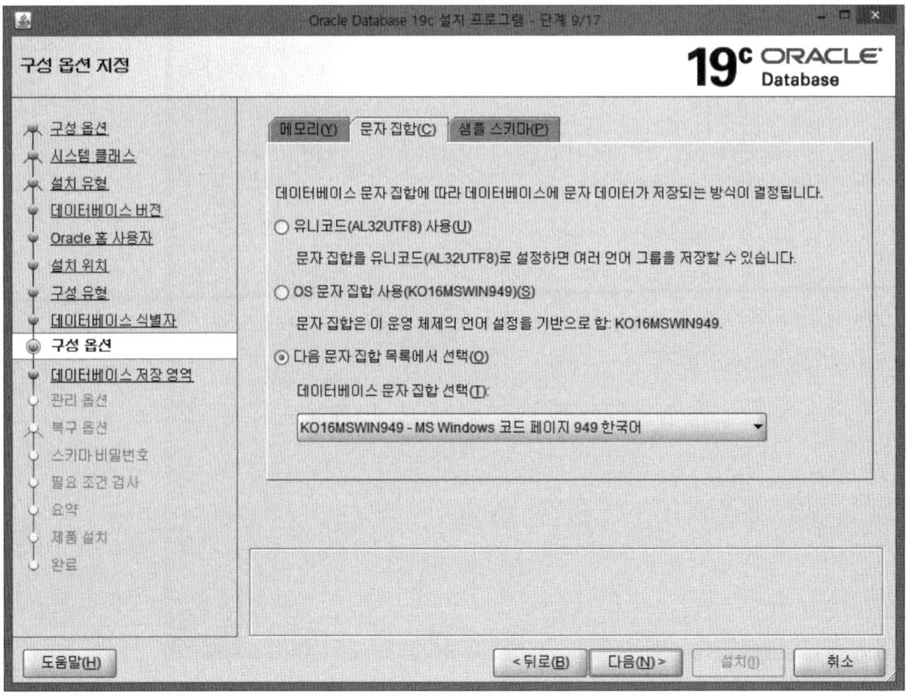

9-3) [샘플 스키마] 탭에서 "데이터베이스에 샘플 스키마 설치"를 체크한 후, [다음] 버튼을 누르자.

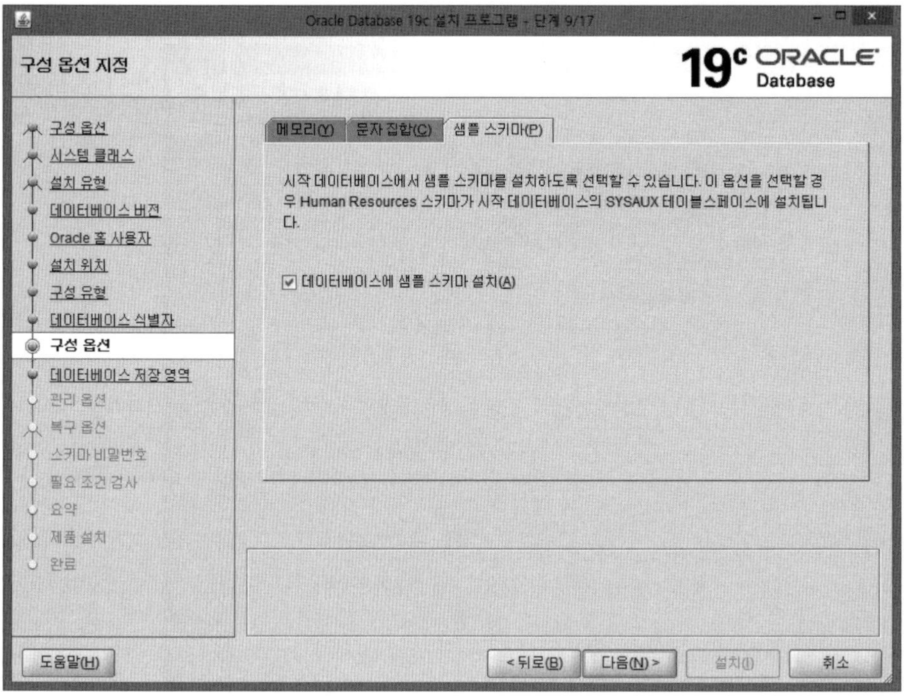

10) "파일 시스템"을 선택하고, "데이터베이스 파일 위치 지정"에 'C:₩app₩ora19c₩oradata'를 입력한 후, [다음] 버튼을 누르자.

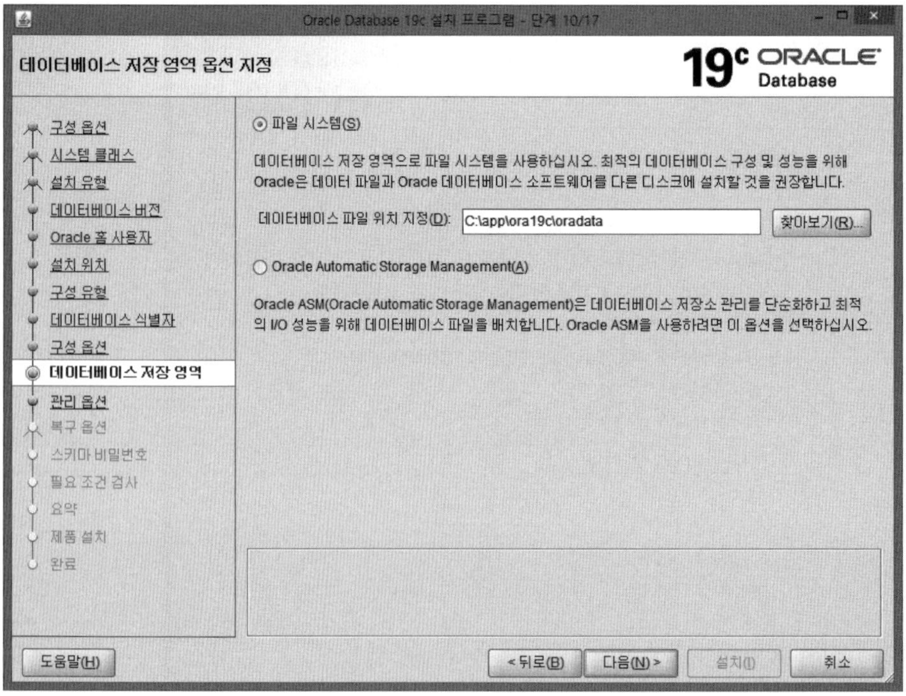

11) "EM(Enterprise Manager) Cloud Control에 등록"을 체크 해제하고, [다음] 버튼을 누르자.

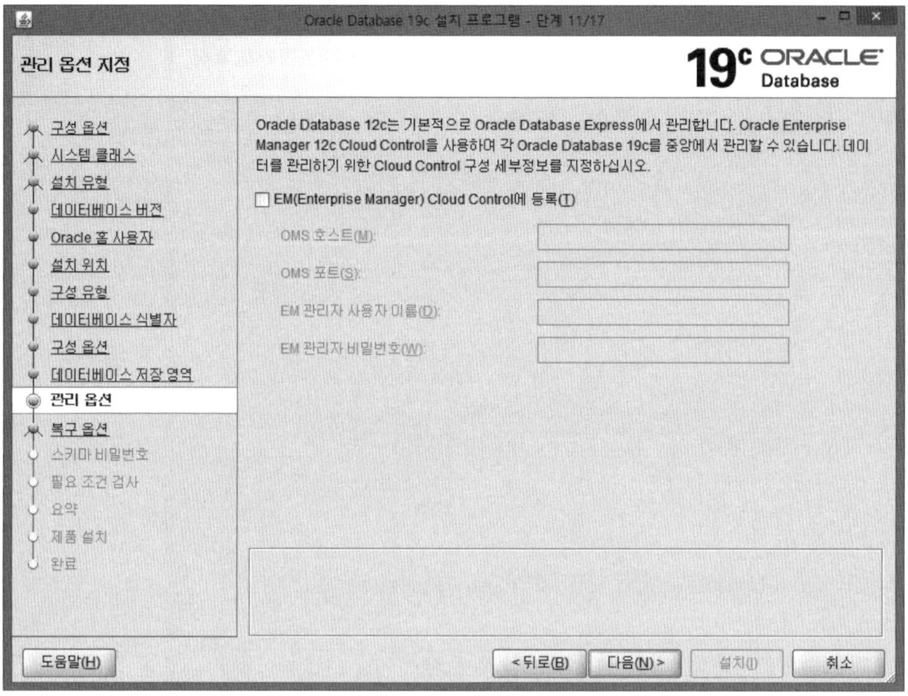

12) "복구 사용"을 체크 해제하고, [다음] 버튼을 누르자.

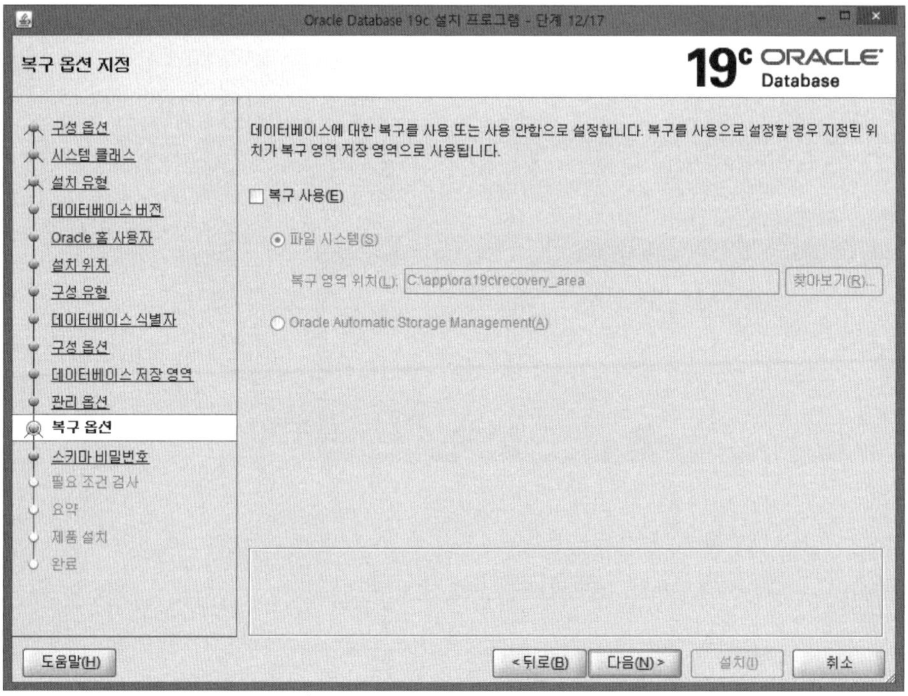

13-1) "모든 계정에 동일한 비밀번호 사용"을 선택하고, 비밀번호를 입력한 후, [다음] 버튼을 누르자.

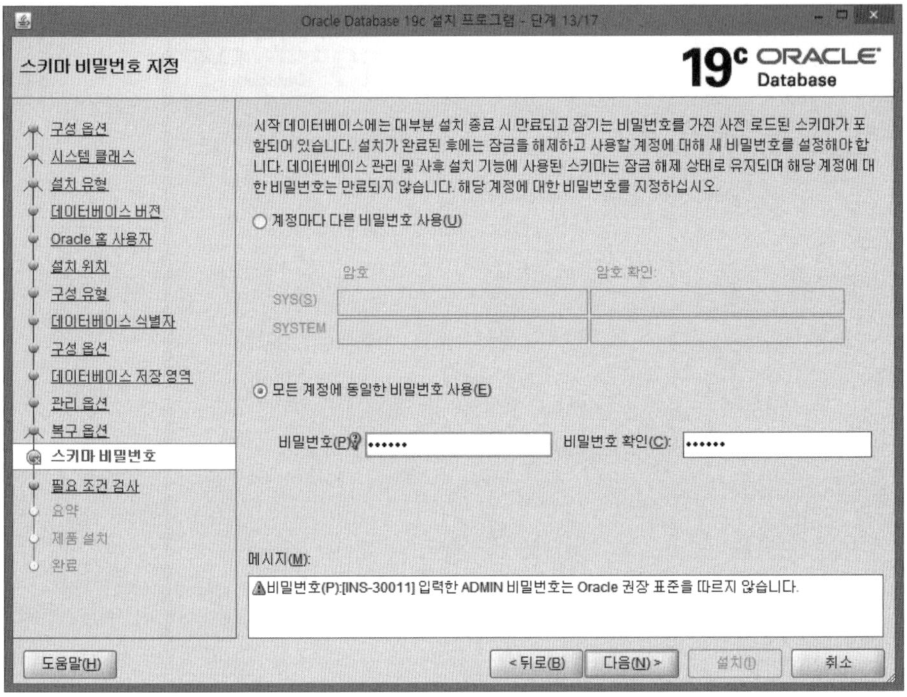

13-2) 경고 창이 열리면 [예] 버튼을 누르자.

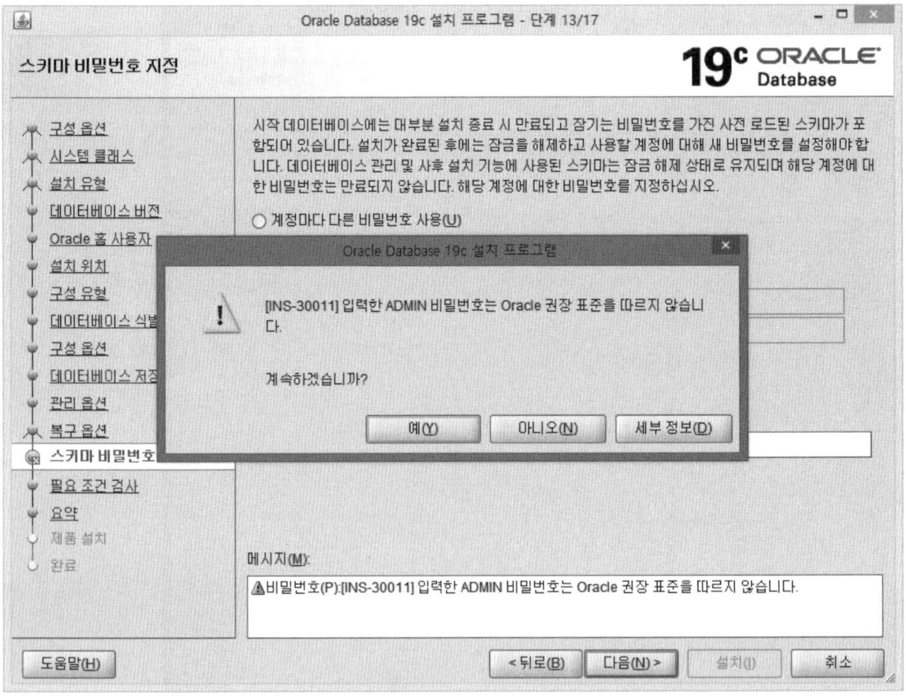

15) 필요 조건 검사가 완료되면 요약 정보를 확인한 후, [설치] 버튼을 누르자.

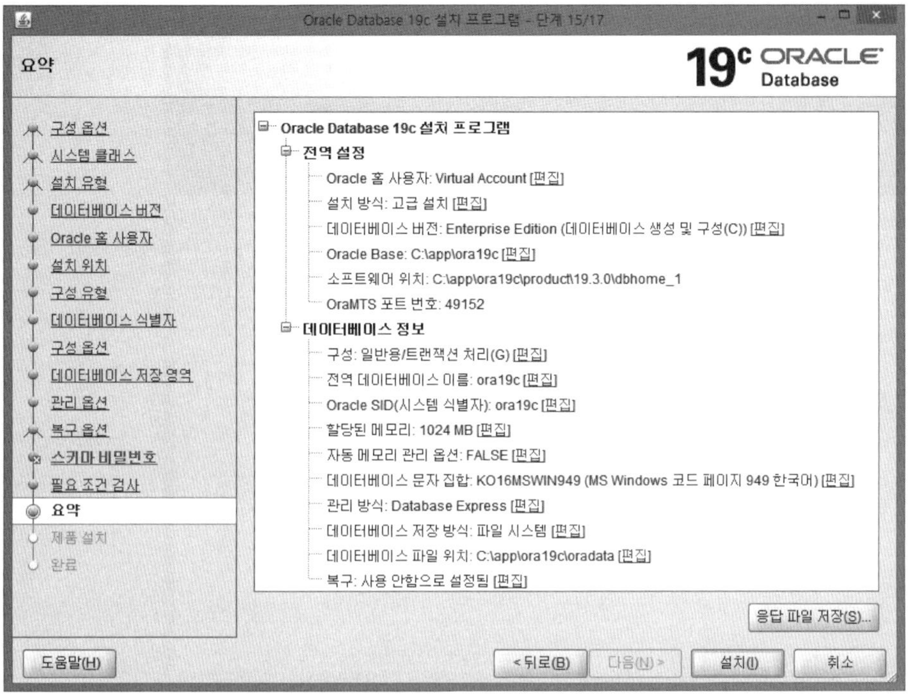

16-1) 제품 설치가 진행된다.

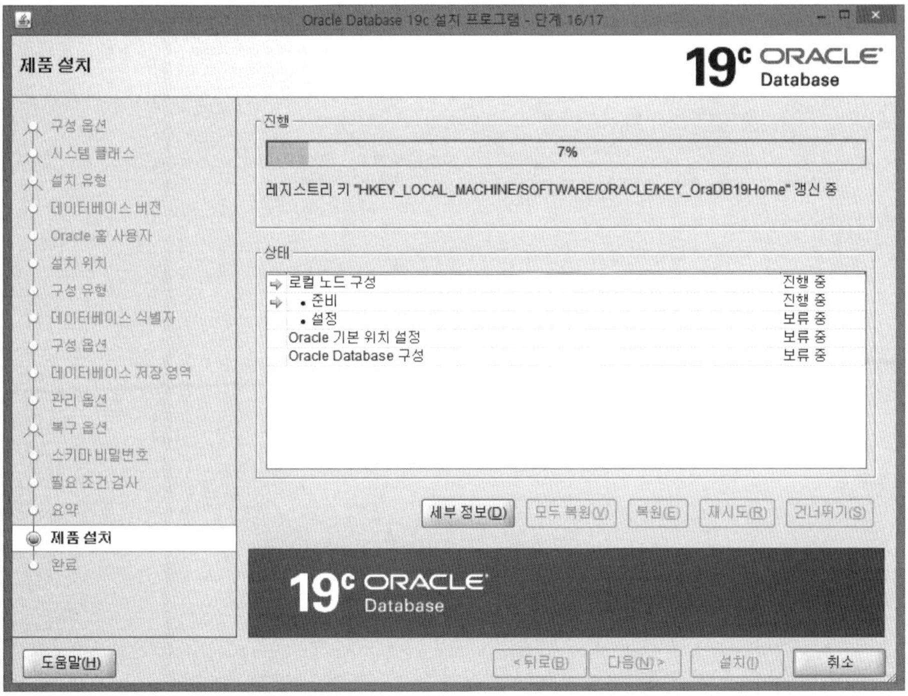

16-2) 설치 진행 중 Windows 보안 경고 창이 열리면 "홈 네트워크, 회사 네트워크 등의 개인 네트워크"만 체크하고, [액세스 허용] 버튼을 누르자.

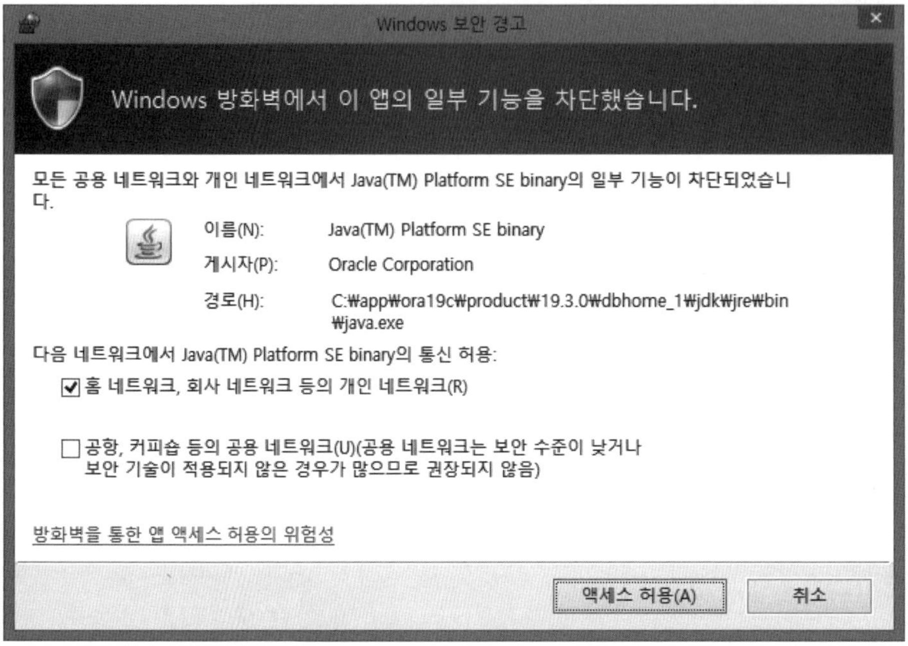

17) 설치가 완료되면 [닫기] 버튼을 누르자.

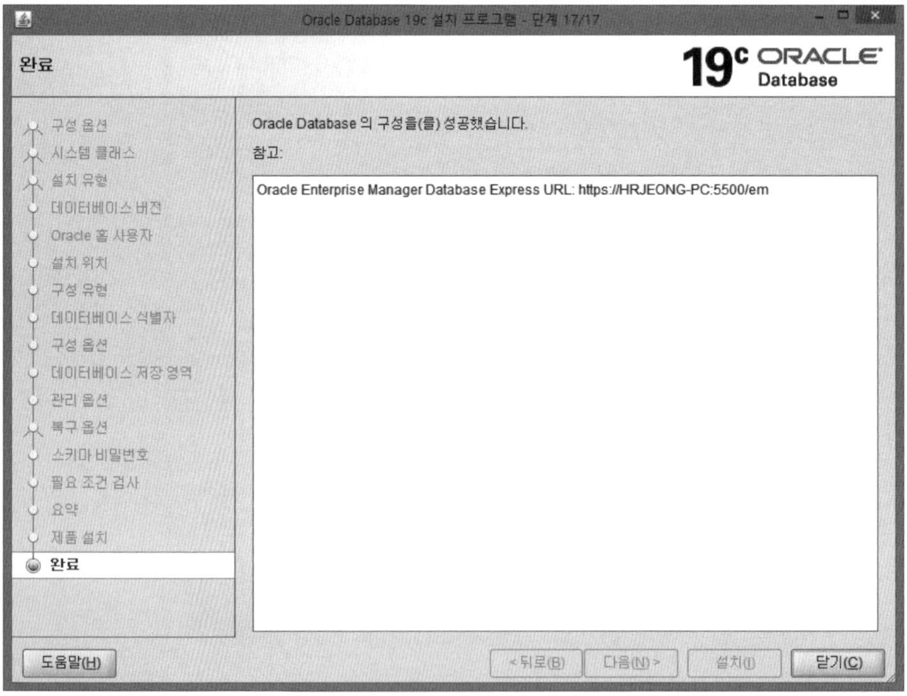

명령 프롬프트 창을 열어서 sqlplus / as sysdba 명령어를 입력하면 데이터베이스에 접속된다. 접속에 성공하면 SELECT * FROM DUAL; 쿼리를 입력하고 결과를 확인하자.

```
C:\>sqlplus / as sysdba

SQL*Plus: Release 19.0.0.0.0 - Production on …
Version 19.3.0.0.0

Copyright (c) 1982, 2019, Oracle.  All rights reserved.

다음에 접속됨:
Oracle Database 19c Enterprise Edition Release 19.0.0.0.0 - Production
Version 19.3.0.0.0

SQL>SELECT * FROM DUAL;

DUMMY
-----
X

1개의 행이 선택되었습니다.

SQL>EXIT
```

오라클 데이터베이스 서비스는 윈도우와 함께 시작된다. 명령 프롬프트를 관리자 권한으로 열고, 아래 명령어를 수행하여 서비스 시작 유형을 수동으로 설정하자.

```
C:\>sc config OracleOraDB19Home1MTSRecoveryService start=demand
[SC] ChangeServiceConfig 성공

C:\>sc config OracleOraDB19Home1TNSListener start=demand
[SC] ChangeServiceConfig 성공

C:\>sc config OracleServiceORA19C start=demand
[SC] ChangeServiceConfig 성공
```

텍스트 편집기를 열어 아래 내용을 입력한 후 startup19c.cmd 파일로 저장하자.

```
@echo off
net start OracleOraDB19Home1MTSRecoveryService
net start OracleOraDB19Home1TNSListener
net start OracleServiceORA19C
```

아래 내용으로 shutdown19c.cmd 파일도 생성하자.

```
@echo off
net stop OracleOraDB19Home1MTSRecoveryService
net stop OracleOraDB19Home1TNSListener
net stop OracleServiceORA19C
```

shutdown19c.cmd 파일을 수행하면 데이터베이스 서비스가 종료된다.

```
C:\>shutdown19c

OracleOraDB19Home1MTSRecoveryService 서비스를 멈춥니다.
OracleOraDB19Home1MTSRecoveryService 서비스를 잘 멈추었습니다.

OracleOraDB19Home1TNSListener 서비스를 멈춥니다..
OracleOraDB19Home1TNSListener 서비스를 잘 멈추었습니다.

OracleServiceORA19C 서비스를 멈춥니다..
OracleServiceORA19C 서비스를 잘 멈추었습니다.
```

startup19c.cmd 파일을 실행하면 데이터베이스 서비스가 시작된다.

```
C:\>startup19c

OracleOraDB19Home1MTSRecoveryService 서비스를 시작합니다..
OracleOraDB19Home1MTSRecoveryService 서비스가 잘 시작되었습니다.

OracleOraDB19Home1TNSListener 서비스를 시작합니다..
OracleOraDB19Home1TNSListener 서비스가 잘 시작되었습니다.

OracleServiceORA19C 서비스를 시작합니다..
OracleServiceORA19C 서비스가 잘 시작되었습니다.
```

B. SCOTT 스키마

SYS 사용자로 로그인하여 SCOTT 사용자를 생성하고 DBA 롤을 부여하자. DBA 롤은 강력한 권한을 가진 롤이다. 일반 사용자에게 부여하지 않는 롤이지만 예제의 원활한 진행을 위해 롤을 부여하였다.

```
C:\>sqlplus / AS SYSDBA
…
CREATE USER SCOTT IDENTIFIED BY "tiger";

사용자가 생성되었습니다.

GRANT DBA TO SCOTT;

권한이 부여되었습니다.
```

SCOTT 사용자로 로그인 후 아래의 구문을 수행하자.

```
C:\>sqlplus scott/tiger

DROP TABLE DEPT     CASCADE CONSTRAINTS PURGE;
DROP TABLE EMP      CASCADE CONSTRAINTS PURGE;
DROP TABLE SALGRADE PURGE;
DROP TABLE BONUS    PURGE;

CREATE TABLE DEPT (
    DEPTNO     NUMBER(2) NOT NULL
  , DNAME      VARCHAR2(14)
  , LOC        VARCHAR2(13)
  , CONSTRAINT PK_DEPT PRIMARY KEY (DEPTNO));

CREATE TABLE EMP (
    EMPNO      NUMBER(4) NOT NULL
  , ENAME      VARCHAR2(10)
  , JOB        VARCHAR2(9)
  , MGR        NUMBER(4)
  , HIREDATE   DATE
  , SAL        NUMBER(7,2)
  , COMM       NUMBER(7,2)
  , DEPTNO     NUMBER(2)
  , CONSTRAINT PK_EMP PRIMARY KEY (EMPNO)
  , CONSTRAINT FK_DEPTNO FOREIGN KEY (DEPTNO) REFERENCES DEPT (DEPTNO));

CREATE TABLE SALGRADE (GRADE NUMBER, LOSAL NUMBER, HISAL NUMBER);
CREATE TABLE BONUS (ENAME VARCHAR2(10), JOB VARCHAR2(9), SAL NUMBER, COMM NUMBER);
```

데이터는 아래와 같이 입력하면 된다.

```
INSERT INTO DEPT VALUES (10, 'ACCOUNTING', 'NEW YORK');
INSERT INTO DEPT VALUES (20, 'RESEARCH'  , 'DALLAS'  );
INSERT INTO DEPT VALUES (30, 'SALES'     , 'CHICAGO' );
INSERT INTO DEPT VALUES (40, 'OPERATIONS', 'BOSTON'  );

INSERT INTO EMP VALUES (7369, 'SMITH' , 'CLERK'    , 7902, DATE '1980-12-17',  800, NULL, 20);
INSERT INTO EMP VALUES (7499, 'ALLEN' , 'SALESMAN' , 7698, DATE '1981-02-20', 1600,  300, 30);
INSERT INTO EMP VALUES (7521, 'WARD'  , 'SALESMAN' , 7698, DATE '1981-02-22', 1250,  500, 30);
INSERT INTO EMP VALUES (7566, 'JONES' , 'MANAGER'  , 7839, DATE '1981-04-02', 2975, NULL, 20);
INSERT INTO EMP VALUES (7654, 'MARTIN', 'SALESMAN' , 7698, DATE '1981-09-28', 1250, 1400, 30);
INSERT INTO EMP VALUES (7698, 'BLAKE' , 'MANAGER'  , 7839, DATE '1981-05-01', 2850, NULL, 30);
INSERT INTO EMP VALUES (7782, 'CLARK' , 'MANAGER'  , 7839, DATE '1981-06-09', 2450, NULL, 10);
INSERT INTO EMP VALUES (7788, 'SCOTT' , 'ANALYST'  , 7566, DATE '1987-04-19', 3000, NULL, 20);
INSERT INTO EMP VALUES (7839, 'KING'  , 'PRESIDENT', NULL, DATE '1981-11-17', 5000, NULL, 10);
INSERT INTO EMP VALUES (7844, 'TURNER', 'SALESMAN' , 7698, DATE '1981-09-08', 1500,    0, 30);
INSERT INTO EMP VALUES (7876, 'ADAMS' , 'CLERK'    , 7788, DATE '1987-05-23', 1100, NULL, 20);
INSERT INTO EMP VALUES (7900, 'JAMES' , 'CLERK'    , 7698, DATE '1981-12-03',  950, NULL, 30);
INSERT INTO EMP VALUES (7902, 'FORD'  , 'ANALYST'  , 7566, DATE '1981-12-03', 3000, NULL, 20);
INSERT INTO EMP VALUES (7934, 'MILLER', 'CLERK'    , 7782, DATE '1982-01-23', 1300, NULL, 10);

INSERT INTO SALGRADE VALUES (1,  700, 1200);
INSERT INTO SALGRADE VALUES (2, 1201, 1400);
INSERT INTO SALGRADE VALUES (3, 1401, 2000);
INSERT INTO SALGRADE VALUES (4, 2001, 3000);
INSERT INTO SALGRADE VALUES (5, 3001, 9999);

COMMIT;
```

C. ERD 표기법

IE 표기법과 Barker 표기법의 차이를 살펴보자.

엔터티는 아래와 같이 표현한다. IE 표기법은 2개의 사각형이 합쳐진 형태, Barker 표기법은 모서리가 둥근 사각형 형태로 표현된다.

유형	IE 표기법	Barker 표기법
엔터티	엔터티명 [ ] [ ]	엔터티명

속성은 아래와 같이 표현한다. Barker 표기법은 '*' 기호를 통해 필수속성임을, 'o' 기호를 통해 선택속성임을 표현할 수 있다.

유형	IE 표기법	Barker 표기법
속성	엔터티명 식별자속성 일반속성 일반속성	엔터티명 # 식별자속성 * 일반속성 o 일반속성

관계의 카디널리티는 아래와 같이 표현한다.

유형	IE 표기법	Barker 표기법
1:1 관계		
1:M 관계		

관계의 옵셔널리티는 아래와 같이 표현한다.

유형	IE 표기법	Barker 표기법
필수 관계		
선택 관계		

기본 식별자 상속에 따른 관계 유형은 아래와 같이 표현한다.

유형	IE 표기법	Barker 표기법
식별 관계		
비식별 관계		

식별 관계는 아래의 관계를 가질 수 있다.

유형	IE 표기법	Barker 표기법
1:1 필수 관계		
1:M 필수 관계		
1:1 선택 관계		
1:M 선택 관계		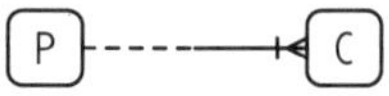

비식별 관계는 아래의 관계를 가질 수 있다.

유형	IE 표기법	Barker 표기법
1:1 전체 필수 관계	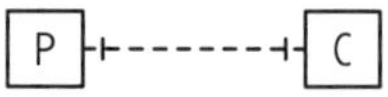	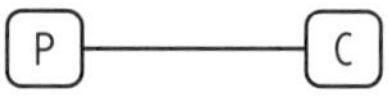
1:M 전체 필수 관계	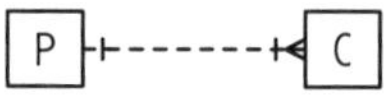	
1:1 자식 선택 관계	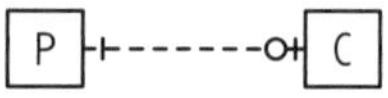	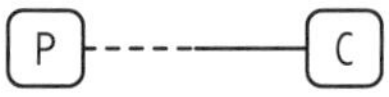
1:M 자식 선택 관계	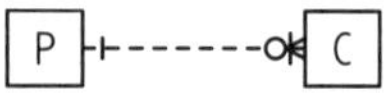	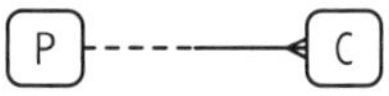
1:1 부모 선택 관계		
1:M 부모 선택 관계		
1:1 전체 선택 관계		

1:M 전체 선택 관계	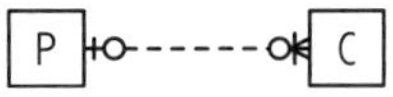	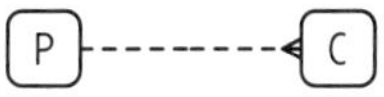

상호 배타(mutual exclusive) 관계와 상호 포함(mutual inclusive) 관계는 아래와 같이 표현한다.

유형	IE 표기법	Barker 표기법
상호 배타 관계	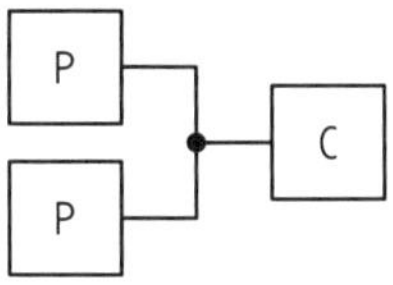	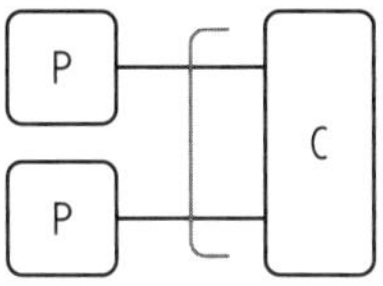
상호 포함 관계	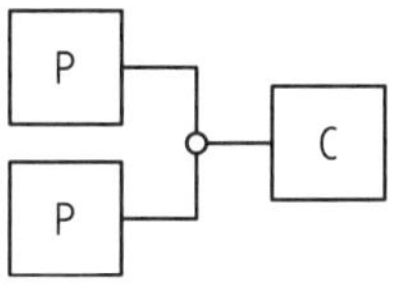	없음

슈퍼 타입(supertype)과 서브 타입(subtype)은 아래와 같이 표현한다.

유형	IE 표기법	Barker 표기법
배타 서브 타입	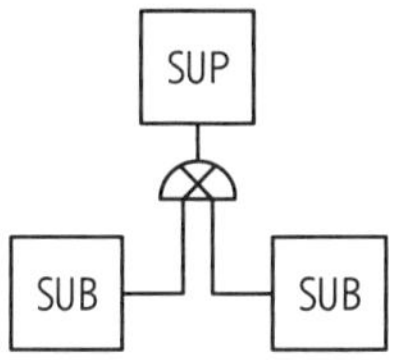	없음
포함 서브 타입	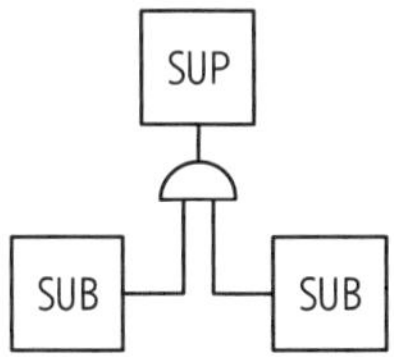	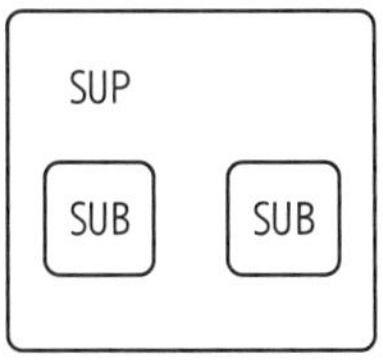

NOTE

NOTE

2024

국가공인 SQLD 자격검정 핵심노트

초판 1쇄 발행 | 2020년 12월 21일
초판 4쇄 발행 | 2023년 3월 17일
개정판 1쇄 발행 | 2024년 3월 22일
개정판 2쇄 발행 | 2024년 7월 12일

지은이 | 조시형, 신동민, 정희락, 김경수
펴낸이 | 조시형
펴낸곳 | 주식회사 디비안
디자인 | 이정숙
출판등록 | 2018년 4월 5일 제2018-000041호
주소 | 서울특별시 영등포구 당산로31길 16-1, 201호 (당산동3가, JUM빌딩)
전화 | 02) 2662-8246
팩스 | 050) 4394-8246
홈페이지 | www.dbian.co.kr
인터넷카페 | www.dbian.net, www.sqlp.co.kr

ISBN 979-11-91941-06-7 93000
값 24,000원